NCS 직업기초능력평가

2024

고시넷 NCS

공기업 고졸채용
NCS 기출예상모의고사

동영상 강의 WWW.GOSINET.CO.KR

gosinet
(주)고시넷

정오표 및 학습 질의 안내

고시넷은 오류 없는 책을 만들기 위해 최선을 다합니다. 그러나 편집에서 미처 잡지 못한 실수가 뒤늦게 나오는 경우가 있습니다. 고시넷은 이런 잘못을 바로잡기 위해 정오표를 실시간으로 제공합니다. 감사하는 마음으로 끝까지 책임을 다하겠습니다.

WWW.GOSINET.CO.KR

모바일폰에서 QR코드로 실시간 정오표를 확인할 수 있습니다.

학습 질의 안내

학습과 교재선택 관련 문의를 받습니다. 적절한 교재선택에 관한 조언이나 고시넷 교재 학습 중 의문 사항은 아래 주소로 메일을 주시면 성실히 답변드리겠습니다.

이메일주소
qna@gosinet.co.kr

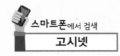

차례

NCS 공기업 고졸채용 필기시험 정복

- 구성과 활용
- NCS '블라인드채용' 알아보기
- '모듈형', '피셋형', '피듈형', '응용모듈형'이 뭐야?
- 주요 출제사 유형은?
- NCS 10개 영역 소개
- 대행사 수주현황

파트1 공기업 고졸채용 기출예상모의고사

구성과 활용

NCS 10개 영역 소개

NCS 직업기초능력 10개 영역에서 각 영역별로 출제되는 유형을 출제비중에 따라 그래프로 제시하여 빈출되는 유형을 효율적으로 파악할 수 있도록 하였습니다.

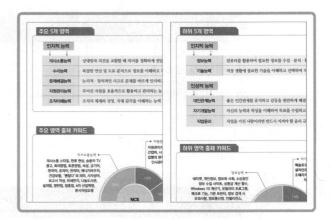

대행사 수주현황 분석

출제대행사별 수주 채용기업을 정리해 한눈에 파악할 수 있도록 표로 나타내었습니다.

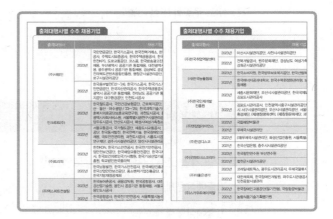

3

기출예상문제로 실전 연습&실력 UP!!

총 6회의 기출예상문제로 자신의 실력을 점검하고 완벽한 실전 준비가 가능하도록 구성하였습니다.

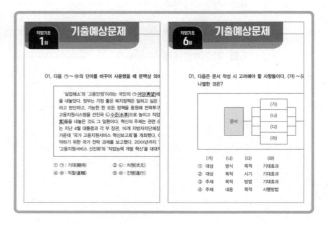

4

인성검사&면접으로 마무리까지 OK!!

최근 채용 시험에서 점점 중시되고 있는 인성검사와 면접가이드를 수록하여 마무리까지 완벽하게 대비할 수 있도록 하였습니다.

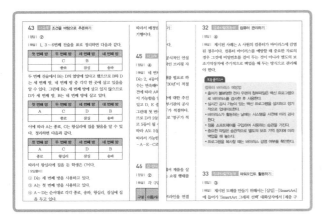

5

상세한 해설과 오답풀이가 수록된 정답과 해설

기출예상문제의 상세한 해설을 수록하였고 오답풀이 및 보충 사항들을 수록하여 문제풀이 과정에서의 학습 효과가 극대화될 수 있도록 구성하였습니다.

NCS '블라인드채용' 알아보기

NCS(국가직무능력표준 ; National Competency Standards)란?

국가가 체계화한 산업현장에서의 직무를 수행하기 위해 요구되는 지식 · 기술 · 태도 등 능력 있는 인재 개발로 핵심인프라를 구축하고 나아가 국가경쟁력 향상을 위해서 필요함.

직무능력(직업기초능력+직무수행능력)이란?

⊕ 직업기초능력 : 직업인으로서 기본적으로 갖추어야 할 공통 능력
⊕ 직무수행능력 : 해당 직무를 수행하는 데 필요한 역량(지식, 기술, 태도)

NCS기반 블라인드채용이란?

⊕ 의의 : 채용과정에서 차별적인 평가요소(지연, 혈연, 학연, 외모)를 제거하고, 지원자의 실력(직무능력)을 중심으로 평가하는 인재채용
⊕ 특징 : 직무능력중심 평가(차별요소 제외), 직무수행에 필요한 직무능력이 평가기준
⊕ 평가요소
   • 직무에 필요한 직무능력을 토대로 차별적 요소를 제외한 평가요소 도출 · 정의
   • NCS에 제시된 직무별 능력단위 세부내용, 능력단위 요소의 K · S · A를 기반으로 평가요소 도출
   • 기업의 인재상 · 채용직무에 대한 내부자료(직무기술서, 직무명세서로 응시자에게 사전 안내)

NCS기반 블라인드채용 과정은?

⊕ 모집공고 : 채용직무의 직무내용 및 직무능력 구체화 후 사전 공개
⊕ 서류전형 : 편견 · 차별적 인적사항 요구 금지, 지원서는 직무관련 교육 · 훈련, 자격 경험(경력) 중심 항목 구성
⊕ 필기전형 : 직무수행에 반드시 필요한 지식 · 기술 · 능력 · 인성 등, 필기평가 과목 공개(공정성 확보)
⊕ 면접전형 : 면접에 지원자 인적사항 제공 금지, 체계화된 면접으로 공정하게 평가 실시

'모듈형', '피셋형', '피듈형', '응용모듈형'이 뭐야!?

NCS 문제유형이란

정부는 능력중심 인재 개발과 스펙중심 탈피, 사교육 시장으로부터 해방, 편견과 차별에서 벗어난 인재 채용을 목적으로 NCS 블라인드채용을 도입하였다.

NCS기반 채용이 초반의 준비 부족으로 미흡이 없지 않았지만 해를 거듭하면서 안정을 찾아가고, 필기시험을 어찌 대비할지 몰라 했던 취업준비생들도 문제유형들이 드러나면서 무난하게 적응해 가고 있다.

취업준비생들은 누구나 NCS 채용시험 출제대행사에 대해 관심을 갖는다. 문제 유형과 내용이 출제대행사에 따라 다르기 때문이다. 그래서 '휴노형', '오알피형', '행과연형', '인크루트형', '한사능형', '사람인형' 등 대행사 이름을 붙인 유형명이 등장하고 NCS 교과서인 "워크북" 중심이냐 여부로 '모듈형', '피셋형', '피듈형', '응용모듈형'이란 유형명이 나타나기도 했다.

대행사별 유형 구분은 소수의 출제대행사가 대형시험들을 독과점하던 시기에는 큰 도움이 되었으나 대행사가 같아도 채용기업에 따라 유형이 다른 경우도 있고 대행사를 모르는 경우, 유형이 드러나지 않은 대행사들도 다수 등장하게 되면서 대행사별 유형뿐만 아니라 '모듈형', '피셋형', '피듈형', '응용모듈형'의 구분이 더 도움이 되고 있다.

'모듈형(Module形)' 이란

'모듈형'은 '피셋(PSAT)형'에 대립한다. 'NCS가 제공하는 직업기초능력평가의 학습모듈' 교과서인 "워크북"과 "NCS 필기평가 샘플문항"을 바탕으로 출제되는 유형을 '모듈형'이라 부른다. 정부가 제공한 학습자료와 샘플문항을 통해 직업기초능력을 기르고 이를 평가하는 문제유형이므로 NCS 취지에 가장 적합한 정통 유형이다.

직무능력 학습에 필요한 이론과 동영상 강의, 그리고 직무별, 영역별 예시문제들은 NCS 국가직무능력표준 홈페이지(www.ncs.go.kr)에서 제공하고 있다.

'피셋형(PSAT形)' 이란

NCS '피셋형'이란 5급 공무원(행정고시, 외무고시, 민간경력자 특채)과 7급 공무원(2021년 도입) 시험과목인 'PSAT (Public Service Aptitude Test)'에서 따온 말이다. PSAT는 정부 내 관리자로서 필요한 기본적 지식, 소양, 자질 등 공직자로서의 적격성을 종합적으로 평가한다.

PSAT는 1) 언어논리, 2) 자료해석, 3) 상황판단의 3가지 평가영역으로 구성되어 있는데 NCS의 의사소통능력, 수리능력, 문제해결능력 평가의 문제유형과 일부 유사하다. 그래서 NCS 문제집이 없었던 초기에는 PSAT 문제집으로 공부하는 이들이 많았다. PSAT 출제영역·내용과 난이도 차이를 감안하여 기출문제를 다루면 도움이 되지만 NCS는 문항당 주어지는 풀이시간이 1분 내외로 짧고, 채용기관이나 직급에 따라 난이도가 상이하며, 채용기관의 사규나 보도자료, 사업을 위주로 한 문제들이 나오기 때문에 이를 무시하면 고생을 많이 하게 된다.

'피듈형(Pdule形)', '응용모듈형' 이란?

'피듈형'은 NCS의 학습모듈을 잘못 이해한 데서 나온 말이다. 일부에서 NCS '워크북'의 이론을 묻는 문제 유형만 '모듈형'이라 하고 이론문제가 아니면 '피셋형'이라고 부르는 분위기가 있다. 「이론형」과 「비(非)이론형」이 섞여 나오면 '피듈형'이라 부르고 있으니 부적절한 조어이다. 실례를 들면, '한국수자원공사'는 시험에서 기초인지능력모듈과 응용업무능력모듈을 구분하고 산인공 학습모듈 샘플문항과 동일 혹은 유사한 문제를 출제해왔고, '국민건강보험공단'은 채용공고문의 필기시험(직업기초능력평가)을 "응용모듈 출제"라고 명시하여 공고하였는데도 수험커뮤니티에 "피셋형"으로 나왔다고 하는 응시자들이 적지 않다.

NCS 직업기초능력 학습모듈은 기본이론 및 제반모듈로 구성되고 이를 실제에 응용하는 응용모듈로 발전시켜 직무상황과 연계되는 학습을 요구하는 것이다. NCS 필기평가 샘플문항도 직무별, 기업별 응용업무능력을 평가하는 문제이므로 이론이 아닌 문제유형도 '모듈형'이라고 하는 것이 옳다.

이론문제가 아니면 모두 'PSAT형'이라고 한다면 어휘, 맞춤법, 한자, 어법 등의 유형, 기초연산, 수열, 거리·속도·시간, 약·배수, 함수, 방정식, 도형넓이 구하기 등 응용수리 유형, 명제, 논증, 논리오류, 참·거짓 유형, 엑셀, 컴퓨터 언어, 컴퓨터 범죄 등 PSAT시험에는 나오지도 않는 유형이 PSAT형이 되는 것이니 혼란스럽다.

모순이 있는 유형 구분에서 탈피하고 NCS 필기유형을 정확하게 파악하는 것이 시험 준비에 있어서 절대적으로 필요하다.

어떻게 준비할 것인가!!

행간을 채워라

위에서 말한 바처럼 '모듈형'과 '피셋형', '피듈형', '응용모듈형'으로 NCS 유형을 나누면 출제(학습)범위에서 놓치는 부분이 다수 나온다. 'PSAT형'은 '의사소통능력, 수리능력, 문제해결능력' 중심의 시험에서 의사소통능력은 어휘, 한자, 맞춤법 등과 NCS이론을 제외한 독해문제가 유사하고, 수리능력의 응용수리 문제를 제외한 자료해석이 유사하고, 문제해결은 'PSAT' 상황판단영역 중 문제해결 유형이 비슷하다.

대개 의사소통능력, 수리능력, 문제해결능력이 주요영역인 시험에서는 모듈이론이 나오는 경우는 없다. 자원관리, 조직이해, 정보, 기술, 자기개발, 대인관계, 직업윤리 영역을 내는 시험에서는 모듈이론, 사례 등과 응용모듈 문제가 나올 수밖에 없다. PSAT에는 없는 유형이고 NCS에만 있는 특유한 영역이다.

'모듈형'도 한국산업인력공단 학습모듈 워크북과 필기평가 예시유형에서만 나오지 않는다. 워크북 이론에 바탕을 두면서도 경영학, 행정학, 교육학, 심리학 등의 전공 관련 이론들이 나오고 있는 추세이다(교과서밖 출제). 또 4차 산업혁명의 이해 및 핵심기술, 컴퓨터 프로그래밍(코딩) 등도 자주 나온다. 그뿐 아니라, 어휘관계, 한글 맞춤법, 외래어 표기법, 유의어, 다의어, 동음이의어 등 어휘, 방정식, 집합, 수열, 함수, 거·속·시, 도형넓이 구하기 등 응용수리, 명제, 논증, 참·거짓, 추론, 논리오류 찾기 등은 워크북에서 다루지 않은 유형들이 나온다.

교과서 밖에서 나오는 문제에 대비하라

최근 공기업 채용대행 용역을 가장 많이 수주하는 업체가 '사람인HR'과 '인크루트'로 나타나고 있다. 이 업체들을 비롯해서 다수 대행사들이 한국산업인력공단의 NCS모듈형 학습자료(교과서)에 없는 이론과 자료를 항상 출제하고 있다. 즉, 명실상부한 응용모듈형의 문제를 출제하고 있는 것이다.

고시넷 공기업 고졸채용 교재에는 NCS직업기초능력평가 시험 도입 이래 실제 시험에 출제된 교과서 밖 이론과 자료, 문제를 함께 정리하여 수록하고 있다. 단순히 한국산업인력공단의 워크북을 요약한 다른 교재들에서는 볼 수 없는 이론과 문제유형을 통해 교과서 밖 학습사항과 방향을 제시하고 있다.

NCS워크북, 지침서, 교수자용 개정 전, 후 모두 학습하라

최근 한국산업인력공단 NCS 학습자료(워크북, 지침서, 교수자용, 학습자용 등)가 개정되었다. 허나 개정 후 시행된 필기시험에는 개정 전 모듈이론과 학습자료, 예제문제가 여전히 출제되고 있다.

이에 대비하여 개정 전·후를 비교하여 정리하여야 빠뜨리지 않는 완벽한 NCS 학습이 된다.

고시넷 공기업 고졸채용 통합기본서는 개정 전·후 자료를 모두 싣고 있으며 개정 전 자료는 '구 워크북'으로 표기를 하여 참고하면서 학습할 수 있도록 하였고, 고시넷 공기업 고졸채용 기출예상모의고사는 'NCS 학습모듈'의 여러 문제유형을 연습할 수 있도록 구성하였다.

'사람인형' 은

NCS 직업기초능력의 전 영역에 걸쳐 NCS '워크북'에 수록된 이론과 관련된 자료를 제시하고 이를 해석하는 '응용모듈'의 방식을 따른다. 다만 '워크북'에 수록된 이론에 국한되지 않고, 이에 파생되는 개념과 이론들을 적극적으로 질문하는 문제와 계산 문제라는 두 가지 축으로 출제한다. '워크북' 이론과 그 파생이라는 기준으로 출제된 다수의 문제를 풀면서 형성될 출제 영역의 감각을 기초로 풀이시간이 극히 한정되어 있는 환경에서 '워크북' 밖의 이론을 제시하는 다양한 자료를 해석하는 문제풀이의 기술, 그리고 계산문제를 능숙하게 풀 수 있는 기술을 숙지하는 것이 필요하다.

'인크루트형' 은

인크루트형의 대표적인 출제영역은 4개(의사소통능력, 문제해결능력, 대인관계능력, 조직이해능력)이지만 이 4개 영역 외에도 자원관리, 기술, 수리, 정보, 직업윤리까지 NCS의 모든 영역이 출제된다. 단순한 기본 개념을 묻는 문제와 더불어 개념에 대한 응용문제까지 다양한 난이도와 영역으로 출제되고 있다. 평균적인 난이도는 높지 않고 전반적인 내용 이해를 묻는 문제가 대부분이나 생소해 보이는 문제들도 늘 출제되기 때문에 최대한 많이, 다양한 유형의 문제풀이를 통해 실전감각을 평소 익혀 두는 것이 유리하다.

'휴노형' 은

휴노가 대행하는 필기시험의 대부분이 의사소통능력, 수리능력, 문제해결능력 3개 영역에서 출제되고 있는 만큼 심도 있는 학습을 필요로 한다. 세 영역의 문제들은 비교적 쉽게 해결할 수 있는 문제부터 긴 자료를 읽고 해결하는 묶음 문제까지 다양하게 출제된다. 의사소통능력에서는 주로 내용 일치, 중심 내용 파악, 정보 이해 등의 독해 문제가 출제되며 이외에도 유의어, 반의어, 어휘 관계, 맞춤법을 묻는 어휘·어법 문제가 출제된다. 수리능력에서는 자료해석이 가장 높은 비중으로 출제되며 방정식, 통계(평균, 경우의 수, 확률), 거리·속력·시간 등의 기초연산 문제도 출제된다. 특히 문제해결능력은 의사소통, 수리, 자원관리, 조직이해 등과 섞인 복합 문제도 나온다. 문제 유형이 대체로 비슷하기 때문에 반복학습을 통해 시간 단축 및 고득점이 가능하다.

'행과연형' 은

행과연형 출제 영역은 3개(의사소통, 수리, 문제해결), 또는 6개(+자원관리, 조직이해, 기술 등)로 모듈형, 지식형, 응용수리, 어휘, 문법, 명제 등 간단한 유형은 출제되지 않고 있다. 명확한 답을 고르기 어려운 고난도 추론, 단순계산보다는 자료 파악 및 추론을 묻거나 지문, 표, 그래프 등 문제 상황들에 대한 적절한 대처능력을 평가하는 문제가 출제되고 있다. 여러 영역이 복합된 융합 유형의 특징을 갖고 있고 직무와 관련된 업무 상황에서 과제가 주어졌을 때 어떻게 해결하는지를 묻는 영역 연계형이 행과연의 대표적 출제 유형이다. 시험에 출제되는 유형이 난도가 높은 편이므로 쉬운 문제보다는 어려운 문제를 풀어 보는 것이 고득점에 유리하다.

'오알피형' 은

ORP형은 NCS 워크북의 기본 이론을 바탕으로 직업인으로서의 기초적인 인지능력을 갖추었는지 평가하는 기초 인지능력과 실제 산업현장에서 일어나는 상황을 사례로 들어 실무의 적용능력과 업무 해결능력을 평가하는 응용 업무능력 문제가 출제되고 있다. 10개 영역에서 나오는 문제들이 기초부터 심화까지 패턴화되어 있어 여러 유형을 익혀 둔다면 보다 쉽게 필요한 득점이 가능하다.

NCS 10개 영역 소개

주요 5개 영역

인지적 능력

의사소통능력	상대방과 의견을 교환할 때 의미를 정확하게 전달하는 능력
수리능력	복잡한 연산 및 도표 분석으로 정보를 이해하고 처리하는 능력
문제해결능력	논리적 · 창의적인 사고로 문제를 바르게 인식하고 해결하는 능력
자원관리능력	주어진 자원을 효율적으로 활용하고 관리하는 능력
조직이해능력	조직의 체제와 경영, 국제 감각을 이해하는 능력

주요 영역 출제 키워드

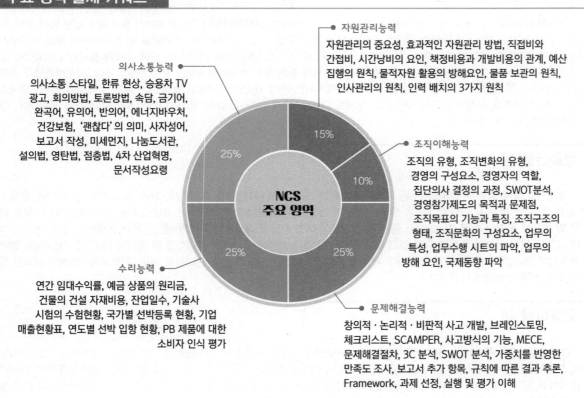

자원관리능력

자원관리의 중요성, 효과적인 자원관리 방법, 직접비와 간접비, 시간낭비의 요인, 책정비용과 개발비용의 관계, 예산 집행의 원칙, 물적자원 활용의 방해요인, 물품 보관의 원칙, 인사관리의 원칙, 인력 배치의 3가지 원칙

의사소통능력

의사소통 스타일, 한류 현상, 승용차 TV 광고, 회의방법, 토론방법, 속담, 금기어, 완곡어, 유의어, 반의어, 에너지바우처, 건강보험, '괜찮다'의 의미, 사자성어, 보고서 작성, 미세먼지, 나눔도서관, 설의법, 영탄법, 점층법, 4차 산업혁명, 문서작성요령

조직이해능력

조직의 유형, 조직변화의 유형, 경영의 구성요소, 경영자의 역할, 집단의사 결정의 과정, SWOT분석, 경영참가제도의 목적과 문제점, 조직목표의 기능과 특징, 조직구조의 형태, 조직문화의 구성요소, 업무의 특성, 업무수행 시트의 파악, 업무의 방해 요인, 국제동향 파악

수리능력

연간 임대수익률, 예금 상품의 원리금, 건물의 건설 자재비용, 잔업일수, 기술사 시험의 수험현황, 국가별 선박등록 현황, 기업 매출현황표, 연도별 선박 입항 현황, PB 제품에 대한 소비자 인식 평가

문제해결능력

창의적 · 논리적 · 비판적 사고 개발, 브레인스토밍, 체크리스트, SCAMPER, 사고방식의 기능, MECE, 문제해결절차, 3C 분석, SWOT 분석, 가중치를 반영한 만족도 조사, 보고서 추가 항목, 규칙에 따른 결과 추론, Framework, 과제 선정, 실행 및 평가 이해

(원형 차트: NCS 주요 영역 — 25%, 15%, 10%, 25%, 25%)

하위 5개 영역

인지적 능력

정보능력	컴퓨터를 활용하여 필요한 정보를 수집·분석·활용하는 능력
기술능력	직장 생활에 필요한 기술을 이해하고 선택하며 적용하는 능력

인성적 능력

대인관계능력	좋은 인간관계를 유지하고 갈등을 원만하게 해결하는 능력
자기개발능력	자신의 능력과 적성을 이해하여 목표를 수립하고 관리를 통해 성취해 나가는 능력
직업윤리	직업을 가진 사람이라면 반드시 지켜야 할 윤리 규범

하위 영역 출제 키워드

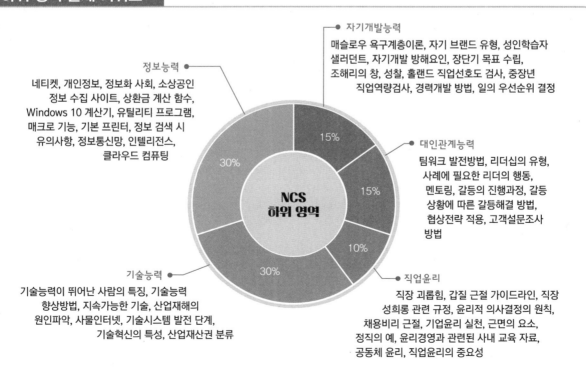

정보능력
네티켓, 개인정보, 정보화 사회, 소상공인 정보 수집 사이트, 상환금 계산 함수, Windows 10 계산기, 유틸리티 프로그램, 매크로 기능, 기본 프린터, 정보 검색 시 유의사항, 정보통신망, 인텔리전스, 클라우드 컴퓨팅

자기개발능력
매슬로우 욕구계층이론, 자기 브랜드 유형, 성인학습자 샐러던트, 자기개발 방해요인, 장단기 목표 수립, 조해리의 창, 성찰, 홀랜드 직업선호도 검사, 중장년 직업역량검사, 경력개발 방법, 일의 우선순위 결정

대인관계능력
팀워크 발전방법, 리더십의 유형, 사례에 필요한 리더의 행동, 멘토링, 갈등의 진행과정, 갈등 상황에 따른 갈등해결 방법, 협상전략 적용, 고객설문조사 방법

직업윤리
직장 괴롭힘, 갑질 근절 가이드라인, 직장 성희롱 관련 규정, 윤리적 의사결정의 원칙, 채용비리 근절, 기업윤리 실천, 근면의 요소, 정직의 예, 윤리경영과 관련된 사내 교육 자료, 공동체 윤리, 직업윤리의 중요성

기술능력
기술능력이 뛰어난 사람의 특징, 기술능력 향상방법, 지속가능한 기술, 산업재해의 원인파악, 사물인터넷, 기술시스템 발전 단계, 기술혁신의 특성, 산업재산권 분류

NCS 하위 영역

30%
15%
15%
10%
30%

출제대행사별 수주 채용기업

출제대행사		채용기업
(주)사람인	2023년	국민연금공단, 한국가스공사, 한국전력거래소, 한국중부발전('22~'24), 한국환경공단, 서울주택도시공사, 주택도시보증공사, 한국주택금융공사, 한국예탁결제원, 한전원자력연료, 한국가스기술공사, 한전KPS, 도로교통공단, 코스콤, 한국방송광고진흥공사, 한국산업단지공단, 경기도 공공기관 통합채용, 부산광역시 공공기관 통합채용, 대전광역시 공공기관 통합채용, 전라남도 공공기관 통합채용, 광주광역시 공공기관 통합채용, 경상북도 공공기관 통합채용, 평택도시공사, 인천신용보증재단, 전라북도콘텐츠융합진흥원, 평창군시설관리공단, 대구공공시설관리공단, 과천도시공사, 서울시 종로구시설관리공단
	2022년	한국중부발전('22~'24), 한국가스공사, 한국가스기술공사, 한국남부발전, 전력거래소, 한전KPS, 국민연금공단, 한국자산관리공사, 한국주택금융공사, 예금보험공사, 경기도 공공기관 통합채용, 부산광역시 공공기관 통합채용, 전라남도 공공기관 통합채용, 경상북도 공공기관 통합채용, 한국산업단지공단, 대구환경공단, 인천도시공사
인크루트(주)	2023년	한국철도공사, 국민건강보험공단, 근로복지공단, 한국관광공사, 기술보증기금, 항만공사(인천·부산·울산·여수광양 / '23~'25), 한국과학기술기획평가원, 대한적십자사, 한국국학진흥원, 한국보훈복지의료공단보훈교육연구원, 과천도시공사, 용인도시공사, 세종특별자치시시설관리공단, 대전광역시사회서비스원, 서울특별시금천구시설관리공단, 서울시 강서구시설관리공단, 포천도시공사, 남양주도시공사, 안산도시공사, 화성시여성가족청소년재단, 정선아리랑문화재단, 충남문화관광재단
	2022년	서울교통공사, 국가철도공단, 세종도시교통공사, 국민건강보험공단, 건강보험심사평가원, 근로복지공단, 한국동서발전, 한국전력기술, 한국장애인고용공단, 대한적십자사, 광주광역시 공공기관 통합채용, 국토안전관리원, 과천도시공사, 시흥도시공사, 환경보전협회, 한국양성평등교육진흥원, 한국연구재단, 경주시시설관리공단, 양산시시설관리공단
(주)트리피	2023년	한전KDN, 한국가스안전공사, 한국전기안전공사, 한국승강기안전공단, 한국해양과학기술원, 한국산업안전보건공단, 한국해양교통안전공단, 한국디자인진흥원, 한국데이터산업진흥원, 새만금개발공사, 한국보건의료인국가시험원, 한국기상산업기술원, 국립해양박물관, 인천관광공사, 한국인터넷진흥원, 학교법인한국폴리텍
	2022년	한국남동발전, 한국가스안전공사, 한국해양진흥공사, 한국해양과학기술원, 한국해양교통안전공단, 한국산업안전보건공단, 중소벤처기업진흥공단, 중소기업유통센터, 한국임업진흥원, 인천관광공사, 한국지방재정공제회
(주)엑스퍼트컨설팅	2023년	한국농어촌공사, 금융감독원, 한국공항공사, 대한적십자사 혈액관리본부, 한국재정정보원, 한국환경산업기술원, 용인시 공공기관 통합채용, 서울교통공사 9호선운영부문(2차), 한국원자력환경공단, 용인도시공사
	2022년	한국공항공사, 한국전기안전공사, 서울특별시농수산식품공사, 한국재정정보원, 경기도 성남시 공공기관 통합채용, 경기도 고양시 공공기관 통합채용, 코레일테크, 김포도시관리공사
(주)매일경제신문사	2023년	한국토지주택공사, 한국도로공사, 한국남동발전, 한국서부발전('22~'24)
	2022년	한국도로공사, 한국서부발전('22~'24), 한국지역난방공사
(주)휴스테이션	2023년	서울교통공사, 건강보험심사평가원, 서울시설공단, 서울신용보증재단, 한국교통안전공단, 한국석유공사, 한국항공우주연구원, 한국장애인개발원, 중소기업유통센터, 대한무역투자진흥공사, 한국에너지공단
	2022년	서울신용보증재단, 서울시설공단, 한국항공우주연구원, 한국생산기술연구원, 한국에너지공단, 국립생태원, 국가평생교육진흥원, 서울디자인재단, 서울특별시 여성가족재단, 학교법인한국폴리텍, 북한이탈주민지원재단
(주)한국사회능력개발원	2023년	국가철도공단, 공무원연금공단, 한국국토정보공사, 대구교통공사, 국립공원공단, 경기도 의정부시시설관리공단, 대구도시개발공사, 북한이탈주민지원재단
	2022년	한국국토정보공사, 서울교통공사 9호선운영부문, 대구도시철도공사, 국립공원공단, 대구도시공사, 공무원연금공단

출제대행사별 수주 채용기업

출제대행사		채용기업
인트로맨(주)	2023년	서울교통공사 9호선운영부문, 한국문화재단, 대한적십자사, 서울특별시 여성가족재단, 한국수자원조사기술원, 한국식품산업클러스터진흥원, 대전광역시사회서비스원, 농림수산식품교육문화정보원, 세종특별자치시사회서비스원, 국립농업박물관
	2022년	한국조폐공사, 남양주도시공사, 안산도시공사, 소상공인시장진흥공단, 한국교통안전공단, 한국수자원조사기술원, 대한적십자사, 대한장애인체육회, (재)서울산업진흥원, 한국문화재단, (재)경기문화재단, 가축위생방역지원본부, (재)장애인기업종합지원센터, 국립농업박물관, 한국물기술인증원
(주)스카우트	2023년	인천국제공항공사, 중소벤처기업진흥공단, 한국과학기술원, 한국장학재단, 인천공항시설관리, 한국수산자원공단, 한국부동산원, 한국보훈복지의료공단, 한국원자력안전기술원
	2022년	한국환경공단, 도로교통공단, 서울주택도시공사, 인천교통공사, 한국원자력연료, 한국부동산원, 한국수산자원공단, 건설근로자공제회, 중소기업기술정보진흥원
(주)휴노	2023년	한국지역난방공사, 한국수자원공사, 한국수력원자력, 한국조폐공사, 코레일테크
	2022년	한국철도공사, 한국전력공사, 한국수자원공사
(사)한국행동과학연구소	2023년	농협중앙회, 농협은행
	2022년	한국수력원자력, 인천국제공항공사, 농협중앙회, 농협은행
(주)ORP연구소	2022년	한국승강기안전공단, 한국고용정보원, 항공안전기술원, 코레일유통, 국방기술품질원, 국방기술진흥연구소
	2021년	한국남동발전, 한국수목원관리원, 한국원자력환경공단, 금융감독원, 강원대학교병원, 국방기술품질원, 안양도시공사, 아동권리보장원, 한국국방연구원, 한국잡월드
(주)태드솔루션(TAD Solutions Co., Ltd.)	2023년	한전엠씨에스주식회사, 충남테크노파크, 국립낙동강생물자원관, 한국보건산업진흥원, 성남시 공공기관 통합채용, 화성시 공공기관 통합채용, 방송통신심의위원회, 한국교육시설안전원, 한국지방재정공제회, 국립호남권생물자원관, 정보통신산업진흥원, 한국물기술인증원, 서울물재생시설공단
	2022년	한전KDN, 대한무역투자진흥공사, 한국산업기술시험원, 중소기업유통센터
(주)나인스텝컨설팅	2023년	인천교통공사(업무직), 한국해양조사협회, 한국임업진흥원
	2022년	서울에너지공사, 한국에너지기술평가원, 코레일네트웍스, 인천교통공사(업무직), 군포도시공사, 한국해양조사협회
(주)비에스씨	2022년	한국과학창의재단, 이천시시설관리공단
	2021년	한국환경공단(체험형), 이천시시설관리공단, 한국체육산업개발
(유)잡코리아	2023년	킨텍스, 경상남도 관광재단, (재)춘천시주민자치지원센터
	2022년	경상남도 관광재단, 코레일유통, 인천인재평생교육진흥원, 한국사회복지협의회
(주)잡플러스	2023년	축산물품질평가원, 한국연구재단
	2022년	한국식품안전관리인증원, 전주시시설관리공단
(주)커리어넷	2023년	국립부산과학관, (재)한국보건의료정보원
	2022년	세종도시교통공사, 가축위생방역지원본부, (재)경상남도 여성가족재단

대행사 수주현황

출제대행사별 수주 채용기업

출제대행사		채용기업
(주)한국취업역량센터	2023년	아산시시설관리공단, 사천시시설관리공단
	2022년	전북개발공사, 원주문화재단, 경상남도 여성가족재단, 천안시시설관리공단, 사천시시설관리공단, 강화군시설관리공단
(사)한국능률협회	2023년	한국소비자원, 한국법무보호복지공단, 한국산림복지진흥원, 지방공기업평가원, 국립항공박물관
	2022년	한국에너지공과대학교, 한국수목원정원관리원, 보령시시설관리공단, 경상남도 사천시 공공기관 통합채용
(주)한국인재개발진흥원	2023년	세종시문화재단, 오산시시설관리공단, 한국국제보건의료재단, 평창유산재단, 화성시사회복지재단, 김포도시관리공사
	2022년	김포도시관리공사, 인천광역시중구시설관리공단, 인천광역시 연수구시설안전관리공단, 광주광역시 서구시설관리공단, 오산시시설관리공단, 서울특별시 여성가족재단, 세종시문화재단, (재)화성시환경재단, (재)평창평화센터, (재)창원문화재단, 과학기술일자리진흥원
(주)엔잡얼라이언스	2022년	국립해양박물관
	2021년	우체국시설관리단
(주)한경디스코	2022년	(재)우체국시설관리단, 화성산업진흥원, 서울특별시미디어재단티비에스
	2021년	한국산업은행, 충주시시설관리공단
(주)굿파트너스코리아	2023년	한국항만연수원 부산연수원
	2022년	합천군시설관리공단
(주)더좋은생각	2023년	코레일네트웍스, 광주도시관리공사, 우체국물류지원단, 연구개발특구진흥재단
	2022년	대한체육회, 한국장애인개발원, 파주도시관광공사, 한국로봇산업진흥원, 중소기업기술정보진흥원, 인천공항시설관리
(주)스카우트에이치알	2022년	한국장애인고용공단(필기전형), 국립항공박물관
	2021년	농림식품기술기획평가원
(주)시너지인사이트	2022년	구미시설공단
	2021년	한국소비자원, 창원시설공단, 한국산림복지진흥원
(주)엔에이치알 커뮤니케이션즈	2023년	제주특별자치도 공공기관 통합채용, 서울물재생시설공단, 서울시복지재단
	2022년	제주특별자치도 공공기관 통합채용, (재)서울시복지재단, 국가과학기술연구회, 창원레포츠파크, 정보통신산업진흥원, 한국소방산업기술원
(주)인사바른	2023년	한국마사회, 한국어촌어항공단, 한국해양수산연수원, 건설근로자공제회, 예술의전당, 국방기술진흥연구소, 한국산업기술시험원, 충북개발공사
	2022년	한국농어촌공사, 한국보건산업진흥원, 농림식품기술기획평가원

출제대행사별 수주 채용기업

출제대행사		채용기업
(주)잡앤피플연구소	2023년	한국에너지공과대학교, 한국석유관리원, 천안시시설관리공단, 부여군시설관리공단, 춘천문화재단, 충주시시설관리공단, 인천시 부평구 시설관리공단, 여수시도시관리공단, 한국보육진흥원, 대구문화예술진흥원, 김천시시설관리공단, 세종시시설관리공단, (재)원주문화재단, 안양도시공사
	2022년	한국에너지공과대학교(2023), 부여군시설관리공단(2023), 국토안전관리원, 한국저작권보호원, 대전도시공사, 세종특별자치시시설관리공단, 아산시시설관리공단, 충주시시설관리공단, 울산시설공단, 전주시시설관리공단, 대구경북과학기술원, (재)원주문화재단, 한국석유관리원
(주)잡에이전트	2023년	(재)강릉과학산업진흥원
	2022년	서울특별시공공보건의료재단, 전라북도 공공기관 통합채용, (재)강릉과학산업진흥원, (재)김포시청소년재단
(주)휴먼메트릭스	2022년	중소기업은행, 한국장애인고용공단(필기전형)
	2021년	한국데이터산업진흥원, 인천도시공사(공무직), 국립낙동강생물자원관
(주)한국고용연구원	2022년	우체국물류지원단
	2021년	한국로봇산업진흥원, 예술의전당, (재)장애인기업종합지원센터, 한국기술교육대학교
갓피플(주)	2023년	전라북도 공공기관 통합채용, 경상남도 김해시 공공기관 통합채용
	2022년	창원시설공단
(주)미래융합연구원	2022년	(재)서울문화재단
	2021년	한국승강기안전공단, 서울에너지공사
(주)시너지컨설팅	2023년	한국생산기술연구원
	2022년	코레일테크, 방송통신심의위원회, 국방과학연구소, 평창군시설관리공단
(주)커리어케어	2021년	국가철도공단, 에스알(SR), 코레일유통, 한전KDN, 한국지역난방공사, 한국환경공단, 국립공원공단, 한국수산자원공단, 한전원자력연료, 한국에너지공단, 한국양성평등교육진흥원 등
	2020년	국립공원공단, 서울시설공단, 인천관광공사, 인천시설공단, 한국철도시설공단, 한전KPS, 한전원자력연료, 한전KDN, 한국보건산업진흥원, 중소기업기술정보진흥원, 주택도시보증공사, 한국에너지공단, 방송통신심의위원회 등

취업준비생의 관심이 높은 채용기업을 중심으로 나라장터와 시험 후기를 취합하여 정리한 자료입니다. 개찰 결과가 공개되지 않는 경우 등 정보의 접근과 검증의 한계로 일부 부정확한 내용이 있을 수 있습니다. 이외의 출제대행사가 많다는 점도 참고하시기 바랍니다.

실시간으로 업데이트되는
공기업 필기시험 출제대행사 확인하기

공기업 고졸채용

직업기초능력

기출예상모의고사

- **1회** 기출예상모의고사
- **2회** 기출예상모의고사
- **3회** 기출예상모의고사
- **4회** 기출예상모의고사
- **5회** 기출예상모의고사
- **6회** 기출예상모의고사

NCS란? 산업 현장에서 직무를 수행하기 위해 요구되는 각종 지식, 기술, 태도 등의 내용을 국가가 체계화한 것을 의미한다.

유형별 비중

자료해석 8%
어휘 15%
조건추론 17%
독해 18%
도표이해 25%
응용수리 17%

유형분석

의사소통능력은 단어의 문맥상 의미와 올바른 문법 사용, 한자어 이해, 내용에 맞는 접속어 고르기 등의 어휘 문제와 지문의 내용을 이해하고 흐름에 맞게 문단을 재배치하는 등의 독해 문제로 구성된다. 수리능력은 기초적인 연산을 포함하여 속력, 일률 등을 계산하는 응용수리 문제와 표와 그래프의 수치를 분석하고 계산하는 도표분석 문제, 확률과 통계를 계산하는 기초통계 문제로 구성된다. 문제해결능력은 제시된 조건을 통해 단어의 관계, 명제, 위치, 순서 등을 추론하는 문제와 회의록, 안내문 등 다양한 유형의 자료를 이해하고 이를 응용하는 문제로 구성된다.

1회 기출예상모의고사

영역	총 문항 수
의사소통능력	
수리능력	50문항
문제해결능력	

NCS란? 산업 현장에서 직무를 수행하기 위해 요구되는 각종 지식, 기술, 태도 등의 내용을 국가가 체계화한 것을 의미한다.

01. 다음 ㉠~㉣의 단어를 바꾸어 사용했을 때 문맥상 의미가 적절하지 않은 것은?

> '실업해소'와 '고용안정'이라는 국민의 ㉠여망(興望)에 부응하기 위해 정부는 다양한 정책을 내놓았다. 정부는 가장 좋은 복지정책은 일하고 싶은 국민에게 일자리를 만들어 주는 것이라고 판단하고, 가능한 한 모든 정책을 동원해 전력투구하는 모습이 역력하다. 최근 정부가 고용지원시스템을 선진국 ㉡수준(水準)으로 높이고 직업능력 개발을 위한 혁신적 ㉢방안(方案)들을 내놓은 것도 그 일환이다. 혁신의 주체는 관련 ㉣주무(主務)부처인 노동부다. 노동부는 지난 4월 대통령과 각 부 장관, 16개 지방자치단체장, 노사단체 대표 130여 명이 참석한 가운데 '국가 고용지원서비스 혁신보고회'를 개최했다. 이 자리에서 노동부는 선진국으로 도약하기 위한 국가 전략 과제를 보고했다. 20XX년까지 '300만 개 일자리 창출 대책'과 함께 '고용지원서비스 선진화'와 '직업능력 개발 혁신'을 대대적으로 ㉤추진(推進)하겠다고 밝혔다.

① ㉠ : 기대(期待)　　　② ㉡ : 차원(次元)　　　③ ㉢ : 방책(方策)

④ ㉣ : 직할(直轄)　　　⑤ ㉤ : 진행(進行)

02. 다음 중 밑줄 친 부분이 〈보기〉와 가장 유사한 의미로 사용된 것은?

> 보기
>
> 가슴에 <u>묻어</u> 둔 서러움이 왈칵 목젖까지 올라오는 것 같았다.

① 아우는 형의 말을 비밀로 <u>묻어</u> 두었다.

② 나는 궁금한 것을 바로 <u>묻고</u> 따지는 편이다.

③ 그는 접어 든 우산에 <u>묻은</u> 물을 획획 뿌리면서 집으로 돌아왔다.

④ 이번 조사 과정에서는 모든 부서에 그 책임 소재를 <u>묻겠다고</u> 했다.

⑤ 그는 집에 돌아가 베개에 얼굴을 <u>묻었다</u>.

03. 다음 중 어법에 맞고 정확한 문장을 사용한 직원은?

① 이 사원 : 그 업체와 계약을 실시하기는 여간 어렵다.
② 김 과장 : 현재의 환경 정책은 앞으로 손질이 불가피할 전망입니다.
③ 엄 차장 : 김 과장은 관련 부서 담당자와 협력업체 실무자를 방문했다.
④ 하 사원 : 홍보팀은 이번 국제 박람회에서 신제품의 기능과 판매를 할 예정이다.
⑤ 현 부장 : 안정적인 사업 운용이 가능했던 까닭은 시장의 변화를 정확하게 예측했기 때문이다.

04. 다음은 식품용 금속제 기구 · 용기에 대한 사용방법과 주의사항에 관한 글이다. ㉠ ~ ㉘의 맞춤법, 띄어쓰기에 대한 설명으로 알맞지 않은 것은?

> 식품의약품안전처는 식품용 금속제 기구 · 용기를 일상생활에서 안전하게 사용할 수 있도록 ㉠옳바른 사용방법과 ㉡사용 시 주의사항을 다음과 같이 발표하였다.
>
> ○ 금속제 프라이팬은 사용하기 전에 매번 기름코팅을 하면 조리과정에서 중금속 성분이 용출되는 것을 방지할 수 있다.
>   – 세척한 팬의 물기를 닦아내고 불에 달군 후, 식용유를 ㉢엷게 바르며 가열하는 과정을 3 ~ 4회 반복한 후 사용한다.
> ○ 금속제 프라이팬이나 냄비에 조리한 음식은 다른 그릇에 옮겨 담아 먹거나, 보관할 경우 전용용기에 담아 보관하도록 한다.
>   – 식초 · 토마토소스와 같이 산도가 강하거나, ㉣절임 · 젓갈류와 같이 염분이 많은 식품은 금속 성분 용출을 ㉤증가시킴으로 금속재질의 용기에 장기간 보관하지 않는 것이 바람직하다.
> ○ 금속제 조리 기구는 ㉥전자렌지에 넣어 사용하지 않도록 주의한다.
>   – 금속재질은 마이크로파가 투과되지 못하고 반사되어 식품이 가열되지 ㉦않을뿐 아니라, 끝이 날카로운 금속에서는 마이크로파가 집중되어 스파크가 일어날 수 있어 사용하지 않도록 한다.

① ㉠ '옳바른'은 '올바른'으로 표기해야 한다.
② ㉡ '사용 시'는 '사용시'로 붙여 쓰는 것이 원칙이다.
③ ㉢ '엷게'와 ㉣ '절임'은 맞춤법에 맞는 표현이다.
④ ㉤ '증가시킴으로'는 '증가시키므로'로, ㉥ '전자렌지'는 '전자레인지'로 고쳐 쓰는 것이 적절하다.
⑤ ㉦ '않을뿐 아니라'는 '않을 뿐 아니라'로 띄어 써야 한다.

05. 다음 중 띄어쓰기가 올바르지 않은 것은?

① 몇 번 정도 해보니까 알겠다.
② 과수원에는 사과, 귤, 배 들이 있다.
③ 나는 아무래도 포기하는 게 좋을거 같다.
④ 포유동물에는 고래, 캥거루, 사자 등이 있다.
⑤ 보란 듯이 성공해서 부모님의 은혜에 보답하겠다.

06. 다음 글의 흐름을 고려하여 〈보기〉의 ㉠ ~ ㉤을 바르게 나열한 것은?

> 음료 판매점 등에서 사용되고 버려지는 일회용 컵은 우리나라에서만 130억 개 이상이라고 한다. 그래서 최근 들어 환경보호 차원에서 '텀블러'로 불리는 휴대용 물통에 대한 관심이 높아지고 있으며, 그에 따라 휴대용 물통의 판매도 증가 추세에 있다고 한다.

보기

㉠ 다음으로 휴대용 물통의 안전성에 대한 소비자들의 우려도 그 원인으로 볼 수 있다.
㉡ 휴대용 물통을 계속 들고 다녀야 하는 번거로움과 사용 후 세척의 어려움 때문에 사람들이 휴대용 물통 사용을 주저하는 것이다.
㉢ 그러나 여전히 휴대용 물통을 들고 다니는 사람은 그리 많지 않다.
㉣ 휴대용 물통에 뜨거운 물이나 음료를 넣으면 환경호르몬 물질이 배출되어 건강을 해칠 수 있다고 생각하기 때문에 잘 사용하지 않는다는 것이다.
㉤ 그 원인으로 먼저 사용상의 불편을 들 수 있다.

① ㉢-㉤-㉡-㉠-㉣
② ㉢-㉤-㉣-㉠-㉡
③ ㉤-㉡-㉢-㉠-㉣
④ ㉤-㉡-㉢-㉣-㉠
⑤ ㉤-㉢-㉣-㉠-㉡

[07 ~ 08] 다음 글을 읽고 이어지는 질문에 답하시오.

현대인의 삶의 질이 점차 향상됨에 따라 도시공원에 대한 관심도 함께 높아지고 있다. 도시공원은 자연 경관을 보호하고, 사람들의 건강과 휴양, 정서 생활을 위하여 도시나 근교에 만든 공원을 말한다. 또한 도시공원은 휴식을 취할 수 있는 공간인 동시에 여러 사람과 만날 수 있는 소통의 장이기도 하다.

⊙도시공원은 사람들이 선호하는 도시 시설 가운데 하나이지만 노인, 어린이, 장애인, 임산부 등 사회적 약자들은 이용하기 어려운 경우가 많다. 사회적 약자들은 그들의 신체적 제약으로 인해 도시공원에 접근하거나 도시공원을 이용하기에 열악한 상황에 놓여있기 때문이다.

우선, 도시공원이 대중교통을 이용해서 가기 어려운 위치에 있는 경우가 많다. 또한 공원에 간다 하더라도 사회적 약자를 미처 배려하지 못한 시설들이 대부분이다. 동선이 복잡하거나 안내 표시가 없어서 불편을 겪는 경우도 있다. 이런 물리적·사회적 문제점들로 인해 실제 공원을 찾는 사회적 약자는 처음 공원 설치 시 기대했던 인원보다 매우 적은 편이다. 도시공원은 일반인뿐 아니라 사회적 약자들도 동등하게 이용할 수 있는 공간이어야 한다. 그러기 위해서는 도시 공간 계획 및 기준 설정을 할 때 다른 시설들과 실질적으로 연계가 되도록 제도적·물리적으로 정비되어야 한다. 사회적 약자에게 필요한 것은 아무리 작은 도시공원이라도 편안하게 접근하여 여러 사람과 소통하거나 쉴 수 있도록 조성된 공간이다.

07. 다음 중 윗글의 제목으로 가장 적절한 것은?

① 도시공원의 생태학적 특성
② 도시의 자연 경관을 보호하는 도시공원
③ 모두가 여유롭게 쉴 수 있는 도시공원
④ 도시공원, 사회적 약자만이 이용할 수 있는 쉼터
⑤ 공원 이용 활성화를 위한 도시공원 안내 표지판의 필요성

08. 〈보기〉는 밑줄 친 ⊙의 상황에 대한 의견이다. ⓒ에 들어갈 말로 가장 적절한 것은?

> **보기**
>
> 도시공원이 있어도 제대로 이용하지 못하므로 사회적 약자들에게 도시공원은 '(ⓒ)' (이)라 할 수 있겠군.

① 그림의 떡
② 가는 날이 장날
③ 언 발에 오줌 누기
④ 장님 코끼리 만지기
⑤ 낙타가 바늘구멍 들어가기

[09 ~ 10] 다음 글을 읽고 이어지는 질문에 답하시오.

(가) 이에 정부는 1984년 선분양제도를 도입했다. 선분양제도는 주택이 완공되기 전에 이를 입주자에게 분양하고 입주자가 납부한 계약금, 중도금을 통해 주택가격의 80% 정도를 완공 이전에 납부하도록 하여 건설비용에 충당하는 제도를 말한다. 건설사의 금융비용의 절감 등을 통해 주택건설자금을 확보하기 용이하기에 활발한 주택공급을 할 수 있게 되었다.

(나) 1980년대 산업화·도시화가 심화되면서 주택난은 사회적으로 가장 큰 문제였다. 이를 해결하기 위해 정부는 주택건설 계획을 추진했다. 하지만 당시 건설사의 자체 자금력으로는 주택 공급 확대를 꿈도 꿀 수 없었다.

(다) 따라서 정부는 1993년 주택분양보증업을 전담하는 주택사업공제조합(현 주택도시보증공사)을 세웠다. 주택분양보증은 건설사가 부도·파산 등으로 분양계약을 이행할 수 없는 경우 납부한 계약금과 중도금의 환급을 책임지는 것으로 계약자의 분양 대금을 보호하고 주택사업자들이 건설자금을 원활히 조달하도록 돕는 역할을 한다.

(라) 그러나 이 제도는 건설회사의 도산이나 부도에 입주자가 위험에 노출될 가능성이 높으며, 완공 이전에 주택가격의 80%를 납부해야 하는 부담을 안게 된다. 또한 완성된 주택이 아닌 모델하우스를 보고 사전에 구입하는 문제점으로 인해 실제 완공된 주택과의 괴리가 발생하는 문제점이 생겼다.

---

09. 글의 흐름에 맞게 문단 (가) ~ (라)를 바르게 배열한 것은?

① (가)-(나)-(라)-(다) ② (나)-(가)-(다)-(라) ③ (나)-(가)-(라)-(다)
④ (나)-(다)-(가)-(라) ⑤ (다)-(나)-(라)-(가)

10. 다음 내용을 참고할 때, 윗글에 대한 이해로 옳지 않은 것은?

> 후분양제란 아파트 등의 주택이 거의 지어진 상태에서 분양을 하는 제도로, 아파트 건설 전체 공정의 60 ~ 80% 이상 진행된 뒤 주택을 구입하려는 수요자가 직접 집을 보고 분양받을 수 있다.

① 선분양제로 주택 공급자는 건설비용을 분양대금으로 충당하며 차입을 줄일 수 있다.
② 후분양제는 미분양 리스크 증가로 공급이 감소한다는 단점이 있다.
③ 후분양제는 금융비용의 증가로 인해 분양가 상승이 예상된다.
④ 후분양제를 통해 주택 하자 보수에 대한 분쟁이 감소할 수 있다.
⑤ 선분양제는 소비자가 짧은 기간 안에 자금을 마련해야 한다는 부담이 있다.

11. 다음 (ㄱ) ~ (ㅁ) 중 〈보기〉의 문장이 들어가기에 적절한 곳은?

> 나만 그런 것은 아니겠지만 87년 민주화 이후 30년, 외환위기 이후 20년은 87년 이전에 열망했던 만큼의 행복한 시간이 아니었다. (ㄱ) 아니 차라리 투쟁해야 할 이유가 있었고, 희망을 논할 수 있었으며, 주변 모든 사람이 함께 힘들었던 시절이 그리울 정도로 우리 사회는 완전히 양극화되었고 주변을 돌아봐도 고통 속에 보내는 사람의 수는 줄어들지 않았다. (ㄴ) 70년대 말 80년대 중반까지의 엄혹한 시절을 생각해보면, 당시의 내 또래 청년들이 기껏 이런 나라를 만들기 위해 그렇게 날밤을 지샜나 하는 자괴감도 든다. (ㄷ)
> 나는 청소년들이 입시의 중압감에서 해방되는 행복한 세상에서 살기를 원한다. (ㄹ) 그런 세상들이 쉬이 오지 않는다는 것을 알고 있지만 이들 모두를 고통스럽게 만드는 현실은 학교나 기업 자체에 있지 않고, 한국 자본주의 사회경제 시스템, 더 거슬러 올라가면 남북한의 전쟁/분단체제와 깊이 연관되어 있다는 것이 내 생각이다. (ㅁ)

> **보기**
>
> 그리고 청년 비정규 노동자들이 극히 위험한 작업장에서 죽음을 무릅쓰고 불안한 고용 조건, 장시간 저임 노동에 시달리지 않는 그런 세상에 살기를 원한다.

① (ㄱ)　　　　　　② (ㄴ)　　　　　　③ (ㄷ)
④ (ㄹ)　　　　　　⑤ (ㅁ)

[12 ~ 13] 다음 글을 읽고 이어지는 질문에 답하시오.

"우리가 꿈꾸는 곳에는 마술 지팡이가 있어서 아이들이 음식과 물을 충분히 먹는지, 한 사람도 빠짐없이 학교에 가서 공부를 하는지, 보호받고 존중받는지 지켜보고 있어요."

유엔아동권리협약을 풀어쓴 그림책 〈어린이의 권리를 선언합니다〉에 나온 문장이다. 아동이 신체적, 지적, 정신적, 도덕적, 사회적 발달에 맞는 생활수준을 누릴 권리를 가짐을 인정한다는 제27조에 대한 설명인데, 요즘 마술 지팡이는 아이들의 무엇을 보고 있을까.

재난이 닥쳐오면 약자들이 가장 먼저, 제일 많이 고통 받는다. 그중엔 아이들이 있다. 5년 전 9월 세 살 알란 쿠르디는 터키 남서부 해변에서 엎드려 숨진 ㉠채 발견됐다. 내전을 피해 배를 타고 지중해를 건너 그리스로 향하던 중이었다. 고향으로 돌아가 쿠르디를 땅에 묻은 아버지는 다시는 그 땅을 떠나지 않겠다고 했다. 아픔의 땅을 떠나지도, 떠나지 않을 수도 없는 아버지와 세상에 없는 아들을 남긴 비극이었다. 그로부터 4년 뒤 미국과 멕시코 접경의 리우그란데 강에선 25세 아빠와 23개월 된 딸의 시신이 떠올랐다. 엘살바도르에서 아메리칸 드림을 꿈꾸던 가족은 국경 검문검색을 피해 강을 건너다 변을 당했다. 아빠의 검은색 티셔츠 안에 몸을 숨긴 딸은 덜 무섭고 덜 외로웠을까.

수개월째 일상과도 같아진 코로나19도 아이들의 숨통을 ㉡죄어 온다. 국제 아동구호 NGO 세이브더칠드런이 지난 10일 공개한 보고서를 보면, 전 세계 37개국 2만 5,000명의 아동과 보호자를 대상으로 조사한 결과 아이들이 가정 폭력을 신고한 가정 가운데 19%는 코로나19로 인해 수입이 줄어든 것으로 나타났다. 여기에다 학교까지 문을 닫으면서 아이들은 더 힘들어졌다. 조사 대상의 3분의 2가 선생님을 전혀 만난 적이 없으며 학교가 문을 닫은 동안 아이들을 향한 가정 폭력은 학교를 열었을 때(8%)보다 2배 넘게(17%) 증가한 것으로 나타났다. 일자리를 잃은 어른들의 고통은 아이들에게 폭력이라는 흔적을 더했다. 비대면 수업을 한다지만 아예 컴퓨터가 없거나, 인터넷을 사용할 수 없는 경우 혹은 원격 수업을 들을 공간 자체가 존재하지 않는 환경에 처한 아이들도 많다. 그렇다보니 국내외를 ㉢막론하고 비대면 수업으로 학력의 빈부격차가 발생하고 있다는 조사 결과가 나오기 시작했다. 내전이나 불법 이민과 같은 극단적 상황, 코로나19 팬데믹과 같은 예외적인 상황 탓이 아니다. 학대받다 숨지거나 상처입고, 한 끼를 어떻게 먹을지 고민하고, 생리대 가격이 부담스러운 아이들과 청소년이 여전히 존재한다.

〈아이들의 계급투쟁〉의 작가 브래디 미카코는 영국 최악의 빈곤 지역 무료 탁아소에서의 경험을 묘사했다. 탁아소가 끝날 시간이 훨씬 지나도 아이를 찾으러 오지 않는 엄마, 유일한 보호자인 엄마가 자신을 포기할까 불안해서 모래만 발로 차던 네 살짜리 딜런. 소리도 없이 울던 아이에게 선생님이 말한다. "울지 마. 울지 말고 화를 내. ㉣번번히 우는 건 포기했다는 뜻이야. 그러니까 우리는 항상 화를 내지 않으면 안 돼."

울지도 못하는, 울어도 울음소리가 세상 밖으로 들리지 않는 아이들이 수없이 많다. ㉤가려진 아이들에게 귀 기울이고 지켜봐야 하는 건 마술 지팡이가 아니라 우리의 공동체여야 하지 않을까.

12. 윗글의 전개 방식으로 가장 적절한 것은?

① 독자의 감정을 자극하는 사례를 들어 본인의 의견에 대한 공감을 이끌어 내고 있다.

② 아이들의 인권에 대하여 서로 대립되는 의견을 대조하여 보여주고 있다.

③ 코로나19에 따른 빈부격차를 해소하기 위한 대책을 마련하기를 촉구하고 있다.

④ 전쟁이 아이들에게 어떤 비극을 가져오는지에 관한 주제로 글을 전개하고 있다.

⑤ 아동폭력에 따른 생존의 위협이 여전히 남아 있음을 주장하기 위해 글을 전개하고 있다.

2회 기출예상

3회 기출예상

4회 기출예상

5회 기출예상

6회 기출예상

13. 밑줄 친 ㉠ ~ ㉤ 중 맞춤법에 어긋나는 것은?

① ㉠   ② ㉡   ③ ㉢

④ ㉣   ⑤ ㉤

인성검사

면접가이드

[14 ~ 15] 다음 글을 읽고 이어지는 질문에 답하시오.

어떤 회사를 중소기업인지 아닌지 구분할 수 있는 방법은 우리나라 법전에 명시되어 있다. 중소기업기본법에서는 기업의 3년간 평균 매출액에 따라 그 기업이 중소기업인지 아닌지를 정하고 있다. 다만 업종별 상대적 매출이 높을 수밖에 없거나 낮을 수밖에 없는 경우가 있기 때문에 업종에 따라 평균 매출액의 기준은 최소 400억 원부터 최대 1,500억 원까지로 다르게 설정되어 있다.

예를 들어 옷, 가방, 가구, 종이와 같은 제품을 만드는 회사라면 상대적으로 평균 매출액이 높기 때문에 1,500억 원 이하여야 중소기업이 된다. 반면 식료품, 플라스틱 제품을 만드는 회사의 경우에는 평균 매출액이 1,000억 원 이하여야 중소기업이다. 또 제조업이나 건설업, 도매 및 소매업과 같은 서비스업은 상대적으로 평균 매출액이 낮기 때문에 1,000억 원 이하까지는 모두 중소기업으로 분류될 수 있다. 제조업 중에서도 의료, 음료업, 정밀, 광학기기 및 시계 제조업 등은 평균 매출액이 800억 원 이하여야 중소기업이다. 마지막으로 호텔이나 식당 같은 숙박 및 음식점업, 학원 같은 교육 서비스업의 중소기업 기준은 평균 매출액 400억 원 이하이다.

우리나라에서 소위 '대기업'이라고 부르는 회사들도 그 기준이 따로 정해져 있는데, 기준에 따라 대기업에 해당되면 당연히 중소기업은 아니게 된다. 대기업을 구분하는 기준은 바로 공정거래위원회(이하 공정위)에서 지정하는 상호출자제한기업집단에 속하느냐, 속하지 않느냐에 따라 정해진다.

기업집단의 자산이 10조 원 이상이 되면 공정위는 이 기업집단의 우두머리인 '총수'를 정하고 혹시 부정한 일을 저지르지 않는지 특별 관리를 한다. 이렇게 상호출자 금지, 순환출자 금지 등의 특별 관리를 받는 상호출자제한기업집단은 우리가 '재벌'이라고 부르는 집단과 동일하다고 보면 된다. 이 법은 그룹을 관리하고 규제하기 위해 만들어진 법으로, 재벌 기업들이 상호출자를 통해 규모를 불려 왔기 때문에 이를 제한하기 위해서 상호출자제한이라는 법을 사용하는 것이다.

이렇게 상호출자집단에 속한 기업들은 기업 매출이나 자산 규모와는 무관하게 대기업으로 분류가 된다. 즉, 내가 다니는 회사의 연봉이나 처우 혹은 시스템과는 무관하게 그룹 전체의 자산이 얼마나 크냐에 따라 대기업으로 지정된다는 뜻이다.

이와 같이 중소기업, 대기업에 대한 법적인 개념이 명확한 데 비해 일상생활에서는 아직도 중소기업이라는 단어를 혼동해 사용하는 경우가 많다. 그 이유 중 하나는 2014년 이전만 해도 중소기업의 분류 기준이 기업의 종사자 수가 300명 이하인지 아닌지로 설정되어 있었기 때문이다. 따라서 지금까지도 직원 수를 기준으로 삼아 중소기업을 구분하는 경우도 적지 않은 것이다.

14. 윗글을 이해한 내용으로 가장 적절한 것은?

① 2014년 이전까지는 직원 수가 500명 이하이면 무조건 중소기업에 해당되었다.

② 중소기업과 대기업을 분류하는 법적 기준의 불명확함이 혼란을 초래하고 있다.

③ 상호출자제한기업집단에 속하는 기업은 다른 요소들과는 무관하게 모두 대기업이다.

④ 현재 매출이 충분히 높지 않은 기업도 자산이 1천억 원 이상이면 대기업으로 분류된다.

⑤ 중소기업의 여부는 중소기업기본법을 기준으로 연간 매출액에 따라 결정된다.

15. 윗글을 참고할 때 2023년 현재 중소기업으로 볼 수 있는 기업을 〈보기〉에서 모두 고르면?

보기

㉠ 기업집단의 자산이 10조 원이며 3년간 연평균 매출액이 900억 원인 건설회사 A

㉡ 종사자 수가 500명이며 3년간 월평균 매출액이 2억 원인 플라스틱 제조회사 B

㉢ 2022년 매출액이 5천억 원인 가구회사 C

㉣ 3년간 총 매출액이 2천억 원이며 기업집단의 자산이 5조 원인 광학기기 제조회사 D

㉤ 3년간 총 매출액이 3천억 원이며 공정거래위원회에서 기업 총수를 정한 호텔 E

① ㉠, ㉢   ② ㉠, ㉣   ③ ㉡, ㉣

④ ㉡, ㉤   ⑤ ㉢, ㉤

16. 다음 기사의 제목으로 가장 적절한 것은?

> 10대는 니코틴 중독에 성인보다 더욱 취약하고, 이는 금연을 하지 못하고 평생 흡연으로 이어질 가능성이 높아 청소년 흡연에 대한 경각심이 높아지고 있다. 하지만 미질병통제예방센터(CDC)가 2018년 2월 발표한 청소년 흡연 실태 보고서에 따르면 고등학생의 27.1%, 중학생의 7.1%가 최근 30일 내에 담배 제품을 흡입한 적이 있고, 최근 30일 내에 흡연 경험이 있는 10대는 2017년 360만 명에서 2018년 470만 명으로 증가했음을 알 수 있다. 한편 미국에서는 18세 이상이면 담배를 구입할 수 있는 현행법이 청소년 흡연율과 연관성이 있다는 주장이 지속적으로 제기되면서 담배 구입 가능 연령 상향 조정의 필요성이 제기되고 있다. 이에 하와이, 캘리포니아, 뉴저지, 오레곤, 메인, 매사추세츠, 알칸소 주 등은 21세부터 담배 구입이 가능하도록 현행법을 바꾸었고, 2019년 7월 1일부터 일리노이 주와 버지니아 주를 시작으로 워싱턴(2020년 1월 1일), 유타(2021년 7월 1일) 주에서도 담배 구입 가능 연령을 상향할 것이라고 발표했다.

① 미국, 청소년 흡연 실태 조사 결과 대다수의 중·고등학생이 흡연 유경험자로 나타나
② 미국, 심각한 청소년 흡연율로 인한 미 전역 담배 구입 연령 상향 조정
③ 흡연 연령과 청소년 흡연율의 관계가 밝혀짐에 따라 담배 구입 연령 상향 조정
④ 미국, 심각한 청소년 흡연율에 다수의 주들 담배 구입 연령 21세로 상향 조정
⑤ 미국, 청소년 흡연을 조장하는 담배 회사에 대한 직접적 제재에 나서

[17 ~ 18] 다음 글을 읽고 이어지는 질문에 답하시오.

> 편의점은 도시 문화의 산물이다. 도시인, 특히 젊은이들의 인간관계 감각과 잘 맞아떨어진다. 구멍가게의 경우 단순히 물건을 사고파는 장소가 아니라 주민들이 교류하는 사랑방이요, 이런저런 소식이나 소문들이 모여들고 퍼져나가는 허브 역할을 한다. 주인이 늘 지키고 앉아 있다가 들어오는 손님들을 예외 없이 '맞이'한다. ___(A)___ 무엇을 살 것인지 확실하게 정하고 들어가야 한다.
> ___(B)___ 편의점의 경우 점원은 출입할 때 간단한 인사만 건넬 뿐 손님이 말을 걸기 전에는 입을 열지도 않을뿐더러 시선도 건네지 않는다. 그 '무관심'의 배려가 손님의 기분을 홀가분하게 만들어 준다. ___(C)___ 특별히 살 물건이 없어도 부담 없이 들어가 둘러볼 수 있고, 더운 여름날 에어컨 바람을 쐬며 잡지들을 한없이 들춰보아도 별로 눈치 보이지 않는다. 그런 점에서 편의점은 인간관계의 번거로움을 꺼려하는 도시인들에게 잘 어울리는 상업 공간이다. 대형 할인점이 백화점보다 매력적인 것 중에 한 가지도 점원이 '귀찮게' 굴지 않는다는 점이 아닐까.

  (D) 주인과 고객 사이에 인간관계가 형성되지 않는 편의점은 역설적으로 고객에 대한 정보를 매우 상세하게 입수한다. 소비자들은 잘 모르지만, 일부 편의점에서 점원들은 물건 값을 계산할 때마다 구매자의 성별과 연령대를 계산기에 붙어 있는 버튼으로 입력한다. 그 정보는 곧바로 본사에 송출된다. 또 한 가지로 편의점 천장에 붙어 있는 CCTV가 있는데, 그 용도는 도난 방지만이 아니다. 연령대와 성별에 따라서 어느 제품 코너에 오래 머물러 있는지를 모니터링하려는 목적도 있다. 녹화된 화면은 주기적으로 본사로 보내져 분석된다. 어떤 편의점에서는 삼각김밥 진열대에 초소형 카메라를 설치해 손님들의 구매 형태를 기록한다. 먼저 살 물건의 종류를 정한 뒤에 선택하는지, 이것저것 보며 살펴 가면서 고르는지, 유통 기한까지 확인하는지, 한 번에 평균 몇 개를 구입하는지 등을 통계 처리하는 것이다. 이와 같이 정교하게 파악된 자료는 본사의 영업 전략에 활용된다. 편의점이 급성장해 온 이면에는 이렇듯 치밀한 정보 시스템이 가동되고 있다.

17. 윗글을 참고하여 판단할 수 있는 내용으로 적절하지 않은 것은?

① 도시인들은 복잡한 인간관계를 좋아하지 않는다.
② 편의점 천장에 있는 CCTV는 그 용도가 다양하다.
③ 편의점 본사는 일부 지점에서 받은 정보를 활용하여 영업 전략을 수립한다.
④ 구멍가게는 편의점과 마찬가지로 손님들에게 '무관심'의 배려를 제공하는 공간이다.
⑤ 편의점에는 소비자의 정보를 입수하기 위한 장치들이 치밀하게 설치되어 있다.

18. 다음 글을 고려할 때, 윗글의 (A) ~ (D)에 들어갈 접속어로 가장 적절한 것은?

응집성을 갖춘 담화를 구성하는 데에는 지시 표현이나 대응 표현 이외에 접속 표현이 특히 중요한 기능을 한다. 예를 들어, '드라마가 정말 재미있다'는 발화와 '시청률이 매우 낮다'는 발화는 서로 관련이 없어 보이지만 '그러나'와 같은 접속 표현으로 묶일 수 있다.

	(A)	(B)	(C)	(D)
①	따라서	그러나	그래서	그런데
②	따라서	그런데	그리고	또한
③	그러므로	하지만	그러므로	또한
④	예를 들어	따라서	그래서	하지만
⑤	예를 들어	그래서	따라서	그런데

19. A 씨의 지난달 카드값은 124만 원이었고 이번 달은 지난달 대비 30% 증가했다. A 씨의 이번 달 카드값은 얼마인가?

① 156.2만 원   ② 158.2만 원   ③ 160.2만 원

④ 161.2만 원   ⑤ 163.2만 원

20. 5명의 학생이 원탁에 앉아 회의를 진행할 때, 학생들이 원탁에 앉는 경우의 수는 총 몇 가지 인가?

① 24가지   ② 48가지   ③ 60가지

④ 80가지   ⑤ 120가지

21. A, B, C, D 4명은 학원에서 쪽지 시험을 본 후 답안지를 서로 바꿔 채점하려고 한다. 자신의 답안지는 채점하지 않는다고 할 때, 채점하는 방법은 총 몇 가지인가?

① 9가지   ② 11가지   ③ 12가지

④ 14가지   ⑤ 16가지

22. 어떤 일을 A 사원 혼자 하면 4시간이 소요되고, B 사원 혼자 하면 6시간이 소요된다고 한다. A 사원과 B 사원이 함께 작업할 때, 일이 끝나는 데 걸리는 시간은?

① 1시간 12분   ② 1시간 24분   ③ 2시간 24분

④ 2시간 30분   ⑤ 3시간 12분

1회 기출예상

2회 기출예상

3회 기출예상

4회 기출예상

5회 기출예상

6회 기출예상

인성검사

면접가이드

23. 한 판에 원가가 7,000원, 판매가가 10,000원인 피자를 팔아 월 600만 원의 세후 이익을 남기려고 한다. 월 임대료가 90만 원이라면 몇 판의 피자를 팔아야 하는가? (단, 이익에 대한 세금은 20%이며, 이익은 월 임대료를 지불한 후의 순이익을 의미한다)

① 2,700판 　　　　　　② 2,750판 　　　　　　③ 2,800판
④ 2,850판 　　　　　　⑤ 2,900판

24. 1부터 1,000까지의 숫자가 적힌 카드 1,000장이 있다. 첫 번째 주머니에는 1이 적힌 카드 1장을 넣고, 두 번째 주머니에는 2, 3이 적힌 카드 2장을 넣고, 세 번째 주머니에는 4, 5, 6이 적힌 카드 3장을 넣었다. 이와 같이 차례로 카드를 한 장씩 늘려가며 주머니에 카드를 넣을 때, 1,000이 적힌 카드가 들어있는 주머니에는 총 몇 장의 카드가 들어있는가?

① 10장 　　　　　　② 11장 　　　　　　③ 12장
④ 13장 　　　　　　⑤ 14장

25. S 기업의 재직자 중 55%는 여자 직원이고, 남자 직원의 70%와 여자 직원의 30%가 연수에 참여했다. S 기업에서 연수에 참여한 직원과 참여하지 않은 직원의 비는?

① 7 : 3 　　　　　　② 5 : 4 　　　　　　③ 4 : 5
④ 12 : 13 　　　　　　⑤ 13 : 12

26. 1부터 9까지의 자연수가 하나씩 적힌 카드 9장이 있다. 승호는 1, 5, 8이 적힌 카드를, 정민은 2, 7, 9가 적힌 카드를, 선우는 3, 4, 6이 적힌 카드를 나눠 가졌다. 세 사람이 동시에 카드를 한 장씩 꺼낼 때, 선우가 꺼낸 카드의 숫자가 가장 클 확률은?

① $\dfrac{2}{27}$ 　　　　　　② $\dfrac{4}{27}$ 　　　　　　③ $\dfrac{1}{9}$
④ $\dfrac{2}{9}$ 　　　　　　⑤ $\dfrac{3}{9}$

27. 철수와 영희가 달리기 시합을 했다. 영희가 출발점에서 시속 6km로 먼저 출발하였고, 철수는 20초 후에 시속 10km로 뒤따라갔다. 철수가 출발한 후 영희를 따라잡게 되는 시점은 언제인가?

① 30초 후　　　　　　② 35초 후　　　　　　③ 40초 후
④ 45초 후　　　　　　⑤ 50초 후

28. 다음은 20XX년 5월 전체 영화 박스오피스 상위 10위에 관한 자료이다. 이에 대한 설명으로 옳지 않은 것은?

집계기간 : 20XX년 5월 1일 ~ 5월 31일						
순위	영화제목	배급사	개봉일	등급	스크린 수(개)	관객 수(명)
1	신세계	C사	4. 23.	15세	1,977	4,808,821
2	위대한 쇼맨	L사	4. 9.	12세	1,203	2,684,545
3	날씨의 아이	M사	4. 9.	15세	1,041	1,890,041
4	킬러의 보디가드	A사	5. 13.	전체	1,453	1,747,568
5	패왕별희	B사	5. 1.	12세	1,265	1,545,428
6	비커밍제인	C사	5. 1.	12세	936	697,964
7	오퍼나지	C사	5. 1.	15세	1,081	491,532
8	동감	A사	5. 17.	15세	837	464,015
9	이별의 아침에	N사	5. 10.	전체	763	408,088
10	언더워터	L사	4. 1.	12세	1,016	393,524

① 20XX년 5월 박스오피스 상위 10개의 영화 중 C사가 배급한 영화가 가장 많다.

② 20XX년 5월 박스오피스 상위 10개의 영화 중 20XX년 5월 6일에 K(12세)와 J(13세)가 함께 볼 수 있었던 영화는 총 4편이다.

③ 관객 수는 스크린 수와 상영기간에 비례하지 않는다.

④ 20XX년 5월 '신세계'의 관객 수는 '언더워터'의 관객 수보다 10배 이상 많다.

⑤ 스크린당 관객 수는 '오퍼나지'가 '동감'보다 많다.

29. A는 100엔에 1,140원의 환율로 228,000원을 엔화로 환전하여 환전한 돈의 70%를 사용하였다. 한 달 뒤 사용하고 남은 돈을 다시 원화로 환전하려고 했을 때에는 급격한 경기변동으로 환율이 100엔당 950원으로 급락한 상태였다. 원화로 환전한 후 남은 돈은 A가 처음 환전한 돈의 몇 %인가? (단, 환전 시 발생하는 세금은 고려하지 않는다)

① 20% ② 25% ③ 30%
④ 35% ⑤ 40%

30. ○○공사 신·재생에너지사업처 K 대리는 신·재생에너지 보급 동향에 대한 아래 표를 분석하여 보고서를 작성할 예정이다. 다음 중 K 대리가 분석한 내용으로 적절하지 않은 것은?

〈신·재생에너지 보급 동향〉

(단위 : 천toe)

구분	20X1년	20X2년	20X3년
태양열	27.4	28.5	28.0
바이오	344.5	547.4	649.0
폐기물	1,534.5	2,522.0	2,705.0
수력	6,502.1	6,904.7	8,436.0
풍력	682.2	581.2	454.0
지열	242.4	241.8	283.0
수소, 연료전지	87.6	108.5	230.0
해양	122.4	158.4	230.0

※ toe(ton of equivalent) : 석유, 가스, 전기 등 각각 다른 종류의 에너지원들을 원유 1t의 발열량인 1,000만kcal를 기준으로 표준화한 단위

① 태양열에너지의 공급량은 20X1년부터 20X3년까지 지속해서 증가하였다.
② 자료에 제시된 전체 신·재생에너지의 공급량은 지속해서 증가하였다.
③ 풍력에너지의 공급량은 해가 지날수록 줄어들었다.
④ 20X2년 신·재생에너지 에너지원별 점유율(%)을 살펴보면 수력에너지가 가장 높은 비중을 차지하였다.
⑤ 20X3년 신·재생에너지 에너지원별 점유율(%)을 살펴보면 폐기물에너지가 두 번째로 높은 비중을 차지하였다.

[31 ~ 32] 다음 자료를 보고 이어지는 질문에 답하시오.

〈국내 기업의 지역별 해외 플랜트 수주 실적〉

(단위 : 백만 불)

구분	2015년	2016년	2017년	2018년	2019년	2020년
총 수주 실적	64,759	63,676	59,534	36,458	20,930	26,709
아시아(중동 제외)	17,697	24,842	18,515	11,387	6,731	8,938
중동	20,926	14,017	23,208	12,278	8,671	12,122
아프리카	5,416	6,912	6,839	486	1,115	3,070
미주	11,216	8,127	9,107	6,506	2,266	2,142
기타	9,504	9,778	1,865	5,801	2,147	437

〈국내 기업의 해외 플랜트 설비별 수주 실적〉

(단위 : 백만 불)

구분	2019년	2020년
오일&가스(육상)	6,069	8,469
발전&담수	7,620	7,465
석유화학	4,097	4,653
해양	58	4,066
산업시설	2,780	1,053
기자재	306	203
기타 설비	0	800

31. 다음은 위 자료를 바탕으로 작성하고 있는 보고서의 일부이다. 자료와 일치하지 않는 것을 모두 고르면?

ㅇ 해외 플랜트 총 수주 실적은 2017년부터 2019년까지 지속적으로 감소했으나, 2020년에는 증가했다. 세부적으로 살펴보면, ㄴ 2016년에는 아시아를 제외한 중동, 아프리카, 미주, 기타 지역에서는 수주 실적이 전년 대비 모두 감소한 것을 토대로 아시아의 수주 실적이 전체 수주 실적에 큰 영향을 미친다는 것을 알 수 있다. 지역별 수주 실적에 순위를 매겨보면, ㄷ 2019년에는 중동이 가장 많았으며, 그 다음은 아시아, 미주, 기타, 아프리카 순으로 나타났다. 이 순위는 2020년에도 동일했다. 2018년 아프리카의 전년 대비 수주 실적이 크게 감소한 것이 눈에 띄는데, ㄹ 전년 대비 90% 이상 감소한 수치이다. 플랜트 설비별 수주 실적을 보면, ㅁ 2019년에는 발전&담수 실적이 가장 많았지만, 2020년에는 오일&가스(육상)의 실적이 가장 많았다.

---

① ㉠, ㉡   ② ㉡, ㉢   ③ ㉣, ㉤

④ ㉠, ㉡, ㉢   ⑤ ㉢, ㉣, ㉤

32. 다음은 위 자료를 바탕으로 하는 보고서에 들어갈 그래프이다. 바르지 않게 작성된 그래프를 모두 고르면? (단, 모든 계산은 소수점 아래 첫째 자리에서 반올림한다)

㉠ 2019년 해외 플랜트 설비별 수주 실적의 비중

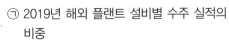
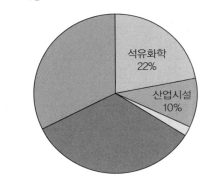

㉡ 아프리카 수주 실적의 전년 대비 증감률

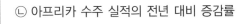
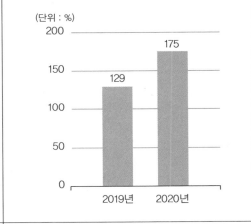

㉢ 해외 플랜트 총 수주 실적의 전년 대비 증감률

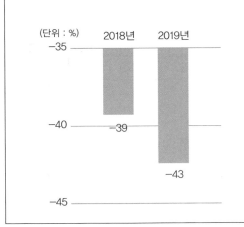

㉣ 2020년 지역별 해외 플랜트 수주 실적의 비중

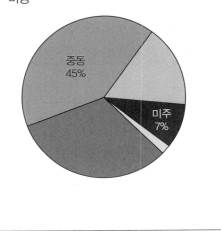

① ㉠, ㉢   ② ㉠, ㉣   ③ ㉡, ㉢

④ ㉠, ㉡, ㉣   ⑤ ㉡, ㉢, ㉣

[33 ~ 35] 다음 자료를 바탕으로 이어지는 질문에 답하시오.

○○공사 직원인 정아윤 씨는 국가철도 개량투자계획을 살펴보고 있다.

〈국가철도 개량투자계획〉

IoT(사물인터넷), 빅데이터 등 4차 산업혁명 핵심기술의 발전에 따라 철도분야에도 신기술을 접목하여 미래에 대비할 필요가 있다. 또한, 철도시설의 개량을 통해 열차운행 안전을 확보하고 편의성을 향상시키기 위하여 개량투자계획을 수립한다.

(단위 : 억 원)

구분		20X6년	20X7년	20X8년	20X9년	계
철도역사 이용편의 향상	이동편의시설 개량	400	350	370	380	1,500
	승강장조명설비 LED 개량	100	120	-	-	220
시설관리 과학화	구조물원격관리시스템 구축	130	140	160	170	600
	전기설비원격진단시스템 구축	20	50	150	200	420
	스마트전철급전제어장치 구축	5	15	70	100	190
철도교통관제시스템 고도화		10	5	150	120	285
기반시설 성능개선	LTE 기반 철도 무선망 구축	120	1,300	900	1,000	3,320
	양방향 신호시스템 구축	15	30	30	40	115
	철도통신망 이중화	30	60	80	100	270
노후기반 시설개량	노후신호설비 개량	370	420	500	550	1,840
	노후통신설비 개량	150	155	160	165	630
재해예방 시설확충	내진성능보강	500	100	150	125	875
	재난방송수신설비(FM/DMB)	25	40	50	50	165
계		1,875	2,785	2,770	3,000	

33. 다음 중 위 자료에 대한 설명으로 적절하지 않은 것은?

① 노후기반시설개량에 투자하는 금액은 매년 증가한다.

② 이동편의시설 개량에 투자하는 금액은 매년 감소한다.

③ LTE 기반 철도 무선망 구축에 대한 총 투자금이 가장 많다.

④ 승강장조명설비 LED 개량에는 2년 동안만 투자가 이루어진다.

⑤ 구조물원격관리시스템 구축에 투자하는 금액은 20X9년에 가장 많다.

34. 다음은 철도통신망 이중화와 노후신호설비 개량에 투자하는 금액의 전년 대비 증감률을 나타낸 그래프이다. ㉠, ㉡에 해당하는 값이 바르게 짝지어진 것은? (단, 소수점 아래 첫째 자리에서 반올림한다)

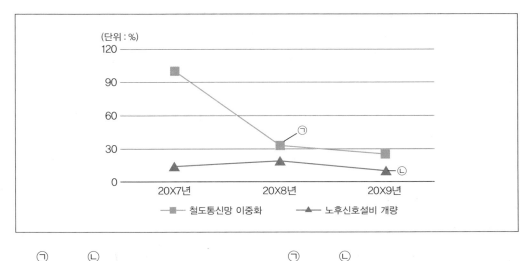

	㉠	㉡		㉠	㉡
①	31%	10%	②	31%	12%
③	33%	10%	④	33%	12%
⑤	35%	10%			

35. 다음은 20X9년의 개량투자계획 총 투자금에서 각 부문이 차지하는 비중을 그래프로 나타낸 것이다. (가)에 해당하는 값으로 적절한 것은?

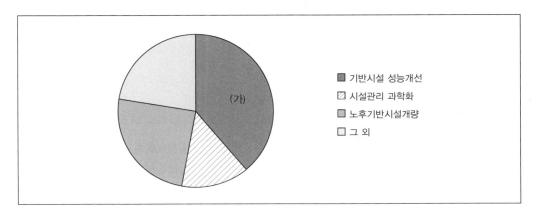

① 36%   ② 37%   ③ 38%

④ 39%   ⑤ 40%

[36 ~ 37] 다음 글을 읽고 이어지는 질문에 답하시오.

> ㉠지구 온난화란 화석 연료의 사용 증가와 산림 훼손으로 인한 온실 효과로 인해 지구의 기온이 상승하는 현상으로 전 지구적 차원에서의 ㉡환경 문제라고 할 수 있다. 화석 연료의 과다 사용에 저지대를 ㉢침수하게 하는 등 그 문제의 심각성이 크다.

36. 다음 중 ㉠ : ㉡의 관계와 가장 유사한 것은?

① 당뇨 : 성인병　　　② 계절 : 봄　　　③ 필통 : 지우개
④ 여름 : 장마　　　⑤ 바다 : 하늘

37. 다음 중 ㉠ : ㉢의 관계와 가장 유사한 것은?

① 가열 : 수증기　　　② 빵 : 밀가루　　　③ 꽃 : 나비
④ 버스 : 지하철　　　⑤ 개나리 : 코스모스

38. 다음은 같은 날 건강검진을 받은 윤슬, 도담, 아름, 들찬, 벼리의 검진 결과에 대한 진술이다. 진술이 모두 참일 때 5명의 키를 작은 순서대로 바르게 나열한 것은?

> • 도담이가 가장 작다.
> • 들찬이는 아름이보다 크다.
> • 윤슬이는 들찬이보다 크지만 가장 큰 사람은 아니다.

① 도담 - 벼리 - 아름 - 들찬 - 윤슬　　　② 도담 - 들찬 - 아름 - 윤슬 - 벼리
③ 도담 - 아름 - 들찬 - 윤슬 - 벼리　　　④ 도담 - 아름 - 들찬 - 벼리 - 윤슬
⑤ 도담 - 벼리 - 윤슬 - 아름 - 들찬

39. 다음 명제가 모두 참일 때, 반드시 참이라고 추론할 수 없는 것은?

> • 클라이밍을 좋아하는 사람은 고양이를 좋아하지 않는다.
> • 루지를 좋아하는 사람은 달리기를 잘한다.
> • 달리기를 잘하는 사람은 클라이밍을 좋아한다.
> • 고양이를 좋아하는 사람은 서핑을 할 수 있다.

① 고양이를 좋아하는 사람은 클라이밍을 좋아하지 않는다.
② 서핑을 할 수 없는 사람은 달리기를 잘하지 않는다.
③ 달리기를 잘하지 않는 사람은 루지를 좋아하지 않는다.
④ 루지를 좋아하는 사람은 고양이를 좋아하지 않는다.
⑤ 달리기를 잘하는 사람은 고양이를 좋아하지 않는다.

40. 자율주행 자동차가 출시되면서 해당 자동차를 운행하기 위해서는 자율주행 면허증이 있어야 한다는 법이 신설되었다. 이에 따라 반드시 조사해야 하는 2명은 누구인가?

> • A는 자율주행 면허증이 없지만 자율주행 자동차 운행 여부도 알 수 없다.
> • B는 자율주행 자동차를 운행하지 않았지만 자율주행 면허증 여부는 알 수 없다.
> • C는 자율주행 자동차 운행 여부는 알 수 없지만 자율주행 면허증이 있다.
> • D는 자율주행 면허증 여부를 알 수 없고 자율주행 자동차를 운행하였다.

① A, B   ② A, D   ③ B, C
④ B, D   ⑤ C, D

41. 다음 명제가 모두 참일 때, 항상 옳은 것은?

> • 수빈은 축구를 좋아한다.
> • 배구와 농구를 모두 좋아하는 사람은 축구를 좋아한다.
> • 축구를 좋아하는 사람은 배구를 좋아한다.

① 수빈은 농구를 좋아한다.

② 수빈은 배구를 싫어한다.

③ 수빈은 축구는 좋아하지만 농구는 싫어한다.

④ 수빈은 농구를 좋아하는지 싫어하는지 알 수 없다.

⑤ 수빈은 배구를 좋아하는지 싫어하는지 알 수 없다.

42. 다음 〈조건〉을 바탕으로 〈보기〉에서 옳은 것을 모두 고르면?

조건

> • 안이 보이지 않는 상자 안에 크기와 모양이 같은 사탕 6개가 들어있다.
> • 6개의 사탕은 딸기맛 3개, 포도맛 2개, 사과맛 1개이고, 각 색깔에 따른 점수는 순서대로 1점(딸기맛), 5점(포도맛), 10점(사과맛)이다.
> • A ~ F 여섯 사람이 각각 한 개의 사탕을 뽑는다.
> • 뽑은 결과 A와 D는 서로 같은 맛 사탕을, B, C, F는 각각 서로 다른 맛 사탕을 뽑았다.

보기

> (ㄱ) E는 10점을 얻지 못했다.
> (ㄴ) A와 D의 점수의 합은 10점이다.
> (ㄷ) E와 F가 같은 맛의 사탕을 뽑았다면 B와 C의 점수의 합은 11점이다.
> (ㄹ) E는 1점을 얻을 수 없다.
> (ㅁ) C가 뽑은 사탕이 딸기맛이면 F가 뽑은 사탕은 사과맛이다.

① (ㄱ), (ㄴ), (ㄷ)　　　② (ㄱ), (ㄴ), (ㄹ)　　　③ (ㄱ), (ㄷ), (ㄹ)

④ (ㄴ), (ㄷ), (ㅁ)　　　⑤ (ㄷ), (ㄹ), (ㅁ)

43. □□아파트 단지에서는 전기차 충전소를 101동, 102동, 103동, 104동, 105동 중 몇 군데에 설치하기로 했다. 다음의 〈조건〉에 따라 설치할 동을 선정한다고 할 때, 반드시 참인 것은?

조건

  ㉠ 102동에 충전소를 설치한다면 104동에도 설치한다.

  ㉡ 105동에 충전소를 설치하지 않는다면 103동에는 설치한다.

  ㉢ 101동과 103동 중 한 곳에만 충전소를 설치한다.

  ㉣ 101동과 102동 중 적어도 한 곳에는 충전소를 설치한다.

  ㉤ 103동과 104동에는 충전소를 모두 설치하거나 어느 곳도 설치하지 않는다.

① 101동과 105동은 함께 선정되지 못하는 경우의 수만 존재한다.

② 101동과 102동에 모두 충전소를 설치할 수도 있다.

③ 102동에 충전소를 설치한다면 103동에는 설치하지 않는다.

④ 104동에 충전소를 설치하지 않는다는 조건이 추가되면, 충전소는 101동과 105동에만 설치할 수 있다.

⑤ 충전소를 설치하는 곳은 세 동 이하라는 조건이 추가되면 충전소를 선정하는 경우가 하나로 확정된다.

44. 다음은 ○○공사의 올해 예산에 대한 조사 결과이다. 이에 근거하여 부서의 예산이 적은 팀부터 순서대로 바르게 나열한 것은?

  • 마케팅팀의 예산은 경리팀 예산의 세 배 이상이다.

  • 생산팀의 예산은 마케팅팀의 예산과 같다.

  • 영업팀의 예산은 마케팅팀의 예산과 연구팀의 예산을 합한 것과 같다.

  • 마케팅팀의 예산은 경리팀의 예산과 비서팀의 예산을 합한 것과 같다.

  • 비서팀의 예산은 연구팀의 예산과 같다.

---

① 비서팀 – 경리팀 – 마케팅팀 – 영업팀

② 비서팀 – 마케팅팀 – 경리팀 – 영업팀

③ 경리팀 – 비서팀 – 마케팅팀 – 생산팀

④ 경리팀 – 연구팀 – 생산팀 – 영업팀

⑤ 경리팀 – 마케팅팀 – 비서팀 – 생산팀

45. A 기업은 이번에 새로 입사하게 된 신입사원 M을 대상으로 교육을 진행하고자 한다. 다음과 같은 조건에서 선행 과정, 후행 과정을 진행한다고 할 때, 20X0년 1월에 가장 빨리 모든 교육 과정을 이수하는 날은 언제인가? (단, 선행 과정을 이수한 다음 날부터 후행 과정을 수강할 수 있다)

교육과정	이수조건	선행 과정	후행 과정
자기개발	1회 수강		
예산	2회 수강		
문서작성	3회 수강	커뮤니케이션	실무운영
실무운영	5회 수강	문서작성	
직업윤리	2회 수강		정보보안
정보보안	2회 수강	직업윤리	
커뮤니케이션	3회 수강	직업윤리	

※ 7개의 교육과정은 매일 교육이 실시되며, 법정 공휴일엔 실시되지 않는다. M은 자신이 원하는 요일에 여러 교육과정을 수강할 수 있지만 동일한 교육과정은 하루에 1회만 수강할 수 있다.

20X0년 1월						
일	월	화	수	목	금	토
			1	2	3	4
5	6	7	8	9	10	11
12	13	14	15	16	17	18
19	20	21	22	23	24	25
26	27	28	29	30	31	

① 1월 17일   ② 1월 20일   ③ 1월 23일
④ 1월 28일   ⑤ 1월 31일

46. F 과장은 회의 참석대상자 명단에 있었으나 출장으로 인해 회의에 참석하지 못해 회의록을 보고 내용을 파악하고자 한다. 다음 중 회의 내용을 적절하게 파악한 것을 모두 고르면?

회의록	
회의명	○○기업 신규 로고 개발 프로젝트 (1차)
일시	20XX년 8월 10일 　장소　 중앙회의실
첨부자료	○○기업 기존 로고 도면, ○○기업 기존 로고에 대한 소비자 설문조사 결과
참석대상자 명단	디자인팀 : A 사원, B 사원, C 대리 마케팅팀 : D 사원, E 대리, F 과장(출장으로 불참)
회의 내용	1. 목적 : 최근 사내 각 부처에서 기존 기업 로고의 이미지가 낙후되었다는 의견 제기 • 기존 로고 분석 및 소비자 반응 자료 참고 • 향후 신규 로고의 방향 제시 • 디자인 용역 외주 예산 확보를 위한 예산안 작성 2. 프로젝트 기간 : 20XX년 8월 1일~9월 30일 3. 기존 로고 분석과 신규 디자인 방향 • 기존 로고의 장점 : 30년 전통의 로고라는 점에서 기존 소비자층의 선호도가 높음. • 기존 로고의 단점 : 기존 소비자층이 아닌 젊은 세대의 감각과는 거리가 있어 신규 소비자의 유입에 걸림돌이 되고 있음. • 기존 로고의 틀은 유지하면서 새로운 세대 감각과의 조화 필요 • 신규 소비자를 유치하기 위한 전략을 참조해 제작할 것 4. 팀별 운영 계획 • 디자인팀이 외부 디자인 업체 후보를 추리면 다음 회의에서 결정 • 디자인팀이 전담하여 신규 로고 제작을 외주하고 신규 로고 후보를 3개까지 제출받을 것 • 이를 바탕으로 향후 프로젝트 회의에서 참석대상자들의 합의하에 최종 로고 선정 • 디자인 외주 용역 예산안은 마케팅팀이 담당함. • 마케팅팀은 청년 세대 소비자의 유치 계획을 정리하여 제출 • 신규 로고 홍보 방안 : 최종 로고를 완성한 이후 회의부터 홍보팀의 참석을 요청할 것 5. 다음 회의 일정 : 20XX년 8월 16일

(ㄱ) 신규 소비자의 유입을 위하여 로고를 전면 교체해야 한다.
(ㄴ) 로고 제작은 외부 디자인 업체가 담당한다.
(ㄷ) 신규 로고의 최종 결정 과정에 F 과장도 참여할 수 있다.
(ㄹ) 다음 회의(20XX. 8. 16.)부터 F 과장은 홍보팀과 함께 회의한다.

① (ㄴ)   ② (ㄱ), (ㄴ)   ③ (ㄴ), (ㄷ)
④ (ㄱ), (ㄴ), (ㄷ)   ⑤ (ㄴ), (ㄷ), (ㄹ)

[47 ~ 48] 다음은 국가직무능력표준원 NCS활용지원부의 업무분장표이다. 이어지는 질문에 답하시오(단, 주어진 조건 이외의 사항은 고려하지 않는다).

〈NCS활용지원부 업무분장〉

직위	담당업무	내선번호
김 부장	1. 국가직무능력표준(NCS) 활용의 대외 협력에 관한 사항	8770
이 차장	1. 부서 경쟁평가 · 실적에 관한 관리 　- 경영계획 수립 및 실적보고서 작성, BSC 성과관리 시스템 관리 등 2. 부서 내 예산 관리 및 관련 자료 작성에 관한 사항 3. NCS 활용 및 확산 지원사업 운영규칙 개정	8683
박 과장	1. NCS 기업 활용 채용분야 컨설팅 사업 모니터링 총괄 　- 운영기관 및 기업 모니터링 계획 수립 및 운영 　- 지역본부 모니터링 운영 지원 · 관리 2. 부서 CS 전략 수립 및 고객 관리 　- 고객만족도 제고 방안 수립 및 운영 3. 지역본부 KPI관리 총괄	8718
장 대리	1. 202X년 사업 회계정산 용역 2. NCS 기업 활용 컨설팅 우수사례 경진대회 개최 　- 경진대회 운영 및 시상식 개최, 우수사례집 제작 3. 제4차 국가기술자격 제도발전 기본계획 과제 관리 　- 국가전문자격, 민간자격 NCS 컨설팅 제공	8715
우 대리	1. 일반 총무업무 　- 주간, 월간 회의자료 작성 　- 문서접수 · 배부 및 구매 · 지출, 직원복무관리	8720

※ 필수 결재 및 보고, 감독 체제 : 대리, 과장 → 차장(직상감독자) → 부장(차상감독자)

〈금품 및 향응수수에 대한 처분기준표〉

행위	100만 원 미만	100만 원 이상 200만 원 미만	200만 원 이상 500만 원 미만	500만 원 이상
수동	감봉 · 정직 · 강등	강등 · 면직 · 파면	면직 · 파면	파면
능동	감봉 · 정직 · 강등	면직 · 파면	파면	

발생횟수	비위행위자	직상감독자	차상감독자
1회	징계	경고 또는 인사조치	주의 또는 경고
2회	징계	경고 또는 인사조치	주의 또는 경고

47. 민간제조업 분야의 ○○가전(주) 대표는 NCS와 사내 자격을 연계하여 내부 인사관리 제도를 변경하고자 한다. 이에 대한 지원을 문의하고자 할 때 연락해야 하는 내선번호는?

① 8770   ② 8683   ③ 8718
④ 8715   ⑤ 8720

48. NCS활용지원부 장 대리는 우수사례 경진대회를 운영하던 중, 우수사례 선정에 대한 대가로 2회에 걸쳐 120만 원의 금품을 요청하여 수수하였다. 이에 대한 처분으로 옳은 것은?

① 이 차장은 주의와 경고 중 하나의 징계를 받는다.
② 박 과장은 인사조치의 징계를 받는다.
③ 김 부장은 감봉·정직·강등의 징계를 받는다.
④ 장 대리는 면직·파면의 징계를 받는다.
⑤ 김 부장은 인사조치의 징계를 받는다.

[49 ~ 50] 다음의 자료를 보고 이어지는 질문에 답하시오.

◆◆공사 이기쁨 사원은 동영상 공모전의 안내문을 정리하고 있다.

○○고속도로 개통 50주년 기념 동영상(UCC) 공모전 개최 알림

1. 공모내용
   - 대상 : 전 국민 누구나
   - 공모기간 : 9. 11.(금) ~ 10. 6.(화) [접수기간 : 10. 1.(목) ~ 10. 6.(화)]
   - 공모주제 : 슬기로운 · 유쾌한 ○○고속도로 생활
     - ○○고속도로와 함께 살아가는 우리들의 이야기

     [소재 예시]
     - 출 · 퇴근 이용 등 일상과 함께 하는 ○○고속도로
     - ○○고속도로를 이용한 여행과 휴식
     - ○○고속도로 내 휴게소의 먹을거리 · 볼거리 · 즐길거리
     - 나만의 ○○고속도로 10배 더 즐기는 방법 등

   - 공모형식 : 광고 캠페인, 브이로그, 애니메이션 등 장르 불문
     - 영상분량 : 40초 ~ 2분 59초 이내
     - 영상크기 : 1,080p(1,920×1,080), 가로형
     - 파일형식 : AVI 또는 MP4
     - 영상장비 : 스마트폰, 캠코더, 드론 활용 등 제한 없음.

2. 참가방법
   - 응모자 개인 영상 플랫폼 채널에 출품작을 필수 해시태그(#)와 함께 업로드
     - #○○고속도로 #50주년 #영상공모전 #◆◆공사
   - 제출 서류와 출품작을 담당자 이메일로 제출
     - 참가신청서 및 서약서[서명 후 스캔본(PDF) 제출]
     - 영상파일[파일명은 '○○고속도로 50주년 영상공모전 출품작_작품 제목'으로 작성]
     - 드론 촬영허가서 및 비행승인서 등 증빙서류 첨부

3. 심사 및 결과발표
   - 심사 기준 : 심사위원 심사(70%)+영상 플랫폼 조회 수(30%)

심사내용	심사 기준
내용의 적합성	1. ○○고속도로 50주년 홍보 내용 포함 2. 비속어 미사용 등 공공 적합성

콘텐츠 우수성	1. 촬영 · 편집 기술 2. 구성 내용(시나리오 등) 및 기획력
콘텐츠 창의성	1. 유사 콘텐츠 유무 2. 기발한 아이디어 적용
콘텐츠 활용성	1. 온라인 · 오프라인 매체 활용성 2. 차후 행사 등 현장 활용성
영상 플랫폼 조회 수	업로드 후 1주일간의 조회 수

• 결과발표 : 공사 SNS 채널(블로그, 페이스북) 게시 및 개별 통보
• 우수자 선정 인원 및 포상 내용

구분	금상	은상	동상
인원	1명	2명	3명
포상	500만 원	250만 원	100만 원

– 상금은 제세공과금(22%) 제외 후 지급
– 상금지급 시기 : 10월 말 ~ 11월 중(별도 시상 없음)

49. 다음 중 이기쁨 사원이 정리한 자료를 이해한 내용으로 가장 적절하지 않은 것은?

① 공모할 동영상은 반드시 ○○고속도로를 주제로 해야 한다.
② 심사내용은 총 5개이며 영상 플랫폼 조회 수는 30% 반영된다.
③ 금상 수상자는 해당 대회를 통해 어떠한 공제액 없이 500만 원을 받게 된다.
④ 파일 형식은 AVI나 MP4여야 하며, 영상 촬영 장비에는 아무런 제한이 없다.
⑤ 콘텐츠 심사 결과는 공사 SNS 채널을 통해 공개된다.

50. 다음 중 이기쁨 사원이 영상 공모전 출품작을 심사할 때 확인할 사항으로 가장 적절하지 않은 것은?

① 참가자가 이메일로 보낸 제출 서류에 참가신청서와 서약서가 있는지 확인한다.
② 업로드된 영상의 분량이 40초에 채 미치지 못하거나 2분을 초과하는지를 확인한다.
③ 영상 플랫폼에 업로드된 영상과 함께 필수 해시태그가 모두 업로드되어 있는지 확인한다.
④ 만약 해당 영상이 드론으로 촬영된 경우, 관련 서류가 이메일에 첨부되어 있는지 확인한다.
⑤ 영상크기가 지정된 규격에 맞게 제작되었는지 확인한다.

유형별 비중

유형분석

의사소통능력은 단어의 문맥상 의미와 올바른 문법 사용, 한자어 이해 등의 어휘 문제와 지문의 내용을 이해하고 흐름에 맞게 문단을 재배치하고, 각 문단별 주제 또는 내용과 관련하여 추가할 수 있는 자료를 찾는 등의 독해 문제로 구성된다. 수리능력은 방정식을 활용하고 비율과 경우의 수를 구하는 연산문제와 표와 그래프의 수치를 분석하고 계산하는 도표 분석 문제로 구성된다. 문제해결능력은 제시된 조건을 통해 단어의 관계, 진술의 진위, 위치, 순서 등을 추론하는 문제와 평가표, 시간표, 안내문 등의 다양한 유형의 자료를 이해하고 이를 사례에 적용하는 문제로 구성된다.

2회 기출예상모의고사

영역	총 문항 수
의사소통능력	
수리능력	50문항
문제해결능력	

NCS란? 산업 현장에서 직무를 수행하기 위해 요구되는 각종 지식, 기술, 태도 등의 내용을 국가가 체계화한 것을 의미한다.

01. 다음 중 (가) ~ (라)에 들어갈 낱말을 바르게 연결한 것은?

> • 솥에 고구마를 (가) 찐다.
> • 찬장 (나) 정리된 찻잔에는 어느새 먼지가 쌓였다.
> • 처음 보는 사람이 (다)하며 다가오기에 인사를 했습니다.
> • 고객이 불만을 표하는데 못 들은 (라)하는 이유가 무엇입니까?

	(가)	(나)	(다)	(라)
①	안쳐서	깊숙이	알은체	체
②	앉혀서	깊숙이	알은체	채
③	안쳐서	깊숙이	아는체	체
④	안쳐서	깊숙히	아는체	채
⑤	앉혀서	깊숙히	아는체	체

02. 다음 중 밑줄 친 부분이 〈보기〉와 같은 의미로 사용된 것은?

> 보기
>
> 정부 관료로 남아 출세의 길을 달릴 수 있었으나, 대부분은 뚜렷한 역사의식이 없었다.

① 그는 집에 가는 길에 서점에 들렀다.
② 나는 갈 데가 없다는 생각에 길 한가운데 모든 걸 잃은 사람처럼 멈춰 서 있었다.
③ 그는 지금까지 살아온 길이 너무 뿌듯했다.
④ 같은 부모라도 아버지의 길과 어머니의 길은 엄연히 다르다고 본다.
⑤ 배움의 길도 성공 가도도, 인생도 게임처럼 한순간 결과를 볼 수 있는 것이 아니다.

03. 밑줄 친 어휘의 의미를 설명한 내용으로 적절하지 않은 것은?

- 사장직무대행 순위 결정안
1. ㉠ 안건(案件) 주요 내용
  - ㉡ 제안(提案) 이유 : 사장의 사고 시 그 직무를 대행하기 위한 순위를 결정하고자 이사회 규정 제8조에 의거 제안함.
  - 주요 내용 : 사장이 사고가 있을 때에는 부사장직 겸임 본부장이 그 ㉢ 직무(職務)를 대행하고, 부사장직 겸임 본부장이 직무대행을 할 수 없는 경우에는 경영전략본부장, 금융사업본부장, 자산관리본부장 순으로 그 직무를 대행한다. 다만, 집행임원 및 관리직원 1급 본부장은 직무대행을 할 수 없다.
2. 참석자 발언 요지 : 상임이사 ㉣ 유고(有故) 시 직무대행 방안 검토 필요 ▷ (법인) 상임이사 유고 시 직무대행 방안에 대해 검토 후 차기 이사회에서 보고하겠음.
3. 논의 결론 : ㉤ 원안(原案) 의결

---

① ㉠ 안건(案件) : 토의하거나 조사하여야 할 사항
② ㉡ 제안(提案) : 안이나 의견으로 내놓음
③ ㉢ 직무(職務) : 특별한 명목이 없는 여러 가지 일반적인 사무
④ ㉣ 유고(有故) : 특별한 사정이나 사고가 있음
⑤ ㉤ 원안(原案) : 회의에 올려진 본래의 안

04. 다음 ㉠ ~ ㉤ 중 맞춤법에 어긋나지 않는 것은?

  '산꼭대기에는 해를 비롯한 ㉠ 천채의 움직임을 보여주는 ㉡ 금빗 혼천의가 돌고, 그 아래엔 4명의 선녀가 매시간 종을 울린다. ㉢ 산기슥은 동서남북 사분면을 따라 봄·여름·가을·겨울 산이 펼쳐져있다. 산 아래 평지에는 밭 가는 농부, 눈 내린 기와집 등 조선땅의 사계절이 ㉣ 묘사돼 있고, 쥐·소·호랑이와 같은 12지신상이 일어섰다 ㉤ 누엇다 반복하며 시간을 알린다…'

---

① ㉠   ② ㉡   ③ ㉢
④ ㉣   ⑤ ㉤

05. 올해 ○○공사에 입사한 P가 신입사원을 대상으로 한 '올바른 메신저 쓰기' 교육을 듣고 있다. 다음 문장의 밑줄 친 단어를 맞춤법에 맞게 수정한다고 할 때, 적절하지 않은 것은?

① 박 과장님, 계약이 잘 성사<u>되야</u> 할 텐데요. → '돼야'로 수정한다.

② 오 팀장님, 방금 들었는데 김 사원이 지난주에 결혼을 <u>했대요</u>. → '했데요'로 수정한다.

③ 이 대리님, 휴가 잘 다녀오시길 <u>바래요</u>. → '바라요'로 수정한다.

④ 최 대리님, 새로운 팀장님이 오신다는 소문이 <u>금새</u> 퍼졌나봐요. → '금세'로 수정한다.

⑤ 한 팀장님, 제가 <u>몇시</u>까지 찾아뵈면 될까요? → '몇 시'로 수정한다.

06. 다음 밑줄 친 ㉠ ~ ㉐ 중 흐름상 적절하게 사용되지 않은 것은 모두 몇 개인가?

> 금융 제도나 금융 상품과 관련된 정보는 전문 용어들이 많을 뿐 아니라 관련 제도나 법이 수시로 변하기 때문에 일반인들이 모든 정보를 이해하기가 쉽지 않다. 그러다 보니 금융 기관의 종사자로부터 얻는 금융 관련 정보에 의존하거나 투자 권유를 받는 경우가 종종 있다.
>
> 하지만 다른 사람의 말만 믿고 ㉠<u>투자 의사 결정</u>을 내렸다가 손실이 발생했다고 해서 그 사람이 손실을 보상해 주는 것은 아니며 모든 책임은 전적으로 자신에게 ㉡<u>존속된다</u>는 점을 명심할 필요가 있다.
>
> 투자 의사 결정의 기본은 '㉢<u>자기 책임의 원칙</u>'이다. 이 원칙은 투자와 관련한 정보나 조언은 누구에게서나 얻을 수 있지만, 최종적인 판단은 반드시 자신의 책임 하에 이루어져야 하며, 그 결과 또한 자신이 책임져야 한다는 원칙이다. 이 원칙은 개인의 선택을 기초로 하는 ㉣<u>계획 경제</u>의 운용 원칙이며, 근대 민법의 기본 원리이기도 하다.
>
> 금융 상품 판매 실적을 올려야 하는 금융 기관 종사자의 말만 믿고 예금자 ㉤<u>보호 대상</u>이 아닌 상품을 구매한다거나, 재무 상태가 건전하지 못한 금융 기관에 예금자 보호 한도를 초과하는 과도한 금액을 집중 ㉥<u>배치</u>하는 것은 바람직한 금융 의사 결정이 아니다. 금융 기관에 종사하는 사람들이 제시하는 원금 보장, 수익 보장, 손실 보전의 약속 등은 자본 시장법상 엄격히 금지하는 행위이며, 아무런 효력이 인정되지 않는다는 것을 ㉦<u>유념</u>할 필요가 있다.

① 1개 ② 2개 ③ 3개

④ 4개 ⑤ 5개

07. 다음 글에 대한 설명으로 옳지 않은 것은?

북쪽에서 내려온 도리아인에게 미케네 문명이 붕괴된 뒤 그리스 본토에는 서너 부족으로 이루어진 소왕국이 여기저기 나타났으며, 현실적인 생활 단위는 개별 가족으로 구성된 촌락 공동체였다. 그리스의 지형 때문에 각 자치공동체는 바다나 산맥에 따라 이웃과 단절되어 각 섬과 계곡, 평야에 각자 독자적인 취락을 이루었다. 정치는 왕정이었으나 임금의 권력은 미약 하였으며 토지 소유에서도 미케네와 달리 공유지와 이에 따른 공동체적 규제가 없고, 촌락공 동체의 구성원은 저마다 분배지를 소유하여 경제적 독립성이 강했다.

도리아인이 남하하여 혼란이 일어난 데다, 다른 나라의 위협에서 스스로를 지키기 위하여 여러 촌락이 지리적·군사적으로 중심이 되는 곳에 모여들어 도시가 형성되었고, 그 도시를 중심으로 주변의 촌락들이 하나의 독립된 주권국가인 폴리스를 형성하였다는 집주설이 일반 적으로 널리 통하고 있다. 대체로 그 시기는 호메로스 시대가 끝나는 기원전 800년을 전후한 시기로 보고 있다. 그러나 예외도 많다. 그렇기는 하나 여러 촌락의 중심지로의 집주로 폴리 스가 성립한 게 전형이라 하겠으며, 따라서 이를 도시 국가라고 불러도 무방하다.

폴리스의 중심이 되는 도시는 대체로 해안으로부터 멀지 않은 평지에 위치하였으며, 도시 는 폴리스의 정치, 군사 및 종교의 중심이었다. 도시 안에는 그 도시의 수호신을 모신 신전이 세워진 아크로폴리스가 있었으며, 그 주변에 있는 아고라는 시장인 동시에 정치를 포함한 모 든 공공 활동이 이루어지는 장소이자 사교의 장이기도 하였다.

폴리스가 성립할 당시 중심 도시로 모여든 사람들은 주로 귀족과 수공업자 또는 상인들이 었으며, 농민은 촌락에 머물렀고 귀족들도 그 근거지를 농촌에 그대로 두고 있었다. 그렇기 때문에 폴리스 성립 이전의 공동체적인 성격이 파괴되는 일이 없이 도시 전체가 하나의 시민 공동체를 형성하게 되었다. 그러나 수많은 노예와 여러 대에 걸쳐 거주하고 있는 자유인과 외국인은 완전한 의미의 시민은 아니었고, 오직 폴리스를 형성하는 데 참여한 부족의 성원 내지 그 후손만이 완전한 시민이었다. 즉 폴리스는 종교적·경제적 유대로 결합하고 법에 따 라 규제되며, 완전한 독립성과 주권을 가진 시민 공동체로 볼 수 있다.

① 그리스의 각 자치공동체가 이웃과 단절되어 독자적인 취락을 이룬 것은 지형 때문이다.

② 그리스는 미케네 문명과 달리 공유지와 공동체적 규제가 존재하지 않았다.

③ 폴리스가 형성되는 데 중심이 된 도시들은 군사적인 목적으로 형성되었다.

④ 폴리스의 중심이 되는 도시는 농업적 이유로 해안으로부터 먼 평지에 위치하였다.

⑤ 폴리스가 성립된 후에도 성립 이전의 공동체적 성격이 유지되었다.

08. 다음 글을 읽고 동사무소 직원들이 나눈 대화의 빈칸에 들어갈 내용으로 가장 적절한 것은?

키오스크(Kiosk)란 '신문, 음료 등을 파는 매점'을 뜻하는 영어단어로, 정보통신에서는 정보서비스와 업무의 무인·자동화를 통해 대중들이 쉽게 이용할 수 있도록 공공장소에 설치한 무인단말기를 말한다. 공공시설, 대형서점, 백화점이나 전시장, 또는 공항이나 철도역 같은 곳에 설치되어 각종 행정절차나 상품정보, 시설물의 이용방법, 인근 지역에 대한 관광정보 등을 제공한다. 대부분 키보드를 사용하지 않고 손을 화면에 접촉하는 터치스크린(Touch Screen)을 채택하여 단계적으로 쉽게 검색할 수 있다. 이용자 편의를 제공한다는 장점 외에도 정보제공자 쪽에서 보면 직접 안내하는 사람을 두지 않아도 되기 때문에 인력절감 효과가 크다. 특히 인터넷을 장소와 시간에 구애받지 않고 쓸 수 있는 인터넷 전용 키오스크가 관심을 끌고 있다.

A 씨 : 요즘 각종 증명서도 키오스크를 통해 발급받을 수 있어서 민원 업무 처리 직원이 줄고 있어.

B 씨 : 맞아. 민원인들도 차례를 기다리는 대기 시간이 짧아져서 키오스크 사용을 선호하는 편이야.

C 씨 : 하지만 (   )

D 씨 : 게다가 점자나 음성이 지원되지 않는 점 때문에 시각장애인들도 불편을 호소하고 있어. 이 문제점에 대한 개선이 필요해.

---

① 키오스크의 기술적인 한계가 극복되는 추세야.

② 기술이 발달함에 따라 키오스크에서 발생할 수 있는 오류가 줄어들고 있어.

③ 중요한 업무 처리에서까지 키오스크의 활용 범위가 확대되고 있어.

④ 디지털 기기에 익숙하지 않은 일부 시민들은 키오스크 이용에 어려움을 느끼기도 해.

⑤ 키오스크의 직관적인 조작 방식으로 누구나 쉽게 이용할 수 있어.

[09 ~ 10] 다음 글을 읽고 이어지는 질문에 답하시오.

(가) 하이퍼텍스트는 'hyper(초월한)'와 'text(문서)'의 합성어로 1960년대 미국 철학자 테드 넬슨이 구상한 것으로 알려졌다. 컴퓨터나 다른 전자 기기로 한 문서를 읽다가 다른 문서로 순식간에 이동해 읽을 수 있는 비선형적 구조의 텍스트를 말한다. 특히 모바일의 경우 정보에 접근하는 속도는 매우 빠르지만 파편성은 극대화되는 매체다.

(나) 밀레니엄 세대(Y세대)와는 다르게 다양성을 중시하고 사물인터넷(IoT)으로 대표되는 Z세대는 대개 1995년부터 2010년 출생한 세대를 보편적으로 일컫는 말이다. 이들은 어렸을 때부터 인터넷 문법을 습득하여 모바일에 익숙하다. 책은 선형적 내러티브의 서사 구조를 갖는 반면 인터넷은 내가 원하는 정보에 순식간에 접근할 수 있게 해 준다는 측면에서 정보들 사이의 서사적 완결성보다는 비선형적 구조를 지향한다. 이러한 텍스트 구조를 하이퍼텍스트라고 한다.

(다) 따라서 앞으로는 무한하게 확장된 정보 중에서 좋은 정보를 선별하고, 이를 올바르게 연결하는 개인의 능력이 중요하게 부각될 것이다.

(라) 정보의 시작과 끝이 없으므로 정보의 크기를 무한대로 확장할 수 있다. 일반적인 문서로는 저자가 주는 일방적인 정보를 받기만 하지만 하이퍼텍스트로는 독자의 필요에 따라 원하는 정보만 선택해 받을 수 있다.

09. (가) ~ (라)를 문맥에 맞게 배열한 것은?

① (가) - (다) - (나) - (라)   ② (가) - (나) - (다) - (라)

③ (나) - (라) - (가) - (다)   ④ (나) - (가) - (라) - (다)

⑤ (다) - (라) - (나) - (가)

10. 윗글을 읽고 추론한 내용으로 적절하지 않은 것은?

① 모바일과 책은 정보에 접근하는 속도가 다르다.

② 구슬이 서 말이라도 누가 언제 어떻게 꿰느냐에 따라 보배의 가치가 달라질 수 있다.

③ 쓰레기를 넣으면 쓰레기가 나온다는 말처럼 잘못된 데이터에 의한 잘못된 결정이 큰 실패 요인이 될 수 있다.

④ 아날로그 매체는 처음부터 순서대로 정보를 찾아야 하지만, 디지털 미디어는 해당 키워드를 클릭해 바로 원하는 정보를 찾을 수 있는 구조다.

⑤ 하이퍼텍스트 구조는 파편적이고 확장성이 제한되어 있으나 다양한 구성요소가 다양한 방식으로 결합되어 표현되는 점에서 효율적이다.

[11 ~ 12] ○○시청에서는 다음과 같은 공고를 게시하였다. 이어지는 질문에 답하시오.

○○광역시 공고 제20XX-30호

〈분묘개장공고〉

　○○광역시에서 도시계획시설(도로 : 중로1-167호선) 사업으로 추진 중인 「소촌산단 외곽도로 확장공사(2차)」에 편입된 분묘에 대하여 「장사 등에 관한 법률」 제27조, 동법 시행령 제9조 및 동법 시행규칙 제2조 · 제18조의 규정에 따라 다음과 같이 분묘개장을 공고하오니 연고자 또는 관리자께서는 공고기간 내에 신고하여 주시기 바라며, 동 공고기간 내 신고하지 않은 분묘는 무연분묘로 간주하여 관계법에 따라 임의 개장하겠음을 공고합니다.

20XX년 1월 7일

○○광역시장

1. 분묘의 위치 및 장소 : ○○광역시 광산구 운수동 산31-73번지 등 5림지
2. 분묘의 기수 : 35기
3. 개장사유, 개장 후 안치장소 및 기간
　가. 개장사유 : 「소촌산단 외곽도로 확장공사(2차)」
　나. 안치장소 : ○○광역시 북구 효령동 100-2 제2시립묘지 △△공원 납골당
　다. 안치기간 : 납골일로부터 10년간
4. 공고기간 : 20XX. 1. 7. ~ 20XX. 2. 7.(1개월간)
5. 분묘의 소재지 및 기수

연번	분묘의 소재지	지번	기수	비고
1	○○광역시 광산구 운수동	산31-73	21기	
2		산26	6기	상기 지번 외 사업지구 내 추가 무연분묘에 대하여는 본 공고로 갈음합니다.
3		79-14	1기	
4		산27	3기	
5		산31-72	4기	

6. 개장방법
　가. 유연분묘 : 연고자가 신고 후 개장
　나. 무연본묘 : 공고기간 만료 후 관계법에 따라 공고지 임의 개장
7. 연락처 : ○○광역시 종합건설본부 보상과(☎062-613-○○○○)
8. 상기 지번 외 사업지구 내 추가 무연분묘에 대하여는 본 공고로 ⊙갈음합니다.
9. 기타 문의사항은 연락처로 문의하여 주시기 바랍니다.

---

11. ○○시청에서 위와 같은 공고를 게시하게 된 이유로 가장 적절한 것은?

① 분묘 경지 작업을 위하여   ② 무연분묘를 찾기 위하여

③ 토지 보상을 하기 위하여   ④ 국립공원 묘지 정비를 위하여

⑤ 외곽 도로를 확장하기 위하여

12. 다음 중 밑줄 친 부분의 의미가 윗글의 ㉠과 다른 것은?

① 간략하게나마 우선 이것으로 소개의 말을 갈음할까 합니다.

② 산업안전보건 위원회, 협의체는 노사협의체로 갈음이 됩니다.

③ 옛날에는 사람들이 소금을 화폐로 갈음하여 사용하기도 하였다.

④ 여러분과 여러분 가정에 행운이 가득하기를 기원하는 것으로 치사를 갈음합니다.

⑤ 골품제에서는 관직뿐만 아니라 가옥 또는 의복에서도 신분에 따른 갈음이 있었다.

[13 ~ 14] 다음 글을 읽고 이어지는 질문에 답하시오.

(가) 놀랍게도 그가 발견한 것은 거대한 쓰레기 섬이었다. 그는 훗날 자신의 수필에서 당시 상황을 이렇게 회상했다. "가장 원시적인 바다에서 내가 목격한 것은 원시적인 섬이 아니었다. 나는 내 눈을 의심할 수밖에 없었다. 섬은 플라스틱 더미로 이루어져 있었다. 나는 그 일주일 동안 아열대의 바다를 건너면서 수많은 페트병과 뚜껑, 포장재 등의 플라스틱 조각을 헤쳐 나갔다."

(나) 쓰레기 섬이 떠다니는 지역은 북태평양 환류대 주변이다. 이 지역은 연중 적도의 더운 공기가 고기압을 이루어 바람을 빨아들이기만 할 뿐 내보내지 않는 곳이다. 이 해류는 아시아와 북아메리카 대륙 사이를 시계 방향으로 돈다. 육지에서 버려진 쓰레기는 빠른 해류를 타고 돌다가 안쪽으로 빠지면서 정체되기 시작한다. 이렇게 하나둘씩 쓰레기가 모이면서 하나의 섬이 된 것이다. 뱃사람들은 이곳을 예로부터 '무풍지대'로 여기며 기피했다. 참치나 고래, 상어도 해류가 정체되는 이곳을 꺼렸다. (㉠   ) 그런데 바로 이곳에 쓰레기 더미가 고립되어 떠다니고 있던 것이다.

(다) 찰스 무어는 고무 타이어, 자동차 계기판, 버려진 욕조를 지나치며 플라스틱 세상을 여행했다. 그가 발견한 이 쓰레기 더미는 훗날 '태평양 쓰레기 섬'으로 이름 붙여졌다.

(라) 과학자들은 찰스 무어가 발견한 쓰레기 섬을 연구하기 시작했다. 섬의 크기는 아직까지 정확히 측정되지 않았다. 섬을 이루고 있는 잔해가 대부분 작은 플라스틱이어서 인공위성이나 비행기로는 관찰할 수 없기 때문이다. 가까이 가서 보지 않는 한 정확한 규모를 알 수 없었다. 그래서 과학자들은 일부 샘플을 토대로 규모를 추정했는데, 작게는 70만 제곱킬로미터에서 크게는 1,500만 제곱킬로미터에 이르는 것으로 보고 있다. 태평양 전체 면적의 0.4퍼센트에서 8.1퍼센트에 이르는 크기다. 태평양 쓰레기 섬의 쓰레기들은 모두 인간이 버린 것들이다. 우리들이 버린 쓰레기들도, 남해나 동해를 지나 이곳으로 흘러들었을 것이다.

(마) 1997년 찰스 무어는 미국 로스앤젤레스에서 하와이까지 태평양을 횡단하는 요트 경기를 마치고 캘리포니아로 돌아가는 길이었다. 북태평양 아열대 환류대를 통과하던 즈음 바다 저 멀리 흐릿한 섬이 떠올랐다. 지도를 펼쳐 보니 섬이 있을 만한 위치가 아니었다. 요트가 항해하던 곳은 태평양 한가운데에 있는 하와이에서도, 미국 서부 연안에서도 가장 멀리 떨어진, 태평양에서 가장 외딴 지역이었다.

13. (가)~(마)를 문맥에 맞게 순서대로 배열한 것은?

① (마)-(가)-(다)-(나)-(라)　　　② (가)-(마)-(다)-(나)-(라)

③ (마)-(다)-(가)-(라)-(나)　　　④ (가)-(라)-(다)-(마)-(나)

⑤ (마)-(라)-(나)-(다)-(가)

14. (나)의 흐름을 고려했을 때, ㉠에 들어갈 내용으로 가장 적절한 것은?

① 바람이 없어 수온이 낮고 수심이 깊기 때문이다.

② 생태계가 다른 곳과 교류하지 않는 곳이기 때문이다.

③ 바다에 사는 생명체들은 바람이 부는 곳을 선호하기 때문이다.

④ 뱃사람들은 물고기를 잡기 위해 바람이 없는 바다를 선호하기 때문이다.

⑤ 바람이 없어 시계 방향의 안쪽으로 쓰레기가 모이기 때문이다.

[15 ~ 16] 다음은 지구온난화와 관련된 사례이다. 이어지는 질문에 답하시오.

(가) 지구온난화의 가장 큰 피해국인 투발루의 현지민인 루사마 알라미띵가 목사가 지구온난화 위험성을 호소하기 위해 대한민국을 찾았다. 그는 전국 여러 도시를 방문하여 강연회와 간담회를 진행하였다.

(나) 빗물로만 생활이 가능했던 투발루는 지구온난화로 인한 가뭄으로 생활용수 부족 현상이 발생하고 있다고 한다. 해수를 담수화해서 먹고, 대형 탱크에 물을 저장하는 새로운 생활 방식을 만들고 있지만 이것으로는 매우 부족하다고 한다. 결국 지금은 물마저 사 먹어야 한다고 루사마 목사는 허탈한 감정을 토로했다. 또한 해수면 상승으로 투발루인들이 매일 아침 주식으로 먹는 '플루아트'라는 식물이 죽고 있어 그들의 식생활마저 바뀌었다고 한다.

(다) 이뿐만 아니라 자연환경의 측면에서도 피해가 발생하고 있다고 한다. 지구온난화로 인해 높아진 해수 온도와 해수면으로 산호초와 야자나무가 서식하지 못하게 하였고, 더 이상 넓은 모래 사장도 볼 수 없게 되었다고 말한다.

(라) 투발루 주민들은 지구온난화로 인한 피해를 온몸으로 감당하면서도 자신들의 생활 패턴을 바꿔가면서까지 그곳에서 계속 살기를 원한다고 한다. 정부 또한 망그로나무 식재 등을 통해 해변 침식을 막는 등 국가를 지키기 위한 지속적인 노력을 하고 있다고 한다.

(마) 루사마 목사의 방문은 지구온난화에 대처하는 우리의 모습을 되돌아보게 한다. 이제는 생활 방식을 바꾸고 지구온난화를 걱정해야 할 때이다. 지금처럼 편리한 생활 방식만을 고집하다 보면 결국 제2, 제3의 투발루가 발생할 것이며, 우리나라도 결국 투발루처럼 되고 말 것이다.

15. (가) ~ (마)의 중심 내용으로 적절하지 않은 것은?

① (가) : 루사마 목사가 지구온난화 위험성을 호소하기 위해 대한민국을 찾았다.

② (나) : 지구온난화로 인한 가뭄이 투발루 주민들의 식생활 변화를 초래했다.

③ (다) : 지구온난화의 피해는 자연환경의 측면에서도 발생하고 있다.

④ (라) : 투발루는 지구온난화로부터 국가를 지키기 위해 지속적인 노력을 다하고 있다.

⑤ (마) : 지금처럼 편리한 생활 방식만을 고집한다면 지구온난화로 인한 피해는 투발루만의 문제가 아니게 될 것이다.

16. 다음 중 윗글에 대한 보충 자료로 적절하지 않은 것은?

① 세계기상기구(WMO)가 발표한 자료에 따르면 지난 100년간 지구 온도는 약 0.7℃, 해수면 높이는 10 ~ 25cm 상승했다. 이는 최근 2만 년 동안 전례가 없을 정도의 엄청난 변화이다.

② 북극 및 남극 지대 기온 상승, 빙하 감소, 홍수, 가뭄 및 해수면 상승 등 이상기후 현상에 의한 자연재해가 현실로 나타나고 있으며, 대부분의 사람들이 그 심각성을 인식하고 있다.

③ 지구의 연평균기온은 400 ~ 500년을 주기로 약 1.5℃의 범위에서 상승과 하강을 반복했다. 15세기에서 19세기까지는 기온이 비교적 낮은 시기였으며 20세기에 들어와서는 기온이 계속 오르고 있다.

④ 지구 평균온도가 지난 100년간 0.74℃ 상승한 것으로 나타나고 있다. 지난 12년 중 11년이 1850년 이후 가장 기온이 높은 시기로 기록되기도 하였다. 이로 인해 극지방과 고지대의 빙하, 설원이 녹는 현상이 나타나고 있다.

⑤ 화석연료를 많이 사용하게 된 산업혁명 이후 대기 중 온실가스 농도는 산업화 이전의 280ppm에서 2005년 기준 379ppm으로 증가했다. 더불어 1960 ~ 2005년 평균 이산화탄소 농도 증가율은 연간 1.4ppm으로 나타나고 있다.

[17 ~ 18] 다음은 기획재정부의 보도 자료이다. 이어지는 질문에 답하시오.

20X9년도 통합공시 점검결과 발표

▫ 기획재정부는 3. 31.(화) 10:30 정부서울청사에서 「공공기관운영위원회」를 개최하여 「20X9년도 공공기관 통합공시 점검결과 및 후속조치」를 의결하였다.

▫ 기획재정부는 공공기관 경영정보공개시스템(알리오)에 공개되는 공공기관 공시 데이터의 신뢰성을 제고하기 위해 매년 상·하반기 2회에 나누어 점검을 실시하였다.

　※ (상반기) 직원평균보수, 신규채용 및 유연근무현황, 요약 재무상태표 등
　　 (하반기) 임직원 수, 임직원채용정보, 수입지출 현황, 납세정보 현황 등

▫ 331개 공공기관의 18개 항목을 점검한 결과, 공시오류(벌점)가 작년보다 감소(20X8년 8.5점 → 20X9년 7.7점)하였으며, 불성실공시기관*도 4개 기관으로 작년보다 감소(20X8년 7개 → 20X9년 4개)하였다.

　* 벌점 40점 초과, 2년 연속 벌점 20점을 초과하면서 전년 대비 벌점이 증가한 기관

〈연도별 통합공시 점검결과〉

구분	20X5년	20X6년	20X7년	20X8년	20X9년
전체 기관수(개)	311	319	329	335	331
우수공시기관(개)	16	18	22	35	22
불성실공시기관(개)	8	3	3	7	4
평균벌점(점)	10.8	9.5	7.4	8.5	7.7

○ 이는 신규지정 공공기관에 대한 1) 맞춤형 교육 실시, 2) 찾아가는 현장 컨설팅, 3) 우수공시기관에 대한 인센티브 제공* 등 정부와 공공기관이 함께 공시품질 제고를 위해 노력한 결과이다.

　*3년 연속 무벌점 기관은 다음 연도 공시 점검 ㉠<u>사면</u>

▫ 공기업·준정부기관에 대한 점검결과는 기획재정부가 시행하는 공기업·준정부기관 경영실적 평가에 ㉡<u>수록</u>된다.

○ 우수 및 불성실공시기관에 대해서는 공공기관 알리오 홈페이지에 그 지정 사실을 ㉢<u>게시</u>하고, 최근 3년간(20X7 ~ 20X9년) 지속적으로 무벌점을 달성한 9개 기관은 차년도 통합공시 점검에서 제외한다.

　– 불성실공시기관에 대해서는 개선계획서 제출 등 후속조치를 ㉣<u>청구</u>할 계획이다.

○ 기타공공기관 점검결과는 '경영실적 평가'에 반영하도록 주무부처에 통보할 예정이다.

▫ 기획재정부는 국민이 원하는 정보를 보다 정확하고도 신속 편리하게 볼 수 있도록 공공기관 경영정보 통합공시제도를 개선해 나갈 계획이다.

○ 공시항목·공시기준·방법 등을 개선하여 공공기관이 경영정보를 보다 정확하게 공시할 수 있도록 하고, 경영정보 공시가 미흡한 공공기관에 대해 현장 컨설팅을 실시하는 등 점검을 강화하여 공시 품질을 지속적으로 ㉤<u>재고</u>해 나가겠다.

---

17. 다음 중 위 자료를 바르게 이해한 사람을 모두 고르면?

> 윤 사원 : 기획재정부는 공공기관 공시 데이터의 신뢰성 제고를 위해 매년 2회에 걸쳐 허위 사실 공시 여부 등을 점검하는군.
> 하 사원 : 맞아. 상반기에는 직원평균보수, 신규채용 및 수입지출 현황 등을 점검하고 하반기에는 임직원 수, 납세정보 현황 등을 점검해.
> 정 사원 : 20X8년 대비 20X9년에 공시오류는 1점 이상 감소한 반면, 불성실공시기관은 3개 기관이 늘어났군.
> 손 사원 : 우수공시기관은 해마다 꾸준히 증가하고 불성실공시기관은 감소하는 추세를 보이는군.
> 백 사원 : 3년 연속 무벌점을 기록한 9개 기관은 다음 연도 공시 점검에서 제외된대.

① 윤 사원, 정 사원　　　　　② 윤 사원, 백 사원
③ 하 사원, 손 사원　　　　　④ 윤 사원, 하 사원, 백 사원
⑤ 하 사원, 손 사원, 백 사원

18. 윗글의 밑줄 친 ㉠~㉤을 문맥상 올바른 단어로 고칠 때, 적절하지 않은 것은?

① ㉠ → 면제　　　　　② ㉡ → 반영
③ ㉢ → 개시　　　　　④ ㉣ → 요청
⑤ ㉤ → 제고

19. A 기업이 신입사원 채용에서 남자 8명, 여자 12명을 채용하여 기존보다 남자 직원은 50%, 여자 직원은 40%가 충원되었다. A 기업의 신입사원 채용 전 전체 직원 수는 몇 명인가?

① 36명   ② 40명   ③ 42명

④ 46명   ⑤ 50명

20. 올해 남자의 평균 수명은 79.2세, 여자의 평균 수명은 85.2세라고 한다. x년 후에는 평균 수명이 남자의 경우 $(0.05x^2+0.1x+79.2)$세가 되고, 여자의 경우 $(0.2x+85.2)$세가 된다고 할 때, 남자와 여자의 평균 수명이 같아지는 것은 몇 년 후인가?

① 8년 후   ② 10년 후   ③ 12년 후

④ 14년 후   ⑤ 16년 후

21. 파란 구슬 2개, 빨간 구슬 3개가 들어 있는 주머니에서 파란 구슬, 빨간 구슬을 각각 한 개씩 꺼내는 경우의 수는 몇 가지인가?

① 5가지   ② 6가지   ③ 7가지

④ 8가지   ⑤ 9가지

22. A 매장에서 제품을 사온 값의 30%만큼 이익을 남기기 위해 정가를 5,200원으로 책정했더니 제품이 잘 팔리지 않아 정가에서 10%를 할인하였다. 할인 후의 이익은 얼마인가?

① 560원   ② 600원   ③ 640원

④ 680원   ⑤ 720원

[23 ~ 24] K 회사의 직원은 총 500명이고 이 중 65%는 정규직, 나머지 35%는 계약직이다. 이어지는 질문에 답하시오.

23. 회사 계약직의 60%가 20대일 때, 계약직인 20대는 몇 명인가?

① 100명   ② 105명   ③ 110명
④ 115명   ⑤ 120명

24. 정규직 100명을 신규채용하였을 때, 전체 직원 중 정규직이 차지하는 비율은?

① $\frac{3}{4}$ ② $\frac{5}{12}$ ③ $\frac{7}{12}$

④ $\frac{17}{24}$ ⑤ $\frac{23}{30}$

25. 10월 19일 A 미술관에 7명이 함께 방문하였다. 10월의 수요일 날짜를 모두 더하면 58이고 요금이 총 30,000원이었다면, 이 중 학생 요금을 지불하고 입장한 사람은 몇 명인가?

〈A 미술관 요금 안내〉

구분	평일	주말
성인	5,000원	6,000원
학생	4,000원	5,000원

① 2명   ② 3명   ③ 4명
④ 5명   ⑤ 6명

26. A가 출발하고 20분 뒤에 같은 지점에서 출발한 B가 출발한 지 10분 만에 A를 따라잡았다. 그 후 A와 B가 반대 방향으로 돌아 둘의 평균 속력으로 A가 출발한 위치로 돌아왔다면, 돌아오는 데 걸린 시간은 몇 분인가?

① 11분 ② 13분 ③ 15분
④ 16분 ⑤ 18분

27. 다음은 △△백화점의 상품군별 매출액 비중을 나타낸 자료이다. 20X0년과 20X1년 매출액이 각각 77억 원, 94억 원이었을 때, 다음 중 자료에 대한 설명으로 옳은 것은?

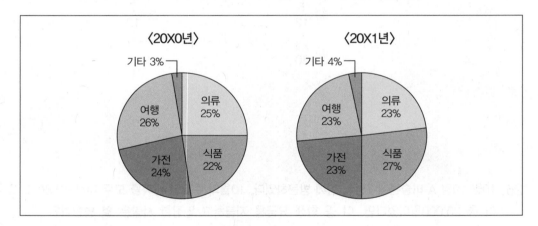

① 20X0년과 20X1년 기타군의 매출액 차이는 가전과 같다.
② 여행과 의류 매출액의 합은 20X0년이 20X1년에 비해 많다.
③ 20X0년과 20X1년 가전 관련 매출액 차이는 약 2억 원이다.
④ 20X1년 매출액이 20X0년과 비교해서 세 번째로 크게 변화한 것은 여행이다.
⑤ 20X0년 대비 20X1년 매출액의 변화폭이 가장 큰 것은 식품군이다.

28. 달러 대비 원화환율은 20X0년 달러당 1,000원에서 20X2년 달러당 1,100원으로 상승했다. 20X1년 환율이 전년 대비 5% 상승했다면 20X2년에는 전년 대비 몇 % 상승했는가? (단, 소수점 아래 둘째 자리에서 반올림한다)

① 4.0%   ② 4.2%   ③ 4.4%

④ 4.6%   ⑤ 4.8%

29. 다음은 유럽 주요 국가의 보건부문 자료이다. 이에 대한 설명으로 옳은 것을 〈보기〉에서 모두 고르면?

구분	기대수명(세)	조사망률(명)	인구 만 명당 의사 수(명)
독일	81.7	11.0	38.0
영국	79.3	10.0	27.0
이탈리아	81.3	10.0	37.0
프랑스	81.0	9.0	36.0
그리스	78.2	12.0	25.0

※ 조사망률 : 인구 천 명당 사망자 수

보기

ㄱ. 유럽에서 기대수명이 가장 낮은 국가는 그리스이다.
ㄴ. 인구 만 명당 의사 수가 많을수록 조사망률은 낮다.
ㄷ. 프랑스의 인구가 6,500만 명이라면 사망자는 약 585,000명이다.

① ㄱ   ② ㄷ   ③ ㄱ, ㄴ

④ ㄴ, ㄷ   ⑤ ㄱ, ㄴ, ㄷ

30. 다음 〈조건〉을 참고할 때 어떠한 동아리에도 가입하지 않은 사원은 최대 몇 명인가?

조건

[조건 1] ○○공사 개발팀 사원은 모두 25명이다.

[조건 2] ○○공사 개발팀 내에는 탁구부와 등산부 두 개의 동아리가 있다.

[조건 3] 탁구부에는 12명의 사원이, 등산부에는 13명의 사원이 가입되어 있다.

[조건 4] ○○공사 개발팀은 어떠한 동아리에도 가입하지 않거나 모든 동아리에 가입할 수도 있다.

---

① 12명   ② 11명   ③ 10명

④ 9명   ⑤ 8명

31. 다음은 주요 5개 공공기관의 직원채용에 관한 자료이다. 이에 대한 설명으로 옳지 않은 것은?

(단위 : 명)

구분	신입직		경력직	
	사무직	기술직	사무직	기술직
A 기관	92	80	45	70
B 기관	77	124	131	166
C 기관	236	360	26	107
D 기관	302	529	89	73
E 기관	168	91	69	84

① B 기관 전체 채용인원은 E 기관 전체 채용인원보다 86명 많다.

② 각 기관별 전체 채용인원에서 사무직 채용인원의 비중은 E 기관이 가장 높다.

③ 5개 공공기관의 전체 채용인원에서 C 기관 채용인원의 비중은 약 25%이다.

④ D 기관 전체 채용인원에서 경력직 채용인원의 비중은 10%를 초과하지 않는다.

⑤ 각 기관별 전체 채용인원에서 신입직 채용인원의 비중이 50% 미만인 공공기관은 B 기관뿐이다.

32. P 회사는 〈공장별 단가 비교표〉를 참고하여 이번에 출시할 신제품의 제조공장을 선정하려고 한다. 다음 〈조건〉을 참고할 때 선정되는 공장으로 적절한 곳은?

〈공장별 단가 비교표〉

(단위 : 원)

생산량 \ 공장	A	B	C	D	E
100개 미만	1,600	1,400	4,000	1,800	1,900
100개 이상 ~ 200개 미만	1,500	1,400	1,600	1,800	1,700
200개 이상 ~ 300개 미만	1,400	1,400	1,400	1,500	1,400
300개 이상	1,300	1,400	1,200	1,000	1,100

※ 월별 생산비용은 해당 월의 구체적인 생산량에 생산량에 따른 단가를 곱하여 계산한다.

조건

• P 회사는 연간 생산비용이 가장 적은 공장을 선택한다.
• P 회사는 연간납품계약을 맺은 상태이며, 다른 제품은 생산하지 않는다.
• P 회사는 1 ~ 3월에는 매월 250개, 4 ~ 6월에는 매월 350개, 7 ~ 9월에는 매월 300개, 10 ~ 12월에는 매월 75개의 제품을 생산해야 한다.

① A 공장   ② B 공장   ③ C 공장
④ D 공장   ⑤ E 공장

[33 ~ 34] 다음은 H 대학 경영학과 학생들의 학년과 성별에 따른 학생 수와 각 학년별 교양수업 신청 현황을 나타낸 표이다. 이어지는 질문에 답하시오.

〈H 대학 경영학과 학생 분포〉

(단위 : 명)

학년 \ 성별	남자	여자
1학년	127	104
2학년	104	
3학년	79	91
4학년	80	89
합계	390	380
총인원	770	

〈학년별 교양수업 신청 현황〉

교양수업 \ 학년	1학년	2학년	3학년	4학년
골프	10%	15%	30%	20%
농구	30%	35%	20%	30%
수영	20%	15%	40%	10%
볼링	40%	35%	10%	40%

※ 모든 학생은 골프, 농구, 수영, 볼링 중 1개의 교양수업을 듣는다.

33. 여자 저학년(1, 2학년) 학생 수는 남자 고학년(3, 4학년) 학생 수에 비해 대략 몇 % 많은가?
(단, 소수점 아래 첫째 자리에서 반올림한다)

① 23%　　　　　　② 24%　　　　　　③ 25%
④ 26%　　　　　　⑤ 27%

34. 위 자료에 대한 설명으로 옳은 것은?

① 학생 수는 매년 감소하고 있다.
② 남학생 수는 매년 감소하고 있다.
③ 4학년 중 골프 수업을 듣는 학생 수는 40명이다.
④ 수영 수업을 듣는 학생 수가 가장 많은 학년은 3학년이다.
⑤ 학년별 남학생 수는 여학생 수보다 항상 많다.

35. 다음은 근로자 평균 연령 및 근속연수에 관한 자료이다. 이에 대한 설명으로 옳지 않은 것은?

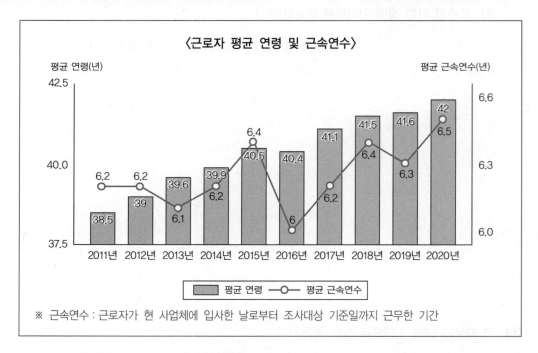

① 근로자 평균 연령은 대체로 높아지고 있는 추세이다.

② 근로자 평균 근속연수가 가장 길었던 해는 2020년이다.

③ 2013년 대비 2020년의 근로자 평균 연령은 2.4년 증가하였다.

④ 조사 기간 중 근로자 평균 연령이 감소한 해는 한 번 있었다.

⑤ 조사 기간 동안 근로자 평균 연령의 변화폭보다 근속연수의 변화폭이 더 크다.

[36 ~ 37] 다음 단어의 관계를 유추하여 빈칸에 들어갈 알맞은 단어를 고르시오.

36.

양계 : 양돈 = ( ) : ( )

① 닭 : 달걀   ② 립스틱 : 매니큐어   ③ 노인 : 소년
④ 레몬에이드 : 카페   ⑤ 김장 : 배추

37.

문화재 : 경복궁 = ( ) : ( )

① 하늘 : 구름   ② 미술 : 데칼코마니   ③ 종이 : 연필
④ 철도 : 기차   ⑤ 동물 : 꽃

38. 나래, 미르, 해안 세 명의 직업은 사진작가, 프로그래머, 엔지니어 중 하나이다. 다음 〈정보〉를 통해 추론할 때 미르의 직업은?

> 보기
>
> • 세 명의 나이, 직업은 모두 다르다.
> • 나래는 미르의 동생과 동갑이다.
> • 나래는 사진작가보다 수입이 많다.
> • 프로그래머는 나이가 가장 어리고 수입도 가장 적다.

① 사진작가   ② 프로그래머
③ 엔지니어   ④ 사진작가 또는 엔지니어
⑤ 프로그래머 또는 엔지니어

39. 어느 댄스 오디션 프로그램에서 팀별 미션을 진행하려고 한다. 현재 장르별 인원은 비보잉 2명, 댄스스포츠 2명, 현대무용 3명, 한국무용 4명, 발레 4명이다. 다음 〈조건〉을 참고할 때 항상 옳은 것은?

조건

• 팀은 총 다섯 팀으로 팀별 미션 조장은 각 장르에서 1명씩 맡을 수 있다.
• 팀은 반드시 두 장르 이상의 인원이 속해야 하며, 한 팀에 같은 장르를 소화하는 인원이 들어갈 수 없다.

① 비보잉을 하는 인원이 속한 팀에는 항상 발레를 하는 인원이 있다.
② 발레를 하는 인원이 속한 팀에는 항상 현대무용을 하는 인원이 있다.
③ 한국무용을 하는 인원이 속한 팀에 현대무용을 하는 인원이 속하지 않는 경우는 없다.
④ 댄스스포츠를 하는 인원이 속한 팀에 한국무용을 하는 인원이 속하지 않는 경우가 있다.
⑤ 발레를 하는 인원이 속한 팀에 한국무용을 하는 인원이 속하지 않는 경우는 없다.

40. □□기업의 인사 담당자인 갑, 을, 병, 정, 무는 부서 변경에 대해 각각 찬성, 반대, 기권의 의견을 제시한 후 다음과 같이 각각 두 개의 진술을 했다. 다섯 사람의 두 진술 중 하나는 진실이고 하나는 거짓일 때, 반드시 진실인 것은?

갑 : 나는 찬성하였고, 을은 기권하였다.
을 : 나는 기권하였고, 병은 찬성하였다.
병 : 나는 기권하였고, 을도 기권하였다.
정 : 나는 찬성하였고, 무는 반대하였다.
무 : 나는 반대하였고, 갑도 반대하였다.

① 갑은 찬성하지 않았다.　　　② 을은 기권하지 않았다.
③ 병은 반대하지 않았다.　　　④ 정은 찬성하지 않았다.
⑤ 무는 반대하지 않았다.

41. 총무팀 사원 중 사내 운동 동호회 활동을 하는 사람은 총 13명이다. 다음 운동 동호회 활동에 대한 〈정보〉가 모두 참일 때, 〈보기〉 중 항상 참인 진술이 아닌 것은?

정보

- 총무팀 사원이 활동하는 운동 동호회는 마라톤부, 산악회, 축구부 총 세 개다.
- 모든 총무팀 사원은 2개 이상의 운동 동호회 활동을 할 수 없으며, 1개의 동호회만 활동해야 한다.
- 마라톤부 활동을 하는 총무팀 사원 수는 산악회 활동을 하는 총무팀 사원 수보다 많다.
- 축구부 활동을 하는 총무팀 사원 수는 마라톤부 활동을 하는 총무팀 사원 수보다 많다.
- 각 운동 동호회에는 최소 1명 이상의 사원이 활동하고 있다.

보기

A : 마라톤부 활동을 하는 총무팀 사원이 4명이라면, 축구부 활동을 하는 총무팀 사원은 7명이다.
B : 산악회 활동을 하는 총무팀 사원이 3명이라면, 축구부 활동을 하는 총무팀 사원은 6명이다.
C : 축구부 활동을 하는 총무팀 사원이 9명이라면, 산악회 활동을 하는 총무팀 사원은 1명이다.

① A
② B
③ A, B
④ A, C
⑤ B, C

42. ○○대학교는 제2캠퍼스를 다른 지역에 유치하면서 본부 건물 1층에 교무처, 학생처, 연구처, 기획협력처, 사무국, 입학본부 여섯 개 부서의 사무실을 아래 배치 계획에 따라 배치하고자 한다. 학생처가 두 번째 자리에 배치되었을 경우, 여섯 번째 자리에 배치되는 부서는?

〈사무실 배치 계획〉
- 교무처와 연구처 사이에는 아무 부서도 배치되지 않는다.
- 사무국과 입학본부 사이에는 아무 부서도 배치되지 않는다.
- 교무처와 학생처 사이에는 두 부서가 배치된다.
- 맨 왼쪽 자리를 첫 번째 자리로 지정하고, 왼쪽부터 일렬로 사무실을 배치한다.

① 연구처
② 입학본부
③ 사무국
④ 교무처
⑤ 기획협력처

43. A, B, C, D 4명의 학생은 같은 기숙사 내의 방 4개를 나란히 사용하고 있다. 각 학생들은 종로, 잠실, 왕십리, 송파 중 한 곳씩에 집을 두고 있으며, 아래의 진술이 모두 참이라고 할 때 다음 중 옳은 것은? (단, 방 4개는 일렬로 배치되어 있으며 왼쪽부터 첫 번째 방이다)

- C는 잠실에 집을 둔 학생의 왼쪽에 있다.
- B는 D의 옆방에 있다.
- B는 세 번째 방에 살고 있지 않다.
- 송파에 집을 둔 학생은 C와 방 1개를 사이에 두고 있다.
- 종로에 집을 둔 학생은 두 번째 방에 살고 있지 않다.
- 두 번째 방에 살고 있는 학생은 C이다.

① D는 네 번째 방을 사용하고 있다.

② 왕십리에 집을 둔 학생은 C이다.

③ A는 세 번째 방을 사용하고 있다.

④ A ~ D는 순서대로 각각 종로, 송파, 잠실, 왕십리에 집을 두고 있다.

⑤ B는 두 번째 방을 사용하고 있다.

44. 김정식, 김병연, 허초희, 백기행, 정지용은 이번에 최종합격한 신입사원들이다. 다음에 나열된 조건이 모두 거짓일 경우, 자신이 배정받은 팀을 정확히 알 수 있는 신입사원은 누구인가? (단, 신입사원은 모두 다른 팀에 배정된다)

- 김병연은 영업팀 또는 홍보팀이다.
- 백기행은 재무팀 또는 개발팀이다.
- 허초희는 홍보팀이다.
- 김병연은 설계팀이다.
- 정지용, 백기행 중에 한 명은 영업팀이다.
- 김정식, 정지용 중에 한 명은 재무팀이다.
- 허초희, 백기행 중에 한 명은 설계팀이다.

① 김정식   ② 김병연   ③ 허초희

④ 백기행   ⑤ 정지용

45. ○○기업 체육대회에서 A ~ E 5명이 달리기 시합을 했다. 결과가 다음과 같을 때, E의 등수는?

- B와 D는 E보다 먼저 결승선을 통과했다.
- A와 D는 연속해서 결승선에 들어왔다.
- C와 E는 연속해서 결승선에 들어왔다.
- B와 C의 등수는 홀수이고, D의 등수는 짝수이다.

① 1등 ② 2등 ③ 3등
④ 4등 ⑤ 5등

46. 이 대리는 세미나 일정을 앞두고 세미나 장소를 대여하려고 한다. 장소 후보 A ~ E 중 다음의 〈평가 기준〉에 따라 산출한 총점이 가장 높은 장소를 대여하려고 할 때, 이 대리가 대여하게 될 곳은?

〈세미나 장소 정보〉

구분	이동거리	수용 가능인원	대관료	평점	빔 프로젝터 사용가능 여부
A	2.5km	400명	70만 원	★★	○
B	3km	500명	65만 원	★★★	○
C	2km	350명	95만 원	★★★★	○
D	4.5km	700명	75만 원	★★★	×
E	4km	600명	105만 원	★★★★★	×

〈평가 기준〉

- 이동거리, 수용 가능인원, 대관료에는 각 장소마다 1 ~ 5점이 부여된다.
- 이동거리는 짧은 순, 대관료는 낮은 순, 수용 가능인원은 많은 순으로 5점부터 1점까지 부여된다.
- 평점은 별의 개수만큼 점수가 부여된다.
- 빔 프로젝터 사용이 가능한 경우 가점 1점이 부여된다.

① A ② B ③ C
④ D ⑤ E

47. 다음은 어느 회사의 회의실 사용 일정이 적힌 달력이다. 생산팀에서 신제품 관련 회의를 월요일 또는 금요일 오전에, 회의시간 3시간 가량을 소요하여 진행하려고 한다. 다음 중 생산팀이 회의를 진행할 수 있는 날짜는? (단, 이 회사는 월요일부터 금요일까지 주 5일 근무를 시행하고 근무시간은 09 ~ 18시, 점심시간은 12 ~ 13시이다)

〈3월 회의실 사용현황〉

일	월	화	수	목	금	토
				1	2 기획팀 (10~12시)	3
4	5 영업팀 (09~10시)	6 임원회의 (13~16시)	7	8	9	10
11	12 영업팀 (09~10시)	13	14 교육팀 (13~18시)	15 사용불가	16 교육팀 (13~18시)	17
18	19 영업팀 (09~10시)	20	21	22	23 홍보팀 (11~12시)	24
25	26 영업팀 (09~10시)	27	28 회계팀 (15~17시)	29 회계팀 (16~18시)	30 사용불가	31

① 3월 2일 ② 3월 12일 ③ 3월 16일
④ 3월 23일 ⑤ 3월 28일

48. 다음을 읽고 스마트오더를 이용한 사례로 옳지 않은 것을 고르면?

〈스마트오더 주문방법〉

• 주문방법

(1) 음료 선택 : 기호에 맞게 세부 옵션을 설정할 수 있습니다.
  – 최대 주문 수량은 1회당 10개
  – 매장 상황에 따라 일부 메뉴는 주문이 불가능할 수 있음.

(2) 내 주변 매장 찾기 : 현재 위치에서 2km 이내의 매장에 주문할 수 있습니다(단, 어플 접근 권한에 실시간 위치를 허용해야 이용 가능. 권한 거부 시 픽업 매장 직접 설정).

(3) 결제하기
  – 신용(체크)카드, 간편결제, 멤버십카드, e-쿠폰
  – 자주 쓰는 결제 정보를 저장하여 사용

(4) 주문현황 실시간 확인

(5) 음료 픽업

• 주문접수
  – 접수 후 3분 이내 미승인 시, 안내 팝업창이 생성되며 '대기 / 취소 유무'를 선택할 수 있습니다.
  – 접수 후 10분 이내 미승인 시, 자동취소 후 취소안내가 발송됩니다.

• 주문취소
  – 메뉴 취소는 매장의 주문 승인 이전에만 가능합니다.
  – 메뉴 변경은 매장의 주문 승인 이전에 취소 후 재주문해 주시기 바랍니다.
  – 주문 후 매장에서 주문 승인 시, 메뉴 제조가 시작되어 취소가 불가능합니다.

• 운영시간
  – 스마트오더 전송 가능 시간은 07시부터 22시까지입니다.
  – 매장별 운영시간이 상이하므로 해당 매장의 운영시간을 참고하시기 바랍니다.

• 이용안내
  – 멤버십카드를 등록하시면 보다 간편하게 주문하실 수 있습니다.
  – 스마트오더로 주문 시 스탬프가 자동 적립됩니다.
  – 스마트오더로 주문하신 금액에 대해 소득공제 혜택을 받으실 수 있습니다.

---

① 출근길에 직장 근처 매장을 지정하여 커피를 결제하였으나 10분 이내에 승인되지 않아 자동으로 취소가 되었다.

② 오후 시간에 졸음이 몰려와 샷 2개를 추가한 아메리카노를 주문하여 직장 근처 매장에서 픽업하였다.

③ 야근 후 오후 10시 30분에 24시간 운영하는 매장을 향하면서 미리 음료를 주문했다.

④ 10명이 참석하는 회의를 위해 미리 음료를 주문하고 두 사람이 음료를 픽업하러 다녀왔다.

⑤ 주문한 음료를 픽업하면서 현금영수증 발급을 요청하였다.

[49 ~ 50] 다음 자료를 보고 이어지는 질문에 답하시오.

<건강보험 피부양자 자격 취득 안내>

■ 신고의무자

직장가입자의 경우 사용자가 건강보험을 신고할 의무가 있으며, 피부양자(직장에 다니는 가장의 수입에 의존하여 생계를 유지하는 가족 구성원)는 직장가입자가 신고해야 한다.

■ 신고기간

자격취득일로부터 14일 이내에 신고하여야 한다. 단, 직장가입자의 자격취득신고 또는 변동신고를 한 후에 별도로 피부양자 자격취득 신고를 한 경우에는 변동일로부터 90일 이내 자격취득 및 변동신고 시 피부양자로 될 수 있었던 날을 소급 인정한다.

※ 지역가입자가 피부양자로 자격 전환 시, 피부양자 취득일이 1일인 경우 피부양자 신고일이 속한 날부터 지역보험료가 부과되지 않는다. 그러나 2일 이후 취득되는 경우 신고일이 속한 달까지는 지역보험료를 납부해야 한다.

■ 직장가입자의 자격취득(변동)일자

구분	자격취득(변동)일
근로자	건강보험적용사업장에 사용된 날
	신규 건강보험적용사업장의 경우, 사업장적용 신고일
사용자	건강보험적용사업장의 사용자가 된 날
	신규 건강보험적용사업장의 경우, 사업장적용 신고일
공무원	공무원으로 임용된 날, 선거에 의하여 취임하는 공무원은 그 임기가 개시된 날
교직원	해당학교에 교원으로 임용된 날(교원)
	해당학교 또는 그 학교 경영기관에 채용된 날(직원)
임용근로자	건강보험적용사업장에 1개월을 초과하여 사역결의(근로계약)된 자는 사역결의된 날
	건강보험적용사업장에 최초 사역일(최초 근로일) 기준 1개월 내에 기간을 정하여 계속 사역결의되는 자는 최초 사역일로부터 1개월을 초과하는 날
단시간근로자	건강보험적용사업장에 1개월 이상 근무하고 소정근로시간이 월 60시간 이상인 단기간 근로자는 근로(고용) 개시일

■ 피부양자

– 직장가입자에 의하여 생계를 유지하는 자

※ 직장가입자의 배우자, 직계존속(배우자의 직계존속 포함), 직계비속(배우자의 직계비속 포함) 및 그 배우자, 형제 · 자매(배우자의 직계비속, 형제 · 자매는 미혼이어야 부양 인정되고, 이혼 · 사별한 경우에는 미혼으로 간주함)

– 부양요건에 충족하는 자

• 배우자, 직계존·비속과 그 배우자는 재산과표가 5.4억 원 이하인 경우 인정, 또는 재산과표가 5.4억 원을 초과하면서 9억 원 이하인 경우는 연간소득 1천만 원 이하이면 인정

• 형제·자매는 재산과표 1.8억 원 이하이면 인정(단 65세 이상, 30세 미만, 장애인, 국가유공·보훈보상 상이자만 인정)

– 보수 또는 소득이 없는 자

---

49. 다음 중 위 자료를 잘못 이해한 것은?

① 직장가입자 N 씨의 경우 부양가족의 신고의무자는 N 씨이다.

② 직장가입자 H 씨의 이혼한 처남은 H 씨의 피부양자가 될 수 없다.

③ 지역가입자가 피부양자로 자격이 전환된 시기가 3월 5일이라면, 3월까지는 지역보험료를 납부해야 한다.

④ 소득은 전혀 없으나 재산과표가 8억 원인 자가 배우자인 직장가입자에게 생계를 의존하고 있다면 피부양자가 될 수 있다.

⑤ 직장가입자와 별도로 피부양자 자격취득 신고를 할 경우 6월 1일에 피부양자의 자격을 취득했다면 8월 29일까지 변동신고를 해야 피부양자로 될 수 있었던 날이 소급 인정된다.

---

50. 다음 중 〈보기〉의 사례에 따른 건강보험 피부양자 자격취득(변동)일을 순서대로 가장 적절하게 연결한 것은?

> **보기**
>
> (가) 2월 14일 선거에 당선되어 5월 1일 해당 직위의 정식 임기가 시작된 공무원 남도일 씨
>
> (나) 최초 사역일로서 10월 10일에 21일 계약으로 일용직 근로를 시작하여 10월 25일 2개월의 추가 근로 계약을 맺은 근로자 유명한 씨
>
> (다) 1월 1일 입사한 유미란 씨의 사업장이 3월 1일 새로운 법인으로 등록되어 3월 1일부로 사업장 신고를 한 경우

	(가)	(나)	(다)		(가)	(나)	(다)
①	5월 1일	11월 11일	3월 1일	②	5월 1일	10월 11일	1월 1일
③	2월 14일	10월 25일	3월 1일	④	2월 14일	11월 11일	1월 1일
⑤	2월 14일	10월 25일	1월 1일				

고시넷 공기업 고졸채용 NCS

유형별 비중

- 조직이해 20%
- 의사소통 20%
- 수리능력 20%
- 자원관리 20%
- 문제해결 10%
- 사고이론 10%

유형분석

본 회차는 특히 모듈형 이론을 포함하는 출제유형으로 구성하였다. 의사소통능력은 문서의 작성 요령과 경청의 요령 등의 이론에 관한 문제로 구성된다. 수리능력은 제시된 조건으로 연산식을 도출하는 문제유형과, 도표를 작성하는 방법에 관한 이론 문제로 구성되며, 문제해결능력은 문제해결의 절차와 아이디어 기법, 문제해결에 필요한 논리적 사고와 오류 등 문제해결에 필요한 다양한 이론에 관한 문제로 구성된다. 자원관리능력은 예산의 종류, 시간관리의 기법 등의 이론 문제를 포함하며, 조직이해능력은 조직문화, 조직구조의 종류, 조직경영에 관한 이론 문제 등으로 구성된다.

3회 기출예상모의고사

영역	총 문항 수
의사소통능력	
수리능력	
문제해결능력	50문항
자원관리능력	
조직이해능력	

NCS란? 산업 현장에서 직무를 수행하기 위해 요구되는 각종 지식, 기술, 태도 등의 내용을 국가가 체계화한 것을 의미한다.

01. 다음 중 보고서를 작성할 때 주의해야 할 사항으로 알맞지 않은 것은?

① 자신이 말하고자 하는 하나의 관점을 중심으로 다양한 사람이나 조직의 의견을 반영한다.

② 보고서의 흐름을 해치지 않도록 내용을 배열하고, 불필요하거나 중복되는 부분은 없는지 확인한다.

③ 보고서의 규정이나 양식을 지키고 불필요한 전문용어를 과하게 사용하지 않는다.

④ 텍스트보다는 눈에 띄는 이미지의 비중을 늘려 시각 자료를 통해 보고서를 해석할 수 있도록 한다.

⑤ 주장에 대한 근거를 명확히 제시하여 보고서의 결론을 확실히 드러낸다.

02. 경청은 단순히 듣는 것만이 아니라 말하는 사람에게 집중해 이해하며 듣는 것을 의미한다. 다음 중 올바른 경청 방법에 대한 설명으로 적절하지 않은 것은?

① 말하고 있는 상대방을 편하게 만드는 호의적인 표정과 단정하며 열린 자세를 유지한다.

② 위급한 경우를 제외하고는 상대방의 말을 중간에 끊지 않고 끝까지 듣고 난 뒤 나의 이야기를 한다.

③ 상대방의 말을 듣는 것과 동시에 얘기가 끝난 후 어떤 반응을 보일 것인지 속으로 미리 생각해 둔다.

④ 상대방이 편안하게 말할 수 있도록 부드럽고 편한 표현의 맞장구를 가끔씩 쳐 준다.

⑤ 대화 도중 가끔 눈을 마주치는 등 상대방의 말에 집중하고 있다는 비언어적 표현을 사용한다.

03. 비즈니스 이메일 작성 방법을 정리한 다음의 내용 중 틀린 것은 모두 몇 개인가?

〈비즈니스 이메일 작성법〉

ㄱ. 제목은 본문의 전반적인 내용을 포함할 수 있도록 가능한 한 상세하게 기재한다.

ㄴ. 업무적으로 중요한 메시지일 경우 제목의 앞부분에 [중요] 또는 [important] 표시를 해
주는 것이 좋다.

ㄷ. 본문은 불필요한 내용 없이 최대한 핵심 위주로 명확하게 작성하는 것이 중요하다.

ㄹ. 보내는 사람과 받는 사람, 참조 대상을 혼동 없이 정확하게 설정해야 한다.

ㅁ. 작성을 끝내고 메일을 보내기 전 첨부파일이 제대로 첨부되었는지 확인한다.

---

① 0개   ② 1개   ③ 2개

④ 3개   ⑤ 4개

04. 다음 중 논리적이고 설득력 있는 의사표현의 지침으로 적절하지 않은 것은?

① 호칭을 바꾸어 심리적인 간격을 좁히도록 한다.

② 경우에 따라서는 겉치레 양보로 기선을 제압한다.

③ 상대방에게 변명의 여지를 주고 설득하도록 한다.

④ No를 유도하여 상대방과 대화에 긴장감을 유지한다.

⑤ 여운을 남기는 말로 상대방의 감정을 누그러뜨린다.

05. 다음 중 직장인이 프레젠테이션을 잘하기 위한 방법으로 적절하지 않은 것은?

> 사회 초년생이든 10년 차 직장인이든, 직장 생활을 하다 보면 어떠한 주제에 대해서 발표를 해야 하는 상황이 자주 발생하게 된다. 단순히 업무 현황을 보고하는 것에서부터 새로운 프로젝트 기획안을 비즈니스 파트너나 전 직원에게 발표해야 하거나 신제품을 대외적으로 소개하는 상황까지 다양하게 생긴다. 스케일에 따라 다소 차이가 있을 순 있겠지만 프레젠테이션의 기본 원칙은 바로 청중을 이해시키고 설득하는 것이다.

① 제스처를 적절하게 활용하여 청중이 집중하도록 유도한다.
② 디테일에 강할수록 유리하므로 최대한 자세하게 발표한다.
③ 오프닝과 클로징은 명확하고 강렬하게 하여 강한 인상을 준다.
④ 프레젠테이션을 하기 전에 리허설을 실시하여 피드백을 받는다.
⑤ 좋은 자료를 준비하는 것도 좋지만, 충분한 연습과 완전한 내용 숙지가 요구된다.

06. (가), (나)에 해당하는 결재 방식을 순서대로 나열한 것은?

> (가) : 김 대리는 공급을 요하는 불의의 돌발사태가 발생하였으나 최종 결재권자인 박 부장이 출장으로 장기간 부재중이라 결재나 지시를 받을 수 없는 상황이 되었다. 그래서 최종 결재권한을 대행할 수 있는 이 차장이 임시적으로 박 부장을 대신하여 결재를 맡게 되었다.
>
> (나) : 대표이사가 모든 실무에 대해 일일이 다 확인하고 검토하여 결재할 수 없기 때문에 각 사안의 중요도에 따라 해당 관리자들에게 결재권한을 위임하고 사안을 처리하도록 하는 것을 의미한다. 예를 들면 총무에 관련된 몇 가지 결재권한을 총무부장에게 위임한 것이라 볼 수 있다.

① 전결, 대결   ② 전결, 선결   ③ 전결, 후결
④ 대결, 후결   ⑤ 대결, 전결

07. 다음 자료의 빈칸에 해당하는 업무문서에 대한 설명으로 알맞은 것은?

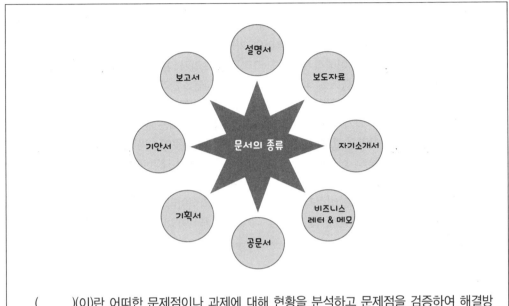

(   )(이)란 어떠한 문제점이나 과제에 대해 현황을 분석하고 문제점을 검증하여 해결방법을 제시하고 해결을 위한 구체적인 실행계획을 세우는 과정에 필요한 문서이다.

① 회사의 업무에 대한 협조를 구하거나 의견을 전달할 때 작성하는 사내 문서를 말한다.

② 기관이나 기업체 등이 언론을 상대로 자신들의 정보가 기사로 나가기 위해 보내는 자료이다.

③ 개인의 가정환경과 성장과정, 입사 동기와 근무자세 등을 구체적으로 기술하여 자신을 소개하는 문서이다.

④ 방문하기 어려운 고객을 위해 사용되는 비공식적 문서이며, 제안이나 보고 등 공식적인 문서를 전달하는 데 사용되는 문서이다.

⑤ 적극적으로 아이디어를 내어 하나의 프로젝트를 문서 형태로 만들어, 상대방에게 내용을 전달하여 시행하도록 설득하는 문서이다.

08. 다음 글을 읽고 '글로비쉬'의 활용 방법으로 적절하지 않은 것은?

> IBM 부사장을 지낸 프랑스인 장 폴 네리에르가 제안한 글로비쉬(Globish)는 전 세계 사람 누구나 쓸 수 있는 간편하고 쉬운 영어를 가리키는 말이다. 그는 글로비쉬에 대하여 "일을 하면서 극동지역, 라틴 아메리카, 유럽, 그리고 아프리카 여러 나라를 방문할 기회가 많았던 나는 사람들이 영어나 불어로 이야기하는 모습을 자연스럽게 관찰할 수 있었다. 물론 대부분은 영어를 사용했는데 원어민이 아닌 우리의 영어는 불완전했고, 억양도 어색했으며, 대화 내용은 뒤죽박죽이 되기 일쑤였지만 기본적인 의사소통에는 문제가 없었다. 오히려 서로의 영어 수준을 이해하면서 효율적으로 대화를 나누었기 때문에 어떤 사람들은 미국인들보다 나와 이야기하는 것을 더 선호하기도 했다. 이러는 과정에서 내가 깨달은 것은 상대방에게 자신의 말을 이해시키려면 뉴요커들의 도도한 말투와는 사뭇 다른 방식으로 표현해야 한다는 것이었다. 시간이 지날수록 이런저런 경험을 통해 효과적이라 판단되는 방법들이 늘어났고, 이를 다른 지역에서도 실행에 옮겨 보니 대체로 성공적이었다."라고 말했다.

① 자기 나름대로의 속도로 말한다.　　② 제스처를 적극 활용한다.
③ 비유적인 표현은 피한다.　　④ 주로 부정형의 질문을 사용한다.
⑤ 많은 단어로 풀어 사용한다.

09. 다음 글에서 전달하고자 하는 사자성어는?

> 이번 설문에는 '직원 채용에서 가장 중요한 평가 포인트'를 항목에 추가했다. 그 결과 '성실하고 책임감을 가진 자'가 무려 62%로, 아무리 지금의 직장 문화가 개성을 존중하고 능력 위주의 평가로 변하고 있어도 여전히 회사는 '성실'이라는 미덕을 제일 존중함을 알 수 있다. 이를 통해 '직장에서 퇴출 순위에 오르지 않으려면 어떻게 해야 할까?'라는 질문에 대한 답이 자연스럽게 나온다. 성실하고 책임감이 있으면 된다. 어렵지 않다고 생각하겠지만 자기 기준이 아닌 남, 특히 상사와 조직의 눈높이를 맞춘다는 것은 결코 쉬운 일이 아니다. 성실함이 혈압이나 맥박처럼 기계적인 수치로 잴 수 있는 것도 아니고 시험 봐서 점수화할 수 있는 것도 아니기 때문이다. 이러한 '인성적인 부분'은 하루아침에 형성되거나 바뀌지 않는다. 이는 오랜 시간, 여러 번에 걸친 공동의 작업 끝에 얻어낼 수 있는 농사와 같은 것이다. 씨앗을 뿌리고, 가꾸고, 정성을 쏟으면서 관심을 두어야 그 결실이 나온다.

① 우공이산(愚公移山)　　② 칠전팔기(七顚八起)　　③ 괄목상대(刮目相對)
④ 교학상장(敎學相長)　　⑤ 청출어람(靑出於藍)

10. 다음 (A)에 들어갈 적절한 키워드는?

한국★★공사(이하 공사)는 국유농지의 불법 사용과 기관 내 갑질 관행을 근절하고 민간부문에 청렴문화를 확산하기 위한 다양한 청렴활동을 추진하고 있다. 이에 따라 공공기관 청렴 노력도를 평가하는 부패방지 시책평가에서 4년 연속 1등급을 달성했다. 공사는 국유재산을 불법으로 사용하는 관행을 지속적으로 개선하고 있으며 공사의 특성을 반영한 갑질 유형을 발굴해 교육을 실시하고, 업무별 민간과의 접점을 활용한 청렴활동을 추진해 청렴문화를 확산하고 있다. 공사는 공정하고 투명한 국유재산 사용을 위해 불법 사용 신고제도를 확대하고 홍보도 강화하고 있다. 현장 신고센터를 설치해 불법 전대 등에 대한 신고 접수 및 상담을 실시하고 대부농지 점검 등 현장밀착 업무를 수행했으며 공사 누리집에 마련된 '국유재산 불법사용 신고센터' 운영을 강화해 사용 허가나 대부계약 없이 국유재산을 사용하는 것뿐만 아니라 국유지를 대부받은 자가 높은 임대료를 받고 재임대하는 등의 불법 사용과 관련한 모든 사항을 신고토록 했다. 이와 함께, 올바른 국유재산 사용을 위한 홍보 차원에서 경작·주거·상업 등 전체 국유재산 대부계약자를 대상으로 불법 사용 근절 안내문을 발송하고 현장 안내판도 설치했다. 도서산간지역의 주민을 대상으로는 불법 사용 예방교육 등 찾아가는 설명회도 개최했다.

이뿐만 아니라 대내·외 이해관계자에 대한 갑질 요인을 진단하고 교육, 홍보 등의 근절 대책을 수립하는 등 (A   )을 위한 노력을 강화해 나가고 있다. 내부 규정, 지침 등을 점검해 갑질 요인을 정비하고, 업무별·이해관계자별로 발생할 수 있는 갑질 유형과 개선 사례를 수집해 이를 갑질 예방 교육 등에 활용했다. 또, 갑질 근절 가이드라인을 제작·배포하고 주요 내용을 홍보물로 제작해 캠페인을 실시했다. 갑질 근절 캠페인에서는 금품·향응·편의 등의 요구·수수, 발주기관이 부담해야 할 비용을 계약상대방이 부담하게 하는 등 불공정한 계약, 업무 관련자에게 가해지는 부당한 요구 등 우월적 지위와 권한을 남용하지 않을 것을 강조했다.

공사는 업무별 다양한 민간 접점을 활용해 맞춤형 청렴활동도 전개하고 있다. 공사의 가계지원 업무 관련 자문 변호사, 법무사, 신용정보사 직원과 '캠코(KAMCO) 청소년 직장체험'에 참여한 학생 등을 대상으로 청탁금지법, 사례로 배우는 청렴이야기 등의 청렴교육을 실시했다. 기업구조혁신포럼, 공매투자 아카데미 등 공사에서 실시하는 각종 행사에서는 자체 제작한 청렴 CF 등 청렴 동영상을 상영했다. 또, 온비드(Online Bidding System) 이용객, 국유재산 관심 고객, 젊은 세대 등을 겨냥한 사회 관계망 서비스(SNS) 행사를 시행하기도 했다.

① 탈권위 문화 정착　　② 탈갑질 문화 정착　　③ 준법적 문화 정착
④ 창의적 문화 정착　　⑤ 수직적 조직 정착

11. 다음 중 도표 작성 절차를 순서대로 배열한 것은?

ⓐ 가로축, 세로축 내용 정하기   ⓑ 자료 표시하기
ⓒ 사용할 도표 정하기   ⓓ 가로축, 세로축 크기 정하기
ⓔ 표시된 점에 따라 도표 작성하기   ⓕ 도표의 제목 및 단위 표시하기

① ⓐ-ⓒ-ⓕ-ⓓ-ⓑ-ⓔ   ② ⓒ-ⓐ-ⓓ-ⓑ-ⓔ-ⓕ
③ ⓒ-ⓑ-ⓐ-ⓓ-ⓔ-ⓕ   ④ ⓕ-ⓐ-ⓒ-ⓓ-ⓑ-ⓔ
⑤ ⓒ-ⓐ-ⓑ-ⓓ-ⓕ-ⓔ

12. 다음 〈규칙〉에 따라 식을 계산하려고 한다. 〈보기〉의 식이 성립하도록 □ 안에 사칙연산기호를 한 번씩만 넣으려고 할 때, □에 들어갈 사칙연산기호를 순서대로 배열한 것은? (단, ◎는 사칙연산보다 먼저 계산한다)

규칙

- 1◎3＝1＋2＋3＝6
- 2◎4＝2＋3＋4＋5＝14
- 3◎5＝3＋4＋5＋6＋7＝25

보기

(5◎5)□(3□2)□7□(6◎3)＝28

① －, ×, ÷, ＋   ② ÷, －, ×, ＋   ③ －, ÷, ＋, ×
④ ÷, ＋, ×, －   ⑤ －, ＋, ÷, ×

13. 어느 공모전에서 5개의 작품 중 2개의 작품을 투표로 선정하려고 한다. 무효와 기권을 제외한 전체 투표 수가 47표일 때, 한 후보작품이 최소 득표 수로 선정되는 경우와 어떠한 경우라도 반드시 선정되는 경우의 득표 수로 옳은 것은?

	최소 득표 수로 선정	반드시 선정
①	1표	15표
②	1표	16표
③	2표	15표
④	2표	16표
⑤	3표	16표

14. 송 과장은 탕비실에 도어락을 설치한 기념으로 이벤트를 준비했다. 탕비실 도어락 비밀번호는 5자리 숫자로 이루어져 있으며 힌트는 다음과 같다. 탕비실 도어락은 최대 몇 번의 시도로 열 수 있는가?

<table>
<tr><td colspan="2" align="center">〈도전! 탕비실 열기!〉</td></tr>
<tr><td>•</td><td>앞의 세 자리 숫자는 알파벳 'maximum'을 일렬로 나열하는 경우의 수입니다.</td></tr>
<tr><td>•</td><td>나머지 숫자는 각각 서로 다른 한 자리의 소수입니다.</td></tr>
<tr><td>•</td><td>천, 백, 십의 자리 숫자를 순서대로 나열해 세 자리 수를 만들면 3의 배수가 됩니다.</td></tr>
</table>

① 3번   ② 4번   ③ 5번

④ 6번   ⑤ 7번

15. ○○공사는 56명의 직원을 대상으로 관람을 희망하는 경기종목에 대한 설문조사를 실시했다. 농구 경기를 관람하겠다고 답한 직원은 32명, 축구 경기를 관람하겠다고 답한 직원은 41명, 두 경기 모두를 관람하겠다고 답한 직원은 28명이었을 때, 어느 경기도 관람하지 않겠다고 답한 직원은 몇 명인가?

① 7명   ② 9명   ③ 11명
④ 13명   ⑤ 15명

16. 다음 〈정보〉를 바탕으로 〈조건〉에 부합하는 대칭수의 개수는?

정보

거꾸로 읽은 값과 똑바로 읽은 값이 같은 수를 대칭수라 한다. 대칭수의 예는 11, 101, 1,001, 10,001 등이 있다.

조건

(1) 10 이상의 자연수이다.
(2) 1,000 미만의 자연수이다.

① 97   ② 98   ③ 99
④ 100   ⑤ 101

17. 다음 중 가구의 주거유형 현황에 대한 설명으로 옳지 않은 것은?

〈가구의 주거유형〉

(단위 : 천 가구)

구분	20X7년	20X8년	20X9년
단독주택	6,549	6,415	6,312
아파트	9,671	10,013	10,405
연립·다세대	2,269	2,312	2,339
비거주용 건물 내 주택	327	319	318
주택 이외의 거처	858	920	969
계	19,674	19,979	20,343

① 주택 이외의 거처에 주거 중인 가구 수는 매년 증가했다.

② 20X7 ~ 20X9년 동안 주택 이외의 거처에 주거 중인 가구 수는 비거주용 건물 내 주택에 주거 중인 가구 수의 2배 이상이다.

③ 연립·다세대에 거주하는 가구 수는 증가하는 추세이다.

④ 아파트에 거주하는 가구 수는 매년 전체 가구의 50% 이상을 차지한다.

⑤ 가장 높은 비율을 차지하는 주거유형은 매년 동일하다.

18. 다음 〈조건〉에 따라 두 동아리에 모두 가입된 학생의 최솟값을 A명, 최댓값을 B명이라 할 때, B−A의 값은?

> 조건
>
> ㄱ. ○○학교의 학생은 모두 20명이다.
> ㄴ. ○○학교의 동아리는 축구동아리와 야구동아리가 있다.
> ㄷ. 동아리 구성원을 조사한 결과 축구동아리에는 15명의 학생이, 야구동아리에는 12명의 학생이 가입되어 있다.
> ㄹ. 두 동아리를 모두 가입하지 않은 학생의 수는 4명 이상 8명 이하이다.

① 1

② 2

③ 3

④ 4

⑤ 5

19. 다음은 〈합창의 구성〉과 〈△△기업 합창 동호회의 구성원〉에 관한 정보이다. △△기업 합창 동호 회에서 가능한 합창의 구성은 모두 몇 가지인가?

〈합창의 구성〉

여성 2부 합창	소프라노, 알토
여성 3부 합창	소프라노, 메조소프라노, 알토
남성 2부 합창	테너, 베이스
남성 3부 합창	테너, 바리톤, 베이스
혼성 3부 합창	소프라노, 알토(또는 테너), 베이스

〈△△기업 합창 동호회의 구성원〉

구성원	성별	포지션
A	여	알토
B	여	메조소프라노, 소프라노
C	여	알토
D	남	테너
E	여	소프라노
F	남	베이스

① 7가지　　　　　② 8가지　　　　　③ 12가지
④ 13가지　　　　⑤ 15가지

20. 다음 도시가스 요금표에 대한 설명으로 옳은 것을 〈보기〉에서 모두 고르면?

(단위 : 원, 원/MJ, 부가세 별도)

구분	주택용				업무용
	기본요금	취사용	난방용 (단독주택용)	난방용 (아파트용)	
서울	1,000	15.93	15.93	15.93	16.20
경기	850	16.26	16.22	16.22	16.47
인천	840	16.22	16.26	16.26	16.50
부산	900	16.94	16.94	16.94	17.73
대구	820	16.94	16.94	16.90	17.65
광주	750	15.83	15.83	17.03	16.97
대전	850	16.05	17.58	17.58	18.05
울산	778	16.50	16.50	16.57	16.77

※ 도시가스 요금＝(기본요금＋사용량×단가)＋부가세(10%)

※ 업무용은 기본요금을 면제하며, 모든 도시가스 요금의 100원 단위 이하는 버린다.

※ 회사는 모두 업무용 도시가스를 사용한다고 가정한다.

보기

ㄱ. 서울에 위치한 ○○회사의 12월 도시가스 사용량이 1,700MJ일 때, 12월 도시가스 요금은 30,294원이다.

ㄴ. 경기도 □□아파트에 거주 중인 김나라 씨의 12월 난방용 도시가스 사용량이 2,412MJ, 취사용 도시가스 사용량이 0MJ일 때, 12월 도시가스 요금은 43,000원이다.

ㄷ. 광주에서 단독주택에 거주 중인 나대한 씨의 12월 도시가스 요금은 70,000이었다. 취사용과 난방용의 사용량이 동일하다면, 취사용으로 1,900MJ 이상 사용하였을 것이다.

① ㄱ 　　　② ㄴ 　　　③ ㄱ, ㄴ

④ ㄴ, ㄷ 　　　⑤ ㄱ, ㄴ, ㄷ

21. 다음 명제가 모두 참이라고 할 때, 5명의 응시자 갑, 을, 병, 정, 무 중 반드시 합격한 사람을 모두 고르면?

> • 갑이 합격했다면 병도 합격했다.
> • 갑이 합격하지 못했다면 을 또는 병은 합격했다.
> • 병은 합격하지 못했다.
> • 정이 합격하지 못했다면 을도 합격하지 못했다.
> • 무가 합격했다면 정도 합격했다.

① 갑, 병   ② 을, 정   ③ 갑, 병, 무
④ 을, 정, 무   ⑤ 정, 무

22. 다음 조건이 모두 참이라고 할 때, 항상 참인 것은?

> • 민영이는 근시이다.
> • 진화의 가족들 중에는 근시가 없다.
> • 가은이의 동생 중 근시가 아닌 사람이 있다.
> • 지유의 가족들 중에는 근시가 아닌 사람이 한 명도 없다.

① 민영이의 어머니는 근시가 아니다.
② 진화의 어머니는 근시이다.
③ 가은이의 남동생은 근시가 아니다.
④ 지유의 아버지는 근시이다.
⑤ 지유의 언니는 근시가 아니다.

23. A, B, C, D, E, F는 게임을 하기 위해 팀을 두 개로 나누고자 한다. 다음의 조건을 참고할 때, 같은 팀의 구성원끼리 바르게 연결된 것은?

> • A와 B가 가위바위보를 하여 같은 팀 구성원을 골랐다.
> • C가 있는 팀에는 D 혹은 F가 반드시 있어야 한다.

① B, D, F   ② A, C, D   ③ C, D, F
④ A, B, D   ⑤ D, E, F

24. 다음 〈자료 1〉은 〈자료 2〉의 어느 요소에 해당하는가?

〈자료 1〉

　문제해결을 위해서는 고정관념과 편견 등 심리적 타성, 기존의 패러다임을 극복하고 새로운 아이디어를 효과적으로 낼 수 있어야 하며, 문제해결과정에 필요한 스킬 등을 습득하는 과정이 필요하다. 이는 창조적으로 문제해결능력을 향상시켜야 함을 의미한다. 그렇게 하기 위해서 많은 기업들은 직원들에게 전문적 기술을 습득시키는 데에 많은 투자를 하고 있다.

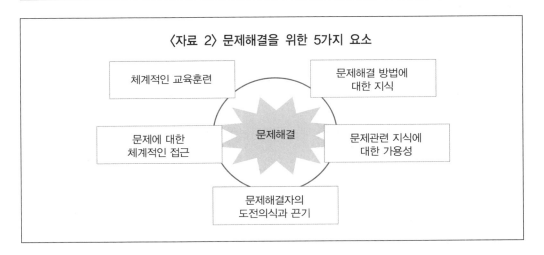

〈자료 2〉 문제해결을 위한 5가지 요소

① 체계적인 교육훈련   ② 문제에 대한 체계적인 접근
③ 문제해결 방법에 대한 지식   ④ 문제관련 지식에 대한 가용성
⑤ 문제해결자의 도전의식과 끈기

25. 다음 MECE에 대한 설명을 참고할 때, MECE의 활용에서 적절하지 않은 예시는?

> MECE(Mutually Exclusive Collectively Exhaustive)는 상호 배타적이며 총합으로는 전체를 이루는 요소의 집합을 의미한다. 쉽게 말해 어떤 사항을 중복되지 않고, 누락되지 않게 하여 부분으로 전체를 파악하는 것이다. 즉, 이슈의 누락 또는 중복을 피하고 전략 설정에 있어 논리적이고 실제적으로 사고하기 위한 기법이다.

① 어떤 사안을 가위바위보를 통해 결정하기로 하였다.

② 회사 직원은 크게 미혼인 직원과 기혼인 직원으로 나눌 수 있다.

③ 동호회 회원은 크게 직장회원과 학생회원으로 나눌 수 있다.

④ 시장은 크게 해외시장과 내수시장으로 나눌 수 있다.

⑤ 우리 학교는 남학생과 여학생이 절반씩 구성되어 있다.

26. 시장상황이 급변하는 상황일수록 임직원들은 창의적 문제해결능력을 가져야 한다. 다음 중 창의적 사고에 대한 설명으로 적절한 것은?

① 창의적 사고는 즉흥적이고 순간적인 아이디어를 의미하므로 논리적인 사고방식과 관련이 없다.

② 창의적 사고는 이전의 사고체계와는 전혀 관련성이 없는 완벽하게 새로운 생각이나 행동을 말한다.

③ 창의적 사고는 언제나 전문적인 지식이나 지적 세계가 뒷받침되어야 하므로 항상 고도의 이론으로만 증명된다.

④ 창의적 사고는 단지 아이디어를 내는 것보다는 얼마나 경제성이나 효율성이 있는지 분석해 보는 자세도 필요하다.

⑤ 창의적 사고는 특정한 사람이 제시할 수 있는 독특하고 유일한 아이디어이기 때문에 특정 직무를 하는 사람들에게서 나온다.

27. 다음은 문제해결방법 중에 하나인 하드 어프로치에 대한 설명이다. 이와 같은 하드 어프로치에 대한 설명으로 옳은 것은?

> 하드 어프로치에 의한 문제해결방법은 상이한 문화적 토양을 가지고 있는 구성원을 가정하여 서로의 생각을 직설적으로 주장하고 논평이나 협상을 통해 의견을 조정해 가는 방법이다. 이때 중심적 역할을 하는 것이 논리, 즉 사실과 원칙에 근거한 토론이다. 제3자는 이것을 기반으로 구성원에게 지도와 설득을 하고 전원이 합의하는 일치점을 찾아내려고 한다.

① 코디네이터 역할을 하는 제3자는 결론으로 끌고 갈 지점을 미리 머릿속에 그려가면서 권위나 공감에 의지하여 의견을 중재하고, 타협과 조정을 통하여 해결을 도모한다.

② 깊이 있는 커뮤니케이션을 통해 서로의 문제점을 이해하고 공감함으로써 창조적인 문제해결을 도모한다.

③ 무언가를 시사하거나 암시를 통하여 의사를 전달하고 기분을 서로 통하게 함으로써 문제해결을 도모한다.

④ 합리적이긴 하지만 잘못하면 단순한 이해관계의 조정에 그치고 말아서 그것만으로는 창조적인 아이디어나 높은 만족감을 이끌어 내기 어렵다.

⑤ 초기에 생각하지 못했던 창조적인 해결방법을 도출한다.

28. 다음 글에서 전달하고자 하는 주된 내용과 가장 연관이 있는 것은?

> 만약에 상사에게 말한 제안이나 의견이 거절되었을 때 또는 자신이 추진하고 있는 업무가 거부당했을 때 '왜 그럴까', '왜 내가 생각한 것처럼 되지 않을까' 하고 자신의 입장에서만 생각하기 쉽다. 하지만 이렇듯 자신의 논리로만 생각하면 결국 독선에 빠지기 쉽다. 이를 확장하면 상사의 지시에 협의를 하는 태도 역시 필요하다. 상사가 원하고 내가 편히 일할 수 있는 방향으로 갈 수 있도록 협의하고 상사를 설득해야 하는 것이다. 그렇다면 상사를 설득하고 협의하기 위해서는 자신의 입장이나 논리만을 생각하기에 앞서 상사의 요구나 필요사항을 파악하여야 할 것이다. 그렇기 때문에 직장에서 상사를 설득하는 것이 쉽지는 않다. 꾸준한 노력과 연습이 필요하다. 즉 직장에선 상사를 설득하는 것도 아주 필요한 능력 중에 하나이다. 그러나 무조건 상사에게 아부하거나 예스맨이 되는 것은 옳지 못하다.

① 생각하는 습관   ② 고정관념 타파   ③ 신의성실의 확립

④ 상대 논리의 구조화   ⑤ 상호 간 언행의 일치

29. 다음은 라운드 로빈(Round Robin) 방식의 브레인스토밍 순서이다. 이 방식의 장점으로 적절한 것은?

---

1. 주제와 관련한 아이디어를 낙서하듯 메모한다.
2. 리더가 1인 1메모 내용을 발표하게 순번을 정한다.
3. 발표할 메모 내용이 없으면 '다음에 아이디어 낼게(PASS)'를 외친다.
4. 메모 내용이 모호하면 좀 더 부연 설명을, 비판할 점이 있으면 그 비판 점을 해결하는 아이디어를 낸다.
5. 참석자 중 $\frac{2}{3}$가 'PASS'를 외치면, 4.에서 얻은 아이디어를 포스트잇에 옮겨 쓰고 게시한다.

---

① 팀장의 지시를 전달할 때 좋다.
② 팀원들 간의 의견이 대립할 때 좋다.
③ 의도하지 않은 회의나 협상을 진행할 때 좋다.
④ 팀 전체의 전사적인 자원배분을 공정하게 할 때 좋다.
⑤ 짧은 시간에 집중해 밀도 있는 다양한 의견을 도출할 때 좋다.

30. 다음 중 '무지에 호소하는 오류'에 해당하는 예시로 적절한 것은?

  예를 들어 참으로 밝혀진 것이 없으니까 거짓이라 주장하거나, 거짓이라 밝혀진 것이 없으니까 참이라고 주장하는 오류를 '무지에 호소하는 오류'라고 말한다. 즉, 보통 증명할 수 없는 방법이나 논리를 근거로 주장이 옳다고 말하는 것을 말한다.

---

① 당신의 성향이 급진주의자가 아니라면 틀림없이 보수주의자겠군.
② A 민족은 힘이 약한 민족이다. 따라서 A인은 모두가 약한 사람이다.
③ 너는 우리 의견에 찬성하지? 찬성하지 않는 사람은 바보 같은 사람이니까 말이야.
④ 천당이나 지옥이 없다는 것을 증명할 수 없으므로 천당이나 지옥의 존재를 인정해야 한다.
⑤ 동성동본 결혼 금지는 폐지해야 한다고 봅니다. 그건 우리나라를 제외한 세계 어느 나라에도 없는 제도입니다.

31. 다음 내용을 실행하는 자원관리 단계는?

> 일반적으로 시간, 예산, 물적자원, 인적자원을 계획한 양보다 여유 있게 확보한다.

① 이용 가능한 자원 수집　　② 계획에 따른 수행　　③ 자원 활용 및 관리
④ 자원 활용 계획 수립　　⑤ 필요한 자원 종류와 양 파악

32. 다음 중 ㉠에 해당하는 예로 적절한 것은?

> • 예산은 직접비용과 ㉠간접비용으로 구성된다.
> • 직접비용은 제품 또는 서비스를 창출하기 위해 직접 소요되는 비용을 말하며, 간접비용은 생산에 직접 관련되지 않는 비용을 말한다.

① 재료비　　　　　② 시설비　　　　　③ 인건비
④ 광고비　　　　　⑤ 장비비용

33. ○○기업에 입사한 A 사원은 인적자원을 관리하는 부서에서 근무를 하게 되었다. A 사원이 맡은 인적자원 업무 영역의 활동으로 적절하지 않은 것은?

① 경영자가 종업원의 종합적 능력을 장기간에 걸쳐 유지 및 상승시키는 일련의 정책을 시행하도록 한다.
② 조직의 목표 달성을 위해서 노조의 활동이 회사 발전에 부응하도록 적절한 보상 체제로 관리 감독한다.
③ 미래에 필요한 인적자원을 예측하고 그에 대한 적절한 채용, 증원, 선발, 훈련, 승진, 조직과 제도의 설계를 계획한다.
④ 직원들이 조직의 발전과 직무 개선, 개인의 성장을 위하여 조직 내에서 개인의 학습활동을 통해 능력을 향상하고 현재 수행하는 직무에 대해서 합당한 업무 수행 능력을 개발하도록 돕는다.
⑤ 혼자 힘으로 해결할 수 없는 어려운 문제를 갖고 있는 직원에게 상담을 통해서 전문적인 조언과 문제해결에 도움을 줌으로써 직장의 사기를 앙양한다.

34. 다음 글의 ⊙, ⓒ에 들어갈 단어로 적절한 것은?

> 예산은 (⊙)이/가 아닌 (ⓒ)(이)라는 것을 인식해야 한다. 이 둘의 차이는 스스로 문제를 정의하고 분석을 통해 대안을 마련하느냐 아니면 불러 주는 대로 쓰거나 다른 부서의 선행 작업에 의해 대부분 영향을 받는가의 차이가 있다. 예산은 전략이나 기획 파트와 달리 재무적인 이해가 필요하고 재무와는 달리 전략과 경영에 대한 이해가 필요한 복잡한 성격의 지식이 필요하다.

	⊙	ⓒ		⊙	ⓒ		⊙	ⓒ
①	구상	통제	②	전략	관리	③	정리	기획
④	편성	승인	⑤	계획	배당			

35. 다음은 ○○농협에서 근무하는 H 대리의 이동 경로를 나타낸 그림이다. H 대리가 집에서 마트를 거쳐서 자신이 근무하는 ○○농협으로 이동할 때, 가장 짧은 이동 경로는?

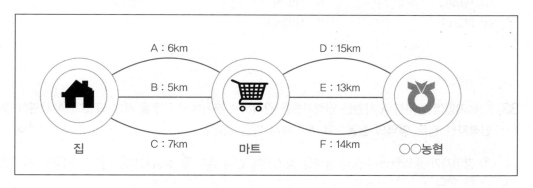

① A → F   ② B → E   ③ C → D
④ A → E   ⑤ B → D

36. 종이컵과 같은 일회용품을 자주 사용하거나 할 일을 미루고 약속을 이행하지 않는 것은 자원 낭비의 요소 중 무엇에 해당하는가?

① 비계획적 행동   ② 편리성 추구   ③ 자원에 대한 인식 부재
④ 노하우 부족   ⑤ 물적자원 중시

37. 업무를 계획하고 진행함에 있어서 효과적인 시간계획을 수립하는 것은 매우 중요하다. 효과적인 시간계획을 수립하는 순서로 ㉠ ~ ㉣이 바르게 배열된 것은?

㉠ 예상 소요시간 작성하기　　　　㉡ 명확한 목표를 설정하기
㉢ 시간 계획서 작성하기　　　　　㉣ 일의 우선순위 정하기

① ㉠ - ㉣ - ㉡ - ㉢　　　② ㉡ - ㉠ - ㉣ - ㉢　　　③ ㉢ - ㉡ - ㉣ - ㉠
④ ㉡ - ㉣ - ㉠ - ㉢　　　⑤ ㉣ - ㉡ - ㉠ - ㉢

38. 다음에서 설명하고 있는 시간관리 기법으로 옳은 것은?

- 활동을 화살표로 표시하고 활동의 시작과 끝을 마디 또는 노드(Node)로 전후 관계를 표시한다.
- 비교적 직관적이고 일정 계산 결과를 쉽게 표현할 수 있으며 활동의 수가 많지 않은 경우 수작업으로도 작성이 가능하다.
- 선행 활동이 끝나면 후속 활동이 시작되는 F-S 관계로 표현한다.
- 선후 관계가 복잡하고 변경이 잦은 경우에는 부적합하다.

① GTD(Getting Things Done)
② FS(Franklin System)
③ PDM(Precedence Diagramming Method)
④ ADM(Arrow Diagramming Method)
⑤ WF(Work Factor Method)

39. 다음은 인사관리의 변천사를 나타내는 자료이다. '?'에 들어갈 내용으로 적절하지 않은 것은?

노무관리		인사관리		인적자원관리
노동력을 생산수단(도구)으로 활용		**가부장적 인사관리 온정적 인사관리**		**조직, 개인 이해관계자의 목표 동시충족**
• 비용적 관점에서 노무관리에 초점 • 생산수단으로서의 의미 • 경제인적 관점	→	?	→	• 핵심인재의 확보 • 공정한 평가와 보상연계 및 기업전략과의 연계 강화

① 인적자원의 개발과 활용 강조　　② 개인적 요소에 대한 배려

③ 사회인적 관점　　④ 조직 내 인간의 욕구와 가치에 대한 인식

⑤ 시혜적 관점

40. 다음 밑줄 친 재화의 특징으로 옳은 것을 〈보기〉에서 모두 고르면?

> 일반적으로 재화는 그에 대한 대가를 지불한 사람만이 그 재화를 쓸 수 있고(배제성), 누군가 그 재화를 써 버리면 다른 사람은 동일한 재화를 쓸 수 없다(경합성)는 특성을 가지고 있다. 반면 치안이나 국방 서비스 등과 같은 공공재는 배제성과 경합성을 동시에 지니지 못한 재화이다. 한편 재화 중에는 경합성은 지니고 있으나 배제성은 지니고 있지 못한 것들도 있다. 누구나 대가 없이 소비에 참여할 수는 있으나 누군가 모두 소비해 버리면 다른 사람은 소비할 수 없는 재화이다.

> **보기**
>
> (가) 과잉 이용으로 고갈되어 간다.
> (나) 사적 이익을 목적으로 하여 생산된다.
> (다) 소유자가 없으며 경제적 가치를 지니고 있다.
> (라) 소유자가 있으나 경제적 가치를 지니고 있지 않다.

① (가), (나)　　② (가), (다)　　③ (가), (라)

④ (나), (다)　　⑤ (나), (라)

41. 다음 중 조직구조에 대한 설명으로 적절하지 않은 것은?

① 기능별 조직은 환경이 비교적 안정적일 때 조직 관리 효율을 높일 수 있다.

② 기능별 조직은 업무별 전문성을 살릴 수 있지만, 기업의 규모가 커질수록 운영의 한계가 발생할 수 있다.

③ 사업별 조직은 대부분의 의사결정 권한을 사업본부장이 위임받는다.

④ 사업별 조직은 특정 시장이나 고객 수요에 신속히 대응할 수 있다.

⑤ 매트릭스 조직은 많은 종류의 제품을 생산하는 대규모 조직에서 더 효율적으로 활용된다.

42. 다음 블라우와 스콧(Peter M. Blau & William R. Scott)의 조직유형 분류의 기준은 무엇인가?

유형	기준	과제
호혜조직	조직원	조직원의 만족
사업조직	소유주	이윤추구
공익조직	전체국민	국민에 의한 통제 확보
봉사조직	고객	전문적 서비스 제공

① 순응의 이유는 무엇인가?   ② 권력의 형태는 무엇인가?

③ 사회적 기능은 무엇인가?   ④ 주된 수혜자가 누구인가?

⑤ 의사결정의 참여자는 누구인가?

43. 다음 자료에서 나타난 조직변화의 저항 이유로 가장 적절한 것은?

> A 대표는 경영 세미나에서 탄력 근무제에 대한 강의를 듣고 다음 날 전 직원을 대상으로 탄력 근무제를 실시하겠다고 발표했다. 발표 직후 회사 직원들 사이에서는 밤이든 주말이든 상사가 요구할 때면 언제든 일을 하는 것이 탄력 근무제라는 소문이 돌았다. 회사 직원들은 탄력 근무제가 무엇인지 알지 못했으며 A 대표를 전혀 신뢰하지 않았다. 회사 직원들은 긴급 회의를 소집하여 탄력 근무제를 취소해 줄 것을 요청했다.

① 변화에 대한 인내심 부족
② 변화가 해당 조직에 어울리지 않는다는 믿음
③ 가치 있는 무언가를 잃고 싶지 않은 욕망
④ 변화의 정보를 가지고 있다고 생각하는 오해
⑤ 변화가 그룹의 이해관계를 침해한다는 편협함

44. 다음은 A 기업의 일하는 방식에 대해 실패한 원인을 분석한 글이다. A 기업의 일하는 방식이 실패한 이유로 적절한 것은?

> A 기업의 일하는 방식이 충분한 실적으로 이어지지 못한 이유는 무엇일까? 일의 효율을 떨어뜨리는 원인을 찾아 해결하기보다 근무시간 단축 등에 의존한 것이 주요인이라 할 수 있다. 즉, 휴가 사용 독려, 영업시간 단축 등에 의존하는 비율이 높았다는 것이다. 반면 업무 생산성 개선이나 리더와 구성원의 역량 개발 등 비효율의 근본 원인을 해결하기 위한 노력은 상대적으로 부족했다.

① 대증요법 중심의 접근이 저조한 성과의 원인이 되었다.
② 경영진만의 독려가 아닌 직원들의 동기부여가 없었다.
③ 기업의 부가가치를 줄이는 방향으로만 추진을 하였다.
④ 국가가 정한 방향으로 일관성 있게 추진하지 못했다.
⑤ 기존의 업무관행을 그대로 답습하여 저성과를 초래하였다.

45. 다음 워커홀릭과 가장 거리가 먼 사람은?

> 얼마 전, 해외사이트에서 만든 세계지도가 발표되어 화제를 모았다. 그 지도는 각 나라의 장점이나 단점을 하나의 키워드로 나타내 만든 지도인데, 우리나라를 나타낸 키워드는 무엇이었을까? 바로 '워커홀릭'이었다. 우리나라를 대표하는 이 키워드는 위키피디아, 세계은행, 기네스북 등의 자료를 토대로 선정했다고 알려졌다. 그렇다면 우리나라의 대표 키워드가 워커홀릭인 이유는 무엇일까? 그 이유는 우리나라 근로자의 노동시간이 다른 나라와 비교했을 때 압도적으로 높았기 때문이다. 지난 20X2년 기획재정부가 발표한 OECD 국가와 주요 고용지표 비교 보고서에 의하면 우리나라 주당 평균 노동시간은 44.6시간으로 OECD 국가 평균 근로시간인 32.9시간에 비해 10여 시간이나 더 많은 것으로 나타났다.

① 일을 할 때가 마음이 가장 안정이 된다고 말하는 갑 과장
② 쉬는 시간에도 업무에 대한 생각이 떠나지 않는 을 대리
③ 직장생활로 평소 인간관계에 너무 소원한 병 과장
④ 업무가 성공리에 이루어질 때마다 동기부여를 받는 정 대리
⑤ 취미생활 역시 업무와 관련이 있게 정하려 하는 무 부장

46. 다음 글의 내용과 가장 관련 있는 것은?

> [A 회사]
> • 가족과 이웃과 함께 살아가고자 하는 발달장애인들의 소망을 실현하는 회사
> • 월 매출이 300만 원 증가할 때마다 1명씩 고용하는 규칙
>
> [B 회사]
> • 노숙인에게 안정적인 일자리를 제공하기 위한 사업으로 시작하여, 현재 전문적인 물류창고 사업을 운영 중
> • 한국형 '풀필먼트업체'가 되기 위하여 소규모 전문 물류대행서비스를 운영 중

① 주주자본주의   ② 사회적 기업   ③ 공정무역(회사)
④ 민간협동조합   ⑤ 이해관계자 자본주의

47. 다음 ㉠에 들어갈 조직문화로 적절한 것은?

공공기관에서 일하다 대기업에 재취업한 R 씨는 요즘 시간을 되돌리고 싶다는 생각을 자주 한다. 온종일 성과를 내놓으라고 닦달하는 부서장, 야근과 주말 근무를 밥 먹듯이 하는 선배와 동료, 적나라한 인사 평가 결과지를 보고 있자면 숨이 막힌다. 그는 "연봉만 보고 왔는데 조직 문화가 맞지 않으니 지옥이 따로 없다."라며 "언제까지 이런 피 말리는 경쟁 속에서 버틸 수 있을지 모르겠다."라고 했다. 직장인에게 조직문화는 연봉이나 업무 적성 못지않은 중요 조건 이다. R 씨처럼 무한 경쟁에 지친 탓일까. 우리나라 직장인들은 뜻밖에 (㉠)를 가장 선호하는 것으로 나타났다. 취업포털 J사가 직장인 556명을 대상으로 조사한 결과다. 기업 조직문화를 여러 가지 유형으로 나눠 어떤 조직문화를 가장 선호하는지 물었더니, 이 중 (㉠)를 선택한 사람이 36%로 가장 많았다. 이는 구성원의 책임과 업무 프로세스가 분명하고, 효율적 조직 관리를 최우선으로 여기는 조직문화로, 공무원과 과거 대기업 조직이 대표적이다. 특히 스타트업 직장인의 43%가 선택해 대기업(33%)이나 공기업(32%) 직장인보 다 선호도가 높았다. 다만 IT(정보기술) 스타트업에서 일하는 T 씨는 "의사결정에 너무 오랜 시간이 걸리고 일이 두 배로 느는 느낌"이라며 "내 업무가 어디까지인지도 불분명해 스트레스 를 받는다."고 했다.

---

① 수평적 조직문화　　　② 위계형 조직문화　　　③ 혁신형 조직문화
④ 시장형 조직문화　　　⑤ 공동체형 조직문화

48. 다음 글을 읽고 직장인이 가져야 할 덕목으로 가장 적절한 것을 고르면?

> 애비스 콤플렉스(Avis Complex)라는 것이 있다. 애비스 사는 렌터카 부문 1위 기업인 헤르쯔(Herz) 사의 뒤를 쫓는 만년 2위에 만족하곤 했다. 애비스 사의 기업 모토는 '우리는 비록 2등이지만 그래도 열심히 한다'였다. 하지만 이것은 완벽주의자가 처한 진퇴양난의 상황에 대한 자기합리화로밖에 보이지 않는다. 즉 1등은 못하지만, 절대 만족하지 않고 최선을 다한다는 변명 아닌 변명인 셈이다. 이러한 애비스 콤플렉스는 '보통' 사람들에게서만 나타나는 것은 아니다. 유명인사, 성공한 기업가, 또는 천재들도 이 콤플렉스에 사로잡히기 때문이다. 예를 들어 유명한 영국배우 앨릭 기니스는 항상 자기가 출연한 작품들에 자신이 없다고 고백했고, 미국의 전 대통령 에이브러햄 링컨은 그 유명한 게티스버그 연설이 '완전한 실패'였다고 말했다. 또 화가이자 조각가, 과학자, 기술자, 발명가로서 진정한 천재라는 수식어가 아깝지 않은 레오나르도 다빈치 역시 "내 작품은 진정 담아야 하는 가치의 반도 담지 못하고 있다. 이건 신과 인류에 대한 모독이나 다름없다."고 말했다. 유명한 위인들마저 스스로의 아집으로 놓치는 것이 있음을 보여 준다.

① 무조건 시간에 쫓기는 업무를 하게 된다면, 정말 급할 때 업무의 유연성이 사라지게 된다.

② 자신이 맡은 업무를 진행할 순서는 각 업무가 요구하는 우선순위와 일치하도록 정한다.

③ 불필요한 완벽주의는 실제 업무를 수행함에 있어 도움이 되기는커녕 위협이 된다.

④ 가장 하기 싫은 일부터 시작하는 업무습관이 몸에 배면, 업무에 투입되는 시간이 오히려 줄게 된다.

⑤ 어느 정도 경쟁심을 갖는 것도 중요하지만, 경쟁심만으로 업무를 잘하는 것은 불가능하다.

[49 ~ 50] 다음 글을 읽고 이어지는 질문에 답하시오.

올해는 코로나19 팬데믹으로 촉발된 비상경제위기 상황에 맞춰 경제·사회취약계층의 재기를 돕고 지역사회와 상생·발전할 수 있도록 지역중소기업 재기 지원, 일자리 창출, 맞춤형 사회공헌 등 사회적 가치 실현 프로그램을 한층 강화할 계획이다. 먼저 부산 옛 동남지방통계청을 그린 리모델링 방식으로 위탁 개발하여 혁신창업 공간인 '부산 청년창업허브'를 연내 개관할 계획이다. 부산 청년창업허브는 부산지역 예비창업인과 스타트업 육성의 장이 될 것으로 기대되며 연간 약 200여 명 규모의 창업효과가 예상된다. 또한 ○○은행과 협력해 코로나19 확산으로 경영에 어려움을 겪는 부산·경남지역 중소기업을 대상으로 대출 및 이자 감면 등의 금융지원을 실시하고, 상생협력기금·농어촌기금 출연을 통해 (㉠) 조성에 기여할 예정이다. 아울러 유휴 국유지를 활용하여 발달장애인 맞춤형 교육·치유·돌봄 프로그램인 '스마트 케어팜' 조성, 지자체 생활SOC 개발, 부산지역 (㉡)의 창업과 판로개척, 성장 등을 지원하기 위한 기금(BEF) 운영 등을 통해 사회적 가치 창출과 함께 지역경제 활성화에도 기여할 계획이다.

(㉢)에도 힘을 쏟고 있다. 어린이·청소년, 대학생, 다문화가정 등 다양한 계층을 포용해 코로나 위기 극복과 지역경제 활성화에 기여할 수 있는 실질적인 프로그램들로 확대 추진한다. 코로나19의 확산으로 온라인 수업이 일상화되는 등 계층·소득수준 간 학습격차가 심화됨에 따라 다문화 가정을 선정해 아동 멘토링 사업 등 정서적 안정을 위한 (㉣)을/를 새롭게 추진한다. 다문화 가정의 현지 부모님을 한국에 초청해 한국 문화체험(가족여행)과 건강검진 비용 등을 지원하는 프로그램도 계획하고 있다. 전국 33개 지역아동센터 내 노후 공간을 리모델링하여 작은 도서관을 설치하는 사업은 올해 부산을 비롯해 5개 도서관을 추가로 설치하고, 시각장애인의 지식접근성 제고를 위한 '시각장애인 오디오북' 제작, 저소득 가정 '제주도 가족여행', '신장이식 수술비 지원' 등 사업도 예산규모를 확대해 지속할 계획이다. 아울러 부산지역 인재 양성과 취업역량 강화를 위해 올해 5회째 시행 중인 부산지역 (㉤)은/는 지역특화 산학협력 프로젝트로서 올해 코로나19 확산에 대비하여 온라인 수업 진행 등 비대면 프로그램을 확대하여 진행한다. 이러한 G 기업의 사회공헌활동은 대외적으로도 성과를 인정받아 교육부로부터 '2020년 교육기부대상'을 수상했으며, 기업의 사회적 책임 실천 및 나눔문화 확산에 앞장서 온 CEO에게 수여되는 산업정책연구원 '2020 대한민국 CEO 명예의 전당(사회공헌 부문)' 등을 수상한 바 있다.

한편, G 기업은 지속가능 경영을 위한 필수 조건인 저탄소·친환경 공기업으로 신속한 전환을 위해 환경 분야를 중심으로 'G 기업형 가이드라인'을 도입, 전사적으로 (A)을 확대 강화한다. G 기업 사장은 "부산 지역사회와 어려움을 함께 극복하고, 상생발전하기 위해 공공기관 본연의 역할을 충실히 수행할 것"이라며 "G 기업은 올해 (A)을 내재화하고, 포용금융 정책에 부합하는 혁신적이고 실질적인 사회적 가치 실현 프로그램을 추진하여 지역경제 활성화와 일자리 창출에 기여할 것"이라고 말했다.

49. ⊙ ～ ⑩에 들어갈 내용으로 적절하지 않은 것은?

① ⊙ : 환경보호 생태계
② ⓛ : 사회적 경제기업
③ ⓒ : 사회공헌활동
④ ② : 가족관계 회복 프로그램
⑤ ⑩ : 대학생 역량강화 네트워크

50. (A)에 들어갈 경영 지침으로 적절한 것은?

① 사회적 경영
② GVC(Global Value Chain) 경영
③ CSV(Creating Shared Value) 경영
④ CSR(Corporate Social Responsibility) 경영
⑤ ESG(Environmental Social Governance) 경영

고시넷 공기업 고졸채용 NCS

유형별 비중

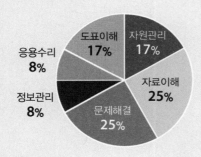

응용수리 8%
도표이해 17%
자원관리 17%
자료이해 25%
정보관리 8%
문제해결 25%

유형분석

자원관리능력은 효과적인 자원관리의 방법에 관한 이론을 묻는 문제와 함께 예산배정이나 시간자원, 인력배치 등 자원관리와 관련된 다양한 사례를 해결하는 유형의 문제로 구성된다. 의사소통능력은 지문을 이해하고 추론하는 문제와 문서 작성의 요령과 경청의 요령 등 의사소통의 이론에 관한 문제로 구성된다. 문제해결능력은 문제해결을 위한 각종 이론과 조건 추론, 자료의 이해로 구성된다. 정보능력은 정보에 관한 용어를 이해하고 컴퓨터 관리, 소프트웨어의 사용 방법, 데이터 코드에 관한 문제로 구성된다. 수리능력은 연산의 정의와 시침 각도 계산 등의 응용수리문제와 표와 그래프의 수치를 분석하고 계산하는 문제로 구성된다.

4회 기출예상모의고사

영역	총 문항 수
자원관리능력	
의사소통능력	
문제해결능력	50문항
정보능력	
수리능력	

NCS란? 산업 현장에서 직무를 수행하기 위해 요구되는 각종 지식, 기술, 태도 등의 내용을 국가가 체계화한 것을 의미한다.

01. 공사 홍보팀에서 사보 제작 업무를 담당하는 김 대리는 매번 마감일에 쫓겨 일을 처리하곤 한다. 이에 대해 이 팀장이 다음과 같이 조언하였을 때 김 대리가 해야 할 행동으로 적절한 것은?

> 저는 매일 출근하기 2시간 전에 일어나서 30분 정도 명상과 요가를 합니다. 헬스장에서 하는 운동과 다르게 명상과 요가를 통한 적절한 수준의 운동을 함과 동시에 스트레칭을 통해 몸의 근육을 풀어 주면 육체적으로 안정적인 리듬을 찾을 수가 있어요. 그리고 노트북을 열고 30분 정도 이번 달 사보 주제에 대한 주요 이슈와 당사 관련 금일 이슈를 정리하여 회사 메일로 송부해요. 모든 일은 닥쳐서 하는 것보다 자신의 생활리듬 속에서 꾸준히 하는 것이 중요해요.
> 출근 준비가 끝나면 자기개발을 위해 매월 최신 트렌드에 맞는 책을 읽어요. 책을 읽다 보면 사보와 관련한 새로운 아이디어를 창출할 수 있습니다. 또한, 저는 업무시간의 스케줄을 10분 단위로 정하고 온라인 스케줄러를 통해 팀원들과 공유하죠. 사보를 만드는 일은 협업이 중요한 일입니다. 서로가 맡은 일에 대한 진도를 매일 확인하고 진행이 잘 되지 않는 경우 도움을 요청하거나 도움을 자연스럽게 줄 수 있어요. 시간에 대한 집중을 최우선으로 하고, 그 다음으로는 주별로 자신의 목표를 정해 놓고 진도를 스스로 관리해야 합니다.

① 시간 관리를 통해 하나의 업무를 꾸준히 해 나간다.
② 하루간의 일정은 사정에 따라 수시로 변경한다.
③ 아침에 일찍 일어나 그날그날의 일정을 정리한다.
④ 팀원과의 일정 공유를 통해 업무를 적절히 분배한다.
⑤ 지속적인 팀원과의 소통과 협업을 통해 업무 완성도를 높인다.

02. 다음 〈사례〉에서 김 과장에게 해 줄 수 있는 시간관리 방법에 대한 조언으로 적절한 것은?

> **사례**
>
> 　김 과장은 일을 할 때 의미 없는 활동에 계속 시간을 사용하고 있다. 전화가 오면 잘못 걸린 전화인데도 끝까지 대답을 하며 계속 전화를 하고 있다. 이메일에 답장을 보낼 때도 제목에서 이미 질문에 대한 대답을 하고서도 안부 인사부터 시작해서 끝인사까지 길고 긴 이메일을 쓴다. 그리고 프로젝트가 종결되었음에도 여전히 그 일과 관련된 작업을 하고 있다.

① A : 시간 관리에 있어 불필요하게 낭비되는 시간을 줄이는 것이 중요해.

② B : 여러 일 중에서 가장 우선적으로 처리해야 할 일을 결정해야 해.

③ C : 시간계획을 정기적으로 체크하고 일관성 있게 일이 끝나도록 마감시간을 설정하도록 해.

④ D : 갑작스러운 방문객, 예상치 못한 전화 등의 상황이 발생할 것을 대비하여 여유시간을 설정하는 것도 중요해.

⑤ E : 꼭 해야 하는데 완료하지 못한 일은 현재의 업무에 집중하기 위해 잠시 중단해야 해.

03. 다음은 ○○사에서 도입하고자 하는 시스템을 도식화한 자료이다. 이에 대한 설명으로 옳지 않은 것은?

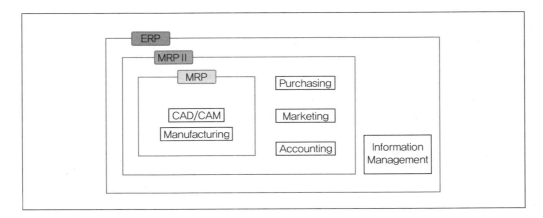

① 각 업무의 연계 시스템으로 인해 절차가 간소화되고 신속한 업무진행이 가능하다.

② 구축하는 시간과 비용이 적게 들고, 구축한 이후에 시간 단축을 통해 비용을 절감할 수 있다.

③ 지속적이고 정확한 데이터의 업데이트가 이루어져 정보접근이 용이한 통합 데이터베이스 관리 시스템이다.

④ 축적된 데이터를 통계로 활용하여 기업의 생산성 향상에 기여할 수 있다.

⑤ 기업 전반의 정보를 실시간으로 파악·공유함으로써 투명한 업무처리를 실현할 수 있다.

04. 다음은 조직의 수명주기를 나타낸 도식이다. 이 중 (A)의 인적자원관리에 대한 설명으로 적절한 것은?

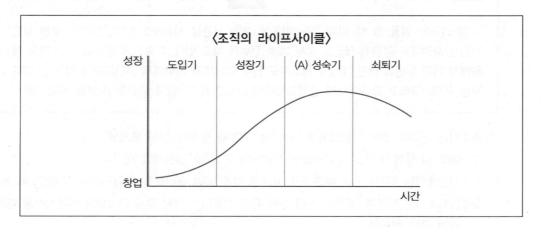

〈조직의 라이프사이클〉

① 인력을 감축하고 남은 인력은 능력에 맞춰 재배치해야 한다.
② 양적인 수요와 질적인 수요를 모두 고려하여 인력을 공급해야 한다.
③ 파격적인 유인책을 제공하여 우수한 인력과 전문가를 적극 영입한다.
④ 인력의 효율적인 운용을 위해 배치전환과 이직을 관리하는 게 중요하다.
⑤ 소규모 조직으로의 개편을 통해 조직 혁신과 내부합리화를 실시한다.

05. 스마트폰 부품을 생산하는 □□기업은 최근 완공된 자동생산라인에서 부품 25,600개를 생산하여 영국의 A사에 납품하기로 계약을 체결하였다. 다음 〈생산조건〉을 고려할 때, 계약한 모든 부품을 생산하는 데 최소 며칠이 필요한가?

〈생산조건〉
• 자동생산라인에서는 2시간에 120개의 부품을 생산하고 20%의 불량품이 발생된다.
• 일일 공장가동시간은 8시간인데 중간에 2시간의 라인정비시간을 필수적으로 가진다.
• 불량품은 폐기한다.

① 65일 ② 71일 ③ 77일
④ 83일 ⑤ 89일

06. 총무팀 A 사원과 B 대리는 해외 직구를 통해 업무 및 행사 비품을 구매하였다. 구매품목과 관세율 표를 참고하여 구매자와 관세금액을 바르게 연결한 것은?

〈구매품목〉

A 사원	품목	노트북	무선 마이크	등산용 신발	모니터 스탠드	외장 하드
	가격	120만 원	120만 원	80만 원	12만 원	13만 원
B 대리	품목	빔 프로젝터	단체 체육복	LED TV	카메라	문서 세단기
	가격	200만 원	100만 원	90만 원	40만 원	30만 원

〈품목별 관세율〉

제품	관세율(%)	제품	관세율(%)
노트북	7	무선 마이크	12
카메라	11	등산용 신발	9
빔 프로젝터	8	모니터 스탠드	13
LED TV	9	문서 세단기	10
단체 체육복	8	외장 하드	8

	구매자	관세		구매자	관세
①	A 사원	315,000원	②	B 대리	370,000원
③	A 사원	325,000원	④	B 대리	395,000원
⑤	A 사원	336,000원			

1회 기출예상 2회 기출예상 3회 기출예상 4회 기출예상 5회 기출예상 6회 기출예상 인성검사 면접가이드

07. 다음은 ○○기업의 제품 X에 대한 공장별 생산과 수요 및 공급에 관한 자료이다. 이를 바탕으로 〈보기〉에서 옳지 않은 내용을 모두 고른 것은?

〈제품 X에 대한 공장별 일일 최대생산량과 생산비〉

공장	생산량(개/1일)	생산비(원/1개)
1	20	200
2	20	180
3	30	160
4	20	140
5	20	120
6	20	100
7	40	80
8	100	60

〈공급원칙〉

• 공장은 1일 단위로 가동되며, 다음 날의 예측수요량만큼만 생산한다.
• 공장은 개당 생산비가 저렴한 순서대로 가동된다.
• 제품 X의 시장가격은 가동되는 공장 중 생산비가 가장 비싼 공장의 생산비와 같다.

〈제품 X에 대한 요일별 예측수요량 변화〉

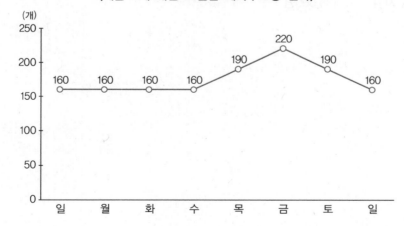

1회 기출예상

2회 기출예상

3회 기출예상

4회 기출예상

5회 기출예상

6회 기출예상

인성검사

면접가이드

보기

⊙ 화요일 제품 X의 시장 가격은 개당 80원이다.

⊙ 목요일에 가동되지 않는 공장은 3개이다.

⊙ 토요일에 6번 공장에서 생산하는 제품 X의 순이익은 개당 20원이다.

⊙ 7번 공장에서 생산하는 제품 X 순이익의 최댓값은 개당 80원이다.

① ⊙, ⊙   ② ⊙, ⊙, ⊙   ③ ⊙, ⊙, ⊙

④ ⊙, ⊙, ⊙   ⑤ ⊙, ⊙, ⊙, ⊙

08. B 공사 재무팀에서는 공사 산하 빙상장 건립 예산계획을 다음과 같이 수립하려 한다. 직접비의 총액이 1,200만 원이라고 할 때, 인건비 예산은 얼마인가?

〈빙상장 건립 예산계획〉

항목	예산 금액
인건비	
건물관리비	100만 원
광고비	700만 원
출장비	150만 원
통신비	70만 원
PC 구입비	500만 원
건물임대료	200만 원

① 150만 원   ② 200만 원   ③ 250만 원

④ 300만 원   ⑤ 350만 원

09. 갑 공단은 주민들의 체육시설 만족도 향상을 위해 추가적인 체육시설 건립을 추진하고자 한다. 갑 공단이 보유하고 있는 체육시설과 가용예산이 다음과 같을 때, 이에 대한 설명으로 옳지 않은 것은?

〈갑 공단 보유 체육시설 및 예산 현황〉

1. 체육시설 현황

(단위 : 개소)

구분	스포츠센터	야구장	축구장	풋살장	수영장
갑 공단 보유 현황	1	1	2	1	0
문체부 권고 기준	1	2	1	2	1
시설당 건립비용	100억 원	30억 원	80억 원	20억 원	60억 원

※ 주민들이 가장 원하는 체육시설은 수영장이다.

2. 갑 공단 예산 현황
- 갑 공단에서 확보한 올해 체육시설 건립 예산은 50억 원이다.
- 갑 공단은 목적이 지정되지 않은 예비비가 70억 원이 있다.
- 내년도 예산은 현재 100억 원으로 구의회에서 심의 중이다.

① 예비비 예산 적용 시 문체부 권고 기준을 충족할 수 있다.

② 올해 확보된 예산만으로 주민들이 가장 원하는 체육시설을 건립할 수 있다.

③ 올해 확보된 예산으로는 문체부 권고 기준의 체육시설을 건립할 수 없다.

④ 올해 확보된 예산으로는 야구장, 풋살장을 각 1개소씩 건립할 수 있다.

⑤ 문체부 권고 기준으로 체육시설을 확보하려면 110억 원의 예산이 필요하다.

10. 갑 공사 총무팀에 근무하는 수민 씨는 사내 체육대회에서 제공할 간식으로 왕만두를 준비하고자 한다. 다음 〈조건〉에 근거하여 필요한 왕만두를 최소 양으로 주문할 때, 지불해야 할 비용은?

> **조건**
>
> • 한 사람당 2개씩은 먹을 수 있도록 한다.
> • 왕만두는 한 상자에 8개씩 포장되어 있고, 상자 단위로 팀에 전달한다.
> • 왕만두 20상자당 한 상자를 덤으로 받을 수 있다.
> • 왕만두 가격은 한 상자에 5,000원이다.

팀명	인원수(명)	팀명	인원수(명)
경영기획팀	8	경영지원팀	10
인사기획팀	6	IR팀	5
회계팀	11	홍보팀	5
재무팀	8	구매팀	5
총무팀	6	영업1팀	10
법무팀	7	영업2팀	12

① 60,000원   ② 90,000원   ③ 135,000원

④ 140,000원   ⑤ 155,000원

11. 직장에서의 문서작성은 일반 글에 비해 형식이 중요시된다. 다음 중 직장에서 문서를 작성할 때의 기본원칙에 대한 설명이 잘못된 것은?

① 문서의 의미를 전달하는 데 오류가 없다면 가능한 문장은 짧고 간결하게 작성한다.

② 문서를 읽는 사람이 글을 순서대로 파악할 수 있도록 결론을 가장 나중에 쓴다.

③ 부정문, 의문문의 형식은 되도록 피하고 긍정문의 형식으로 쓴다.

④ 문서의 의미를 전달하는 데 그다지 중요하지 않다면 한자나 영어 등의 사용은 삼간다.

⑤ 문서를 전달받는 이를 고려하여 상대방이 이해하기 쉽게 작성한다.

[12 ~ 13] 다음은 스놉 효과에 대한 글이다. 이어지는 질문에 답하시오.

부자들은 일반 대중들이 자신의 소비 행태를 따라 하는 것을 싫어한다. 이를 '스놉 효과(Snob Effect)'라고 한다. 스놉 효과는 물건을 살 때 남과 다르게 나만의 개성을 추구하는 의사 결정 현상을 말한다. 스놉이란 잘난 척하는 사람을 비꼬는 말인데, 자신이 줄곧 사용하던 물건이라 하더라도 그것이 대중화가 되면 사람들이 잘 모르는 상품으로 소비 대상을 바꾸는 것이다. 우리나라 말로는 왜가릿과에 속하는 새 이름을 따서 '백로 효과'라고 한다. 마치 까마귀들이 몰려들면 백로가 멀리 떨어지려 하는 것과 같아 보여서 이러한 이름을 얻게 되었다.

1950년 미국 경제학자 하비 레이번슈타인(Harvey Leibenstein)은 타인의 사용 여부에 따라 구매 의도가 증가하는 효과인 '밴드왜건 효과(Bandwagon Effect)'와 함께 타인의 사용 여부에 따라 구매 의도가 감소하는 효과인 스놉 효과도 같이 발표했다. 어떤 상품이 인기 있는 상품이라고 알려지면 사람들이 너도나도 사려고 하는데 이런 현상을 밴드왜건 효과라고 한다. 밴드왜건은 길거리 행사 대열에서 앞서서 행렬을 주도하는 악대차를 말하는데 보통 길거리에서 사람들은 밴드왜건을 보면 무슨 재미있는 일이 있는 줄 알고 무작정 따라가 보는 데서 유래한 용어이다. 즉, 무작정 남을 따라 하는 소비 행태를 말한다. 스놉 효과는 이러한 밴드왜건 효과와 반대 현상이다.

그러나 스놉 효과의 진정한 의미는 대중적으로 소비하는 제품을 사지 않는다는 것에 그치지 않는다. 스놉 효과는 비대중적인 제품에 대한 구매 효과로도 해석되기 때문이다. 간단히 말해 스놉 효과는 고급 지향적 개성 추구 경향이라고 할 수 있다.

스놉 효과는 두 가지 상황에서 발생한다. 첫째, 무언가 고급스러운 제품이 시장에 처음 나왔을 때 그 제품을 신속하게 구매하는 형식으로 나타난다. 그 순간에는 해당 제품을 소비하는 '영광'을 아무나 누릴 수 없기 때문이다. 둘째, 아무리 열광적으로 '찬양'하던 제품이라도 그 제품의 시장점유율이 어느 수준 이상으로 늘어나서 일반 대중이 아무나 다 사용하는 제품이 돼 버리면 그 제품을 더 이상 구매하지 않는 모습으로 나타난다. '아무나 다' 사용할 수 있는 제품을 사용하는 것은 영광스럽지도, 고급스럽지도 않게 느껴지기 때문이다.

12. 윗글의 스놉 효과로 설명할 수 있는 현상으로 적절하지 않은 것은?

① 비쌀수록 잘 팔린다.

② 신제품일수록 잘 팔린다.

③ 대중적이지 않을수록 잘 팔린다.

④ 한정 수량일수록 잘 팔린다.

⑤ 시장점유율이 낮을수록 잘 팔린다.

13. 윗글을 바탕으로 스놉 효과를 활용한 마케팅 전략을 세우고자 할 때, 그 내용으로 적절하지 않은 것은?

① 제품을 고급화, 차별화시키고 다품종을 소량 생산한다.
② 고객 수의 확대보다는 기존 고객의 유지에 초점을 맞춘다.
③ 가격을 낮추는 것은 그 제품의 희소성을 낮추어 기존의 소비자를 잃을 수 있으므로 절대 피한다.
④ 한 제품의 판매량을 늘려 무리한 매출 증대를 꾀하기보다 다양한 상품을 준비한다.
⑤ 고급스러운 이미지의 유명 연예인을 모델로 하여 제품을 적극 홍보한다.

14. 다음은 보고를 받는 입장에서 본 보고서의 논리 구성이다. ㉠ ~ ㉢에 들어갈 구성항목으로 적절한 것은?

내용		논리 패턴	구성항목
시작	설득	왜 이 사업을 하는가? (왜 보고를 하는가?)	㉠
	WHY	왜 이런 과제가 주어졌을까?	
중간	설명	어떻게 이 사업을 할 것인가? (어떤 내용을 보고할 것인가?)	㉡
	HOW	어떻게 해결할 것인가?	
마무리	결정	무엇을 결정해야 하는가? (무엇을 판단해야 하는가?)	㉢
	WHAT	무엇을 결정하고 판단할 것인가?	

① ㉠ : 제목, 개요, 추진 배경
② ㉡ : 개요, 문제점과 원인, 기대효과
③ ㉡ : 문제점과 원인, 기대효과, 조치 사항
④ ㉢ : 해결방안, 기대효과, 조치 사항
⑤ ㉢ : 조치 사항, 해결방안

15. 다음 글의 ㉠ ~ ㉣에 들어갈 말을 〈보기〉에서 골라 바르게 연결한 것은?

가상현실 속에서 나만의 콘텐츠를 꾸준히 쌓아 나가는 것은 현대 개인 미디어 시대에서의 성공 조건이다. 퍼스널브랜드 구축 프로세스는 4단계로 정리할 수 있다.

1단계. (㉠)

브랜드란 내가 남들에게 보여 주고 싶은 모습과 남들이 나를 봤을 때 느껴지는 모습이 일치해야 제대로 만들어졌다고 할 수 있다. 그래서 가장 먼저 내가 어필하고 싶은 모습, 재능, 전문분야 등이 어떤 것인지를 확정해야 할 것이다. 그러기 위해서는 자신의 과거를 글로 써 봐야 한다. 사람들은 바쁘게 살다 보니 과거의 성과, 스토리 등을 기록해 두지 않는데 자신의 과거를 돌아보고 흐름을 보지 못하면 진정 본인이 가지고 있는 강점을 발견하기가 쉽지 않다.

2단계. (㉡)

첫 단계에서 자신의 강점을 발견했다면 다음은 강점이 잘 드러날 수 있도록 약간의 포장도 필요하고 남들이 봤을 때도 강점이 잘 보이도록 만들어야 한다. 과거에는 오프라인에서 자신의 이미지를 관리하는 것이 중요했지만 이제 사람들이 온라인과 모바일에서 활동하는 시간이 길어짐에 따라 가상현실 속에서 자신의 이미지를 관리하는 것이 매우 중요해지고 있다. 그래서 활용할 수 있는 도구가 바로 SNS(Social Network Service)이다. 즉, 가상현실 속에서 자신을 이미징하기 위해 나를 표현할 수 있는 콘텐츠를 가공 생산하는 공장이 필요하고 이러한 공장에서 생산된 콘텐츠를 널리 유통시키기 위해 채널이 필요한 것이다.

3단계. (㉢)

현실에서는 나를 직접 보여 줄 수 있지만 그렇지 못한 가상현실에서는 간접적으로 나를 표현하는 방법밖에는 없다. 이를 위한 방법이 바로 글쓰기다. 물론 여기서 글쓰기는 텍스트만을 이야기하는 것은 아니다. 텍스트부터 사진, 동영상 등을 올리는 글쓰기도 모두 포함된다. 이처럼 다양한 나만의 콘텐츠를 가상현실에서 가공해서 생산하고 퍼트리는 작업을 통해 가상현실 속에서 본인의 컬러를 만들어 가는 작업이 반드시 필요하다. 흔히 파워블로거라고 하는 사람들이 좋은 사례라고 할 수 있다.

4단계. (㉣)

네트워크 효과는 쉽게 말하면 흔히 우리가 알고 있는 복리 효과와 동일하다. 초기에는 그 효과가 미약하지만 시간이 지나고 네트워크가 연결되면 될수록 기하급수적으로 효과가 증가하는 것을 말한다. 경제학에서는 수확체증의 법칙이라고도 한다. 내가 생산한 스토리 콘텐츠를 다양한 네트워크를 통해 공유하게 되면 다른 이들에 의해서 링크되기도 하고, 콘텐츠에 공감을 하면 상대방의 네트워크에도 공유가 됨으로써 하나의 스토리 콘텐츠를 생산해 많은 이들에게 제공해 줄 수 있다. 그리고 콘텐츠를 통해 궁금증을 유발하게 되면 나의 블로그나 SNS로 방문하게 함으로써 나를 알리고 내가 하는 일, 제공하는 서비스 등을 자연스럽게 알릴 수 있다.

보기

a. 네트워크 효과 활용하기 b. 자기 강점 찾기

c. 스토리 콘텐츠 개발하기 d. 이미징하기

	㉠	㉡	㉢	㉣
①	a	b	c	d
②	a	d	b	c
③	b	c	d	a
④	b	d	c	a
⑤	c	b	d	a

16. 평소 동료들의 말을 경청하지 않는다는 평가를 받는 김 주임은 경청에 대한 강의를 듣고 내용을 정리하였다. 다음 ㉠ ~ ㉢에서 설명하는 경청 후 반응의 규칙을 바르게 짝지은 것은?

〈경청을 위한 세 가지 규칙 정리〉

㉠ 시간을 낭비하지 않는 것이다. 다시 말하기를 통해 상대방의 말을 이해했다고 생각하자마자 명료화하여 바로 당신의 피드백을 주는 것이 좋다.

㉡ 당신이 진정하게 느낀 반응뿐만 아니라 조정하고자 하는 마음 또는 보이고 싶지 않은 부정적인 느낌까지 보여 주어야 함을 의미한다.

㉢ 상대방에게 잔인한 태도를 갖춰서는 안 된다. 부정적인 의견을 표현할 때도 상대방의 자존심을 상하게 하거나 약점을 이용하거나 위협적인 표현방법을 택하는 대신에 부드럽게 표현하는 방법을 발견할 필요가 있다.

	㉠	㉡	㉢
①	지지함	즉각적	정직함
②	즉각적	지지함	정직함
③	즉각적	정직함	지지함
④	정직함	즉각적	지지함
⑤	정직함	지지함	즉각적

17. 다음 글을 읽고 맹그로브 나무가 사라질 경우 발생할 수 있는 상황에 대한 추론으로 적절하지 않은 것은?

◎ 맹그로브 나무란?

　맹그로브는 꽃이 피는 육상식물로서 동남아시아와 열대, 아열대 해안가와 갯벌에서 자라는 식물입니다. 넓은 의미로 열대 해안의 맹그로브 식물 군락을 일컬을 때 사용하기도 합니다.

　맹그로브 나무는 뿌리가 밖으로 노출되어 있는 것이 특징이며 물고기의 산란장소, 은신처가 되어 줍니다. 또한, 해안 지반을 지지하고 수질을 맑게 유지해 주어 멸종위기종의 서식지가 되고, 태풍이 왔을 때 바람을 막아 주는 역할을 하는 유용한 식물입니다.

◎ 이산화탄소를 흡수하는 맹그로브

　우리나라 나무 중 소나무, 상수리나무, 잣나무는 이산화탄소 흡수량이 높은 나무로 알려져 있습니다. 맹그로브 나무는 소나무에 비해 3배 정도 높은 이산화탄소 흡수량을 가지고 있습니다. 전 세계에 있는 맹그로브 숲은 연간 약 2,280만 톤의 이산화탄소를 흡수합니다.

◎ 점차 사라지고 있는 맹그로브

　다양한 역할을 하는 고마운 식물 맹그로브! 그런데 맹그로브 군락지가 점점 사라지고 있다고 합니다. 특히 동남아 지역에서 맹그로브 숲이 빠르게 파괴되고 있는데요. 그 원인으로 무분별한 새우 양식이 꼽히고 있습니다. 맹그로브 숲은 천연 영양분이 많아 새우를 양식하는 데 적합한 장소입니다. 이 때문에 동남아 지역에서는 저렴한 가격으로 수출용 새우를 양식하기 위해 맹그로브 숲을 벌목하고 그 자리에 양식장을 세우고 있습니다.

　또한, 지구온난화로 해수면이 높아짐에 따라 맹그로브 나무가 살기 어려워지고 있습니다. 맹그로브 나무가 살아남으려면 연간 해수면 상승이 5mm 미만이어야 하는데, 지금과 같은 수준으로 지구온난화가 계속될 경우 해수면 상승 속도는 연간 약 7mm가 되어 맹그로브 나무가 살기 어려워지게 됩니다.

　맹그로브는 해양생태계에서 중요한 역할을 하고 있을 뿐 아니라 많은 양의 이산화탄소 흡수에 도움을 주기 때문에 지구 환경에 중요한 식물입니다. 이에 유네스코는 맹그로브 숲 복원을 위해 매년 7월 26일을 국제 맹그로브 생태계 보전의 날로 지정하고 있습니다. 더 이상 맹그로브 숲이 파괴되지 않도록 지속적인 관심과 보전이 필요한 시점입니다.

① 멸종되는 생물이 늘어날 수 있다.

② 태풍이 왔을 때 큰 피해를 입을 수 있다.

③ 해안가 주변에 모래가 퇴적되어 사막화가 진행될 수 있다.

④ 맹그로브 나무가 있던 지역의 어업이 피해를 입을 수 있다.

⑤ 이산화탄소 흡수량이 저조해진다.

18. 다음 보도 자료를 읽고 보인 반응으로 적절한 것은?

> □ P시는 반려견의 유실 · 유기 예방에 효과적인 내장형 동물등록을 1만 원에 지원한다. 지원 사업에 참여하는 P시 내 600여 개 동물병원에 반려견과 함께 방문하여 1만 원을 지불하면 마이크로칩을 통한 내장형 동물등록을 할 수 있다. P시 시민이 기르는 모든 반려견이 지원 대상이며, 한 해 3만 2천 마리에 대해 선착순으로 지원한다.
>
> □ 내장형 동물등록 지원사업은 내장형 동물등록제 활성화를 위하여 P시와 손해보험 사회공헌협의회, P시 수의사회가 함께 추진하는 사업이다. P시 소재 800여 개 동물병원 중 600여 개가 P시 내장형 동물등록 지원사업에 참여하고 있으며, 사업참여 동물병원은 'P시 수의사회 내장형 동물등록 지원 콜센터(070−8633−○○○○)'로 문의하면 안내받을 수 있다.
>
> □ 「동물보호법」에 따라 주택 · 준주택에서 기르거나, 반려 목적으로 기르는 월령 2개월 이상의 개는 등록대상동물로 동물등록 의무대상이다. 「동물보호법」 제47조에 따라 등록대상동물의 동물등록을 하지 않을 경우 60만 원 이하의 과태료가 부과된다.
>
> □ '내장형 동물등록'은 쌀알 크기의 무선식별장치(마이크로칩)를 동물의 어깨뼈 사이 피하에 삽입하는 방식으로, 칩이 체내에 있어 체외에 무선식별장치를 장착하는 외장형 등록방식에 비해 훼손, 분실, 파기 위험이 적기 때문에 반려견이 주인을 잃어버린 경우 칩을 통해 쉽게 소유자 확인이 가능하여 빠르게 주인을 찾는 데 효과적이다.
>
> □ 또한 2월 12일부터 동물판매업소(펫숍)에서 소비한 반려견 구매(입양) 시 판매업소가 구매자 명의로 동물등록 신청을 한 후 판매(분양)하도록 의무화되었다. 이 경우에도 P시 내장형 동물등록 지원사업에 따라 1만 원으로 내장형 동물등록이 가능하므로 동물판매업소에서 반려견을 구매(입양)하고자 하는 시민은 내장형 방식으로 동물등록할 것을 권장한다.

① 내장형 동물등록이 외장형보다 유기견을 찾는 데 더 효과적이겠군.

② 내장형 동물등록이 의무이니 외장 인식표는 이제 사용할 수 없겠군.

③ P시에 있는 동물병원이라면 어디든 가까운 곳으로 가면 되겠군.

④ 펫숍에서 반려견을 구매(입양)할 경우 구매(입양)자의 내장 인식표 등록이 의무화되었군.

⑤ Q시에서 반려견을 키우며 살고 계신 부모님께도 알려 드려 등록할 수 있게 해야겠어.

[19 ~ 20] 다음 글을 읽고 이어지는 질문에 답하시오.

2018년 여름에는 기록적인 폭염이 한반도를 덮쳤다. 지구온난화로 티베트 고원에서 달아오른 공기가 북태평양 고기압과 합세해 한반도를 비롯한 지구 북반구에 고온다습한 '열돔'을 형성했다. 이는 2018년에만 일어난 이상현상은 아니다. 미국 국립해양대기국(NOAA)의 2016년 기후현황보고서에 따르면 2016년이 기상관측 이래 가장 더운 해로 기록됐다. 해수면 높이는 6년 연속 최고치를 경신했다. 폭염은 폭염만으로 끝나지 않았다. 겨울에는 혹독한 한파와 여름의 폭염이 번갈아 반복되면서 2018년의 경우 서울의 연교차는 57.4도를 기록했다. 기상청 자료에 의하면 한반도를 둘러싼 해수면 온도 역시 상승하고 있다. 매년 0.34도씩 상승했고, 해수면 온도 상승은 포획 어종까지 바꿔 놓고 있어 생태계의 변화를 실감할 수 있다.

그렇다면 지구온난화 대책으로 무엇이 있을까? 인류는 1992년 리우회의에서 유엔기후변화협약, 1997년 교토의정서 이후 많은 논의를 통해 2015년 파리협약을 체결했다. 2020년 만료된 교토의정서를 대체한 이 협약은 2020년 이후의 기후변화 대응을 담았다. 한국은 2050년 온실가스 배출 전망치 대비 37%를 감축하기로 했다. 정부나 지자체의 정책적 규제나 노력이 반드시 선행되어야 하겠지만, 우리 각자의 자발적인 노력 역시 필수적이다.

19. 다음 중 글쓴이가 윗글을 작성할 때 고려한 사항이 아닌 것은?

① 근거 내용의 출처를 제시해야겠군.
② 질문을 던져 주의를 환기시켜야겠군.
③ 2018년 폭염이 나타난 원인을 제시해야겠군.
④ 정부에서 추진하는 구체적인 규제방법을 제시해야겠군.
⑤ 지구온난화에 대응하기 위한 국제적 협약을 제시해야겠군.

20. 윗글을 회의 자료로 사용할 수 있는 기관으로 적절한 것은?

① 화력발전량의 일정비율을 신재생에너지로 공급하는 기관
② 담배사업의 내수 안정화와 해외 수출에 앞장서는 기관
③ 국민이 믿고 탈 수 있는, 안전한 철도를 만드는 기관
④ 국민주거생활의 향상 및 국토의 효율적인 이용을 도모하는 기관
⑤ 국민의 먹을거리 생산 기반을 확충하고 농어촌 생활환경 개선에 앞장서는 기관

21. 업무수행 과정 중 발생한 문제의 유형 중에서 다음 〈보기〉의 유형과 가장 거리가 먼 것은?

> **보기**
>
> 탐색형 문제(찾는 문제)는 현재의 상황을 개선하거나 효율을 높이기 위한 문제이다. 또한 탐색형 문제는 눈에 보이지 않는 문제로, 별도의 조치 없이 방치하면 뒤에 큰 손실이 따르거나 결국 해결할 수 없는 문제로 나타나게 된다.

① 재고 감축   ② 신규 사업 창출   ③ 생산성 향상
④ 영업이익 향상   ⑤ 조직 제도 개선

22. 다음은 A 기업의 시장 분석과정 중 문제 해결 방안을 도출한 것이다. 대응 방안을 충족시킬 수 있는 내용을 〈보기〉에서 모두 고른 것은?

상황 분석	• 모든 시장을 상대할 수 없기에 본사 제품을 투입할 시장을 찾아야 함. • 본사의 제품을 원하는 소비자를 찾아 집중적으로 공략해야 함.

↓

조건 모색	• 소비자들이 유사한 구매행동을 가지고 있어야 하며, 소득수준이나 주거지역 등이 비슷해야 함. • 다른 소비자들과 차이를 가지는 집단이어야 함.

↓

채용 방안	시장의 규모나 구성원 등에 대하여 측정할 수 있어야 하며, 경제성을 가진 시장을 모색하기로 함.

> **보기**
>
> ㄱ. 만성피로에 지친 소비자들의 시장 규모를 찾아본다.
> ㄴ. 거동이 불편한 사람을 위한 버튼형 자가운전 자동차를 생산한다.
> ㄷ. 모든 고객의 원하는 바를 충족시키기 위해 첨단 연구진을 대거 투입한다.

① ㄱ   ② ㄴ   ③ ㄷ
④ ㄱ, ㄴ   ⑤ ㄱ, ㄴ, ㄷ

23. 다음 〈예시 1 ~ 4〉는 인터넷에서 볼 수 있는 댓글들이다. 이들이 공통적으로 범하고 있는 논리적 오류는 어느 것인가?

〈예시 1〉

A : 나는 …라고 주장해.

B : 쟤는 평소에도 말이 안 되는 주장을 많이 하잖아. 방금 A가 한 주장은 안 봐도 분명 틀렸을 거야!

〈예시 2〉

A : 어떤 사람이 같은 성별을 사랑한다는 이유만으로 차별하는 것은 옳지 않아.

B : 그런 말을 하다니, 너 동성애자냐?

〈예시 3〉

A : … 이유 때문에 히딩크가 한국으로 다시 오는 걸 반대해.

B : 우리나라 축구의 영웅인 히딩크가 오는 걸 반대해? 너는 분명히 축구를 싫어하는구나.

〈예시 4〉

A : MSG라고 무조건 다 몸에 해로운 건 아니야!

B : MSG가 몸에 해롭지 않다고? 알겠으니까 너나 먹어.

---

① 무지에 호소하는 오류　　　　② 애매성의 오류

③ 허수아비 공격의 오류　　　　④ 원천봉쇄의 오류

⑤ 인신공격의 오류

24. 장미아파트 관리소장은 아파트 입주민들에게 승강기 안전사고와 관련하여 주의사항을 공지하려고 한다. 목적에 부합한 내용 조직 방법으로 적절한 것은?

① 서로 협력하며 살아가는 동물을 예로 들며 흥미를 유발하고 이를 바탕으로 입주민들이 협력의 필요성을 자연스럽게 인식하도록 한다.

② 기존 승강기보다 현재 이용하고 있는 승강기의 품질이 더 우수하다는 것을 보여 주기 위해 구체적인 통계자료와 사진을 활용한다.

③ 승강기 회사의 경영 방침, 인재관 등에 대한 안내 자료를 배부하고 관련된 질의를 입주민에게 받았을 때 당황하지 않도록 준비한다.

④ 먼저 승강기 안전사고의 실험 목적을 밝힌 후, 실험 과정을 일목요연하게 정리한 표와 실험 사진을 보여 주어 입주민들이 이해하기 쉽도록 한다.

⑤ 최근 승강기 사고가 많이 발생한다는 사실을 알려 누구에게나 일어날 수 있는 일임을 환기시키고 사고를 예방하기 위한 행동 요령을 항목별로 제시한다.

25. A 공사는 내년도 사업계획 수립을 위해 해외지사들과 화상회의를 진행하려고 한다. 다음 〈보기〉를 참고해 업무시간 중 1시간 동안만 회의를 진행하려고 할 때, 모든 지사가 참석 가능한 회의 시간은? (단, 모든 지사의 업무시간은 오전 9시 ~ 오후 7시이고, 회의시간은 서울시간을 기준으로 정한다)

- 호주는 서울보다 1시간 빠르다(매일 자체 회의시간이 오후 2시 ~ 오후 3시에 있음).
- 마드리드는 서울보다 2시간 빠르다.
- 마닐라는 서울보다 3시간 느리다.
- 두바이는 서울보다 4시간 느리다.
- 호주, 두바이는 서머타임이 적용된다(서머타임으로 인해 기존시간보다 1시간이 느려짐).
- 서울 포함 모든 지사의 점심시간은 오전 11시 ~ 오후 12시이다.

① 오전 09시 ~ 오전 10시
② 오전 10시 ~ 오전 11시
③ 오전 11시 ~ 오후 12시
④ 오후 12시 ~ 오후 01시
⑤ 오후 01시 ~ 오후 02시

26. □□공사 총무팀에서는 겨울철 건조한 실내 근무환경을 개선하기 위해 매년 겨울에 팀 내 공용 가습기를 가동한다. 다음의 〈조건〉에 따라 당번제로 가습기 관리를 한다고 할 때, 11월 29일부터 12월 3일까지 당번을 맡을 사람은 누구인가?

조건

- 팀내 공용 가습기 가동 시작일은 매년 11월 첫째 주 월요일이다.
- 당번제에 따라 정해진 당번이 월요일부터 금요일까지 5일간 가습기를 관리한다.
- 당번 순서는 이름 가나다 순으로 한다.
- 당번을 맡은 주에 개인 휴가가 예정되어 있다면, 다음 당번과 당번 맡는 주의 순서를 맞바꾼다(단, 휴가가 두 주에 걸쳐 있는 경우, 다다음 당번과 순서를 맞바꾼다).
- 인턴은 당번에서 제외된다.

〈달력〉

11월						
일	월	화	수	목	금	토
	1	2	3	4	5	6
7	8	9	10	11	12	13
14	15	16	17	18	19	20
21	22	23	24	25	26	27
28	29	30				

12월						
일	월	화	수	목	금	토
			1	2	3	4
5	6	7	8	9	10	11
12	13	14	15	16	17	18
19	20	21	22	23	24	25
26	27	28	29	30	31	

〈총무팀 팀원 현황〉

이름	김○○	이○○	박○○	최○○	송○○
직급	부장	과장	과장	대리	인턴
휴가예정일	–	11/19, 11/22	–	–	11/15

① 김 부장   ② 이 과장   ③ 박 과장

④ 최 대리   ⑤ 송 인턴

27. 다음 그림자료를 보고 제기한 의문 사항에 대한 답변으로 적절하지 않은 것은?

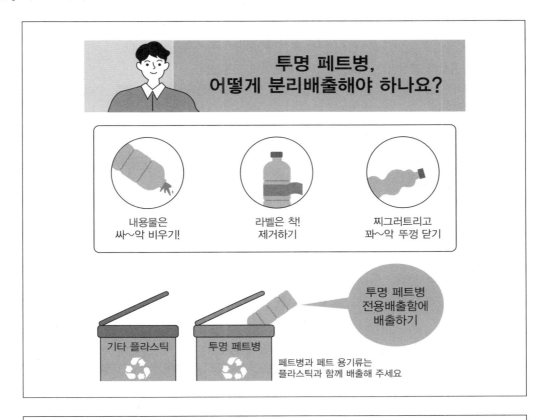

왜 투명 페트병에 대한 분리배출을 강조하나요?

① 투명 페트병으로 생산된 고품질 재활용 원료는 다른 제품으로 재생산이 가능합니다.

② 일반 플라스틱은 불순물이 많아 고품질 재생원료 확보에 제약이 있습니다.

③ 투명 페트병을 유색 페트병과 혼합 배출하면 고품질 재활용 원료 확보에 어려움이 있습니다.

④ 폐플라스틱을 회수하면 판매자가 이를 재사용하여 제품의 가격을 낮출 수 있습니다.

⑤ 투명 페트병 분리배출로 연 2.9만 톤에서 10만 톤의 고품질 재활용 원료를 확보할 수 있습니다.

28. 다음 A 공사 출장비 지급 기준을 참고할 때, 기획팀에 지급해야 할 총 출장비는?

〈A 공사 출장비 지급 기준〉

- A 공사의 출장비는 식비, 숙박비, 교통비로 구분된다.
- 식비는 영수증에 나온 실비를 지급하나, 영수증을 제출하지 않은 경우 1일당 5만 원으로 책정한다.
- 숙박비는 지역에 따라 1박당 다음과 같이 지급한다.

지역	부산	대전	광주
금액	90,000원	70,000원	80,000원

- 다음은 왕복 교통비이며, 출장지역 및 교통수단에 따라 차등 지급한다.

구분	부산	대전	광주
고속철도	150,000원	120,000원	130,000원
고속버스	70,000원	50,000원	60,000원
개인차량	120,000원	100,000원	110,000원

〈기획팀 출장내역〉

구분	갑 대리	을 대리	병 차장
출장기간	2박 3일	3박 4일	1박 2일
출장지역	부산	대전	광주
식비내역	1일-50,000원 2일-100,000원 3일-60,000원	1일-60,000원 2일-120,000원 3일-100,000원 4일-50,000원	1일-100,000원 2일-120,000원
교통수단(왕복)	고속버스	개인차량	고속철도
비고	1, 2일 식비 영수증 제출 3일 식비 영수증 미제출	1, 2일 식비 영수증 제출 3, 4일 식비 영수증 미제출	식비 영수증 모두 제출

① 1,270,000원   ② 1,370,000원   ③ 1,470,000원

④ 1,550,000원   ⑤ 1,670,000원

[29 ~ 30] 다음은 갑 공사의 기록물관리규정 중 일부이다. 이어지는 질문에 답하시오.

제15조(기록물의 보존) ① 처리부서로부터 인수한 기록물은 기록물의 형태, 처리부서, 보존기간 및 생산연도 등으로 구분하여 보존서고에 배치하여야 한다.

② 기록관의 장은 기록물의 안전한 보존을 위하여 서고별로 관리책임자를 지정하여야 하며, 기록물의 정수점검, 상태점검 실시, 항온항습 환경 구축 등을 위하여 필요한 조치를 취할 수 있다.

제16조(보존기간) ① 기록물의 보존기간은 영구, 준영구, 30년, 10년, 5년, 3년, 1년의 7종으로 구분하며, 보존기간별 책정 기준은 [별표 2]와 같다.

② 기록물의 보존기간은 기록물분류기준표에 정한 보존기간을 기준으로 처리부서의 장이 기록물의 정리 시에 기록물질단위로 정한다. 다만, 특별히 보존할 필요가 있다고 인정되는 기록물에는 기록관장이 보존기간을 직접 정할 수 있다.

③ 보존기간의 기산일은 해당 기록물의 처리가 완결된 날이 속하는 다음 연도의 1월 1일로 한다. 다만, 여러 해에 걸쳐서 진행되는 경우에는 해당 과제가 종결된 날이 속하는 다음 연도의 1월 1일부터 보존기간을 기산한다.

제17조(기록물의 평가 및 폐기) ① 기록관에서의 기록물의 평가 및 폐기는 「공공기록물법」 제27조 제1항, 동법 시행령 제43조, 동법 시행규칙 제35조의 규정에 따라 시행하되, 기록물평가심의회의 구성 및 운영에 관하여는 본 운영규정 제4장 「기록물평가심의회」로 정한다.

② 처리부서에서는 모든 문서를 일체 폐기할 수 없으며, 폐기 대상 문서는 기록관으로 이관하여 폐기하여야 한다.

③ 처리부서의 장은 보존기간이 경과한 기록물에 대하여 별지 제4호 서식의 기록물평가심의서를 작성하고 담당자의 의견을 기재하여 기록물관리부서의 장에게 제출하여야 하며, 전문요원은 자체 심사 후 기록물평가심의회의 심의를 거쳐 보존기간 재책정, 폐기 또는 보류로 구분하여야 한다.

④ 폐기보류로 구분된 기록물은 5년마다 보존가치를 재평가하여야 한다.

[별표 2] 기록물의 보존기간별 책정 기준(제16조 관련)

보존기간	대상기록물
영구	1. 공사의 핵심적인 업무수행을 증명하거나 설명하는 기록물 중 영구 보존이 필요한 기록물 2. 공사 및 소속 임직원, 퇴직자 등의 지위, 신분, 재산, 권리, 의무를 증명하는 기록물 중 영구보존이 필요한 기록물 3. 공사의 역사경험을 증명할 수 있는 기록물 중 영구보존이 필요한 기록물 4. 공사의 수행 업무 중 국민의 건강증진, 환경보호 등과 관련한 기록물 중 영구보존이 필요한 기록물 5. 공사에 중대한 영향을 미치는 주요한 정책, 제도의 결정이나 변경과 관련된 기록물 중 영구보존이 필요한 기록물 6. 인문 · 사회 · 자연 과학의 중요한 연구성과와 문화예술분야의 성과물로 국민이나 기관 및 단체, 조직에 중대한 영향을 미치는 사항 중 영구보존이 필요한 기록물

영구	7. 공사의 조직구조 및 기능의 변화, 권한 및 책무의 변화, 사장 등 주요 직위자의 임면 등과 관련된 기록물 중 영구보존이 필요한 기록물 8. 일정 규모 이상의 국토의 형질이나 자연환경에 영향을 미치는 사업 · 공사 등과 관련된 기록물 중 영구보존이 필요한 기록물 9. 조사 · 연구서 또는 검토서 중 영구보존이 필요한 기록물 10. 회의록 중 영구보존이 필요한 기록물 11. 시청각기록물 중 영구보존이 필요한 기록물 12. 공사의 연도별 업무계획과 이에 대한 추진과정, 결과 및 심사분석 관련 기록물, 외부기관의 공사에 대한 평가에 관한 기록물 13. 공사 및 주요 직위자의 지시사항과 관련된 기록물 중 영구보존이 필요한 기록물 14. 정책자료집, 백서, 그 밖에 공사의 연혁과 변천사를 규명하는 데 유용한 중요 기록물 15. 공사 사장, 주요 직위자 관련 기록물 및 외국의 공사 관련 기록물 16. 공사 사장 및 주요직위자의 공식적인 연설문, 기고문, 인터뷰 자료 및 공사의 공식적인 브리핑 자료 17. 공사 소관 업무분야의 통계 · 결산 · 전망 등 대외 발표 혹은 대외 보고를 위하여 작성한 기록물 18. 사장이 정하는 사항에 관한 기록물 19. 다른 법령, 내규에 따라 영구 보존하도록 규정된 기록물
준영구	1. 공사 및 소속 임직원, 퇴직자의 신분, 재산, 권리, 의무를 증빙하는 기록물 중 관리대상 자체가 사망, 폐지, 그 밖의 사유로 소멸되기 때문에 영구보존할 필요성이 없는 기록물 2. 비치기록물로서 30년 이상 장기보존이 필요하나, 일정기간이 경과하면 관리대상 자체가 사망, 폐지, 그 밖의 사유로 소멸되기 때문에 영구보존의 필요성이 없는 기록물 3. 관계 법령에 따라 30년 이상의 기간 동안 민 · 형사상 책임 또는 시효가 지속되거나, 증명자료로서의 가치가 지속되는 사항에 관한 기록물
30년	1. 영구 · 준영구적으로 보존할 필요는 없으나 공사의 설치목적을 구현하기 위한 주요업무와 관련된 기록물 2. 공사의 사장, 본부장 등의 결재를 필요로 하는 일반적인 사항에 관한 기록물 3. 관계 법령에 따라 10년 이상 30년 미만의 기간 동안 민 · 형사상 또는 행정상의 책임 또는 시효가 지속되거나, 증명자료로서의 가치가 지속되는 사항에 관한 기록물 4. 다른 법령에 따라 10년 이상 30년 미만의 기간 동안 보존하도록 규정한 기록물 5. 그 밖에 10년 이상의 기간 동안 보존할 필요가 있다고 인정되는 기록물

29. 위 규정에 대한 설명으로 적절한 것은?

① 모든 기록물의 보존기간은 기록관장이 결정하되, 필요 시 처리부서장에게 의견을 구한다.

② 담당 부서장이 필요없다고 판단하는 문서는 문서분쇄기 등을 활용하여 파쇄하여 정리한다.

③ 폐기보류로 구분된 기록물은 5년이 지날 때마다 그 보존가치를 다시금 평가해야 한다.

④ 보존기간이 경과된 문서에 대해 기록물관리부서의 장이 기록물평가심의서를 작성해야 한다.

⑤ 상반기에 완료된 사업 관련 문서는 정리하여 7월부터 보존기간을 책정하고 기록물 관리 부서로 이관한다.

30. 위 규정을 참고할 때, 기록물에 따른 보존기간을 바르게 연결한 것은?

① 전임 사장의 퇴임사 – 준영구

② 담당 본부장의 결재 서류 – 준영구

③ 외부기관의 공사에 대한 평가 – 30년

④ 공사의 조직구조 및 기능의 변화에 관한 기록물 – 영구

⑤ 공사의 정책자료집 및 백서 – 30년

31. 다음에서 설명하는 서비스를 일컫는 용어는?

> • ○○기업 김 대리는 관심 있는 제품을 오프라인에서 직접 확인하고 스마트폰이나 컴퓨터를 이용하여 온라인 구매를 한다.
> • △△기업 곽 대리는 오프라인 매장에서 제품을 직접 확인하고 그동안 쌓아 둔 포인트와 할인 쿠폰을 적용하여 온라인으로 저렴하게 구매한다.

① 쇼루밍   ② O2O   ③ 웹루밍

④ 옴니채널   ⑤ IoT

32. ○○기업의 A 사원이 업무를 처리하는 과정에서 다음과 같은 문제가 발생하였다. 동일한 문제가 다시 발생하지 않도록 〈보기〉에서 A 사원이 해야 할 행동을 모두 고른 것은?

> A 사원은 며칠 전 거래처에게서 온 이메일을 확인하던 중 발신자가 불분명한 첨부파일을 열어보았다가 컴퓨터 바이러스에 감염되어 작업한 파일을 모두 잃게 되었다.

보기

> ㄱ. 발신자가 불분명한 메일에 포함된 파일은 백신 프로그램으로 바이러스를 검사한 후 열어본다.
> ㄴ. 중요한 자료의 경우 비밀번호를 걸어둔다.
> ㄷ. 백신 소프트웨어를 설치하고 최신 버전으로 유지한다.
> ㄹ. 보안이 취약한 웹사이트는 방문을 자제한다.
> ㅁ. 정품 소프트웨어를 사용한다.

① ㄱ, ㄴ, ㄷ   ② ㄱ, ㄷ, ㄹ   ③ ㄱ, ㄷ, ㅁ
④ ㄱ, ㄷ, ㄹ, ㅁ   ⑤ ㄴ, ㄷ, ㄹ, ㅁ

33. 'A 기업 조직도'에 대해 설명하기 위해 파워포인트로 다음과 같이 도해를 작성하였다. 이때 사용한 기능에 대한 설명으로 옳은 것은?

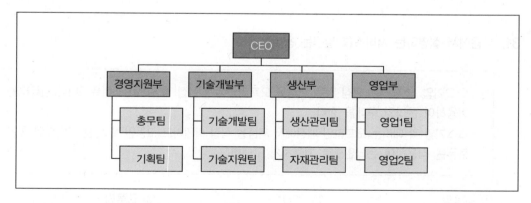

① [삽입]-[차트]에서 [조직도형]을 찾아 클릭한다.
② 항목 수준을 올리려면 텍스트 입력창에서 Tab을 누른다.
③ [삽입]-[SmartArt]에 들어가 'SmartArt 그래픽 선택' 대화상자에서 [계층 구조형]을 클릭한다.
④ [삽입]-[SmartArt]에 들어가 'SmartArt 그래픽 선택' 대화상자에서 [프로세스형]을 클릭한다.
⑤ 텍스트 입력창에서 Enter를 누르면 다음 칸으로 넘어간다.

34. 다음은 바코드 생성 방식을 나타낸 자료이다. 제시된 규칙을 적용하였을 때, D 영역의 ㉠에 들어갈 숫자로 옳은 것은?

예) 한국 f 회사에서 생산된 소면

A 영역		B 영역		C 영역				D 영역
국가코드		업체코드		상품코드				체크섬
				분류		상품		
201	중국	2340	a 회사	678	면류	90	소면	
301	일본	2341	b 회사			80	중면	
401	미국	2342	c 회사			70	파스타면	바코드 짝수 자리 숫자의 합에 3을 곱한 값과 그 값에 홀수 자리 숫자의 합을 추가로 더했을 때 10의 배수를 만드는 최소 숫자
501	한국	2343	d 회사	778	제과류	60	스낵 A	
		2344	e 회사			50	스낵 B	
		2345	f 회사	878	주류	40	맥주	
						30	소주	
				978	빙과류	20	초코바 A	
						10	초코바 B	

① 0   ② 2   ③ 4
④ 6   ⑤ 7

35. 다음은 ○○기업의 생산제품을 관리하기 위해 정 과장이 엑셀로 작성한 자료이다. 〈관리 코드 조건〉을 이용하여 A ~ E 그룹으로 분류했다고 할 때, 이에 대한 설명으로 적절하지 않은 것은?

〈관리 코드 조건〉

- 생산연월은 6자리로 표현한다. 예 2019년 6월 10일은 190610으로 나타낸다.
- 전체 코드 표현은 생산연월 – 품목생산국 – 생산공장 순서로 나타낸다.

  예 2019년 6월 27일에 한국의 1공장에서 만든 핸드백은 190627 – 00101K – 0A0001로 나타낸다.

	A	B	C	D	E	F	G	H
1	품목	코드	생산국가	코드	생산연월	코드	생산공장	코드
2	핸드백	001	한국	01K	2018-09-05	180905	1공장	0A0001
3	지갑/벨트	002	일본	01J	2019-02-01	190201	2공장	0A0002
4	구두/신발	003	중국	01C			3공장	0A0003
5	가방	004	베트남	01V			4공장	0A0004
6	섬유잡화	005	태국	01T			5공장	0A0005
7	패션소품	006	인도네시아	01I			6공장	0A0006

A 그룹	B 그룹	C 그룹
181021 – 00201J – 0A0001	181021 – 00501K – 0A0001	181021 – 00401V – 0A0002
181101 – 00301V – 0A0001	191021 – 00501K – 0A0002	190402 – 00401C – 0A0002
181121 – 00501C – 0A0001	191101 – 00501K – 0A0003	191001 – 00501I – 0A0002
181202 – 00501C – 0A0001	170102 – 00501K – 0A0003	171224 – 00301T – 0A0002

D 그룹	E 그룹
190512 – 00401K – 0A0002	191101 – 00201V – 0A0001
190708 – 00301I – 0A0002	191105 – 00301V – 0A0002
190506 – 00401V – 0A0002	191107 – 00401V – 0A0001
170803 – 00401C – 0A0002	191121 – 00601V – 0A0002

① A 그룹은 2018년에 각국의 1공장에서 생산된 제품들로 나열되어 있다.

② B 그룹은 한국에서 생산된 섬유잡화들로 나열되어 있다.

③ C 그룹은 4개 국가의 2공장에서 생산된 제품들을 나열한 것이다.

④ D 그룹은 4개 국가의 2공장에서 생산된 가방을 나열한 것이다.

⑤ E 그룹은 2019년 11월에 베트남 1, 2공장에서 생산된 제품들을 나열한 것이다.

36. '정보화 사회에서 할 수 있는 일'의 내용에 대한 청중의 효과적인 이해를 돕기 위해 파워포인트로 일러스트레이션을 작성하였다. 다음과 같이 [세그먼트 주기형] 일러스트레이션을 슬라이드에 입력했을 때 사용한 기능과 그 실행 순서로 옳은 것은?

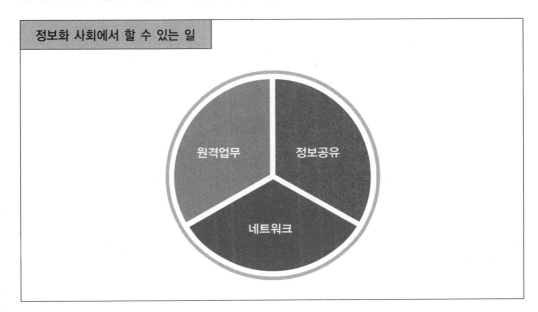

① [삽입]−[차트]를 클릭하고 [세그먼트 주기형] 차트를 찾아 클릭한다.

② [삽입]−[도형]을 클릭하고 [세그먼트 주기형] 도형을 찾아 클릭한다.

③ [삽입]−[SmartArt]를 클릭하고 SmartArt 그래픽 선택 대화상자에서 [목록형]을 클릭한다.

④ [삽입]−[SmartArt]를 클릭하고 SmartArt 그래픽 선택 대화상자에서 [주기형]을 클릭한다.

⑤ [삽입]−[SmartArt]를 클릭하고 SmartArt 그래픽 선택 대화상자에서 [행렬형]을 클릭한다.

37. 다음은 ○○공사의 A 사원이 업무를 처리하는 과정에서 발생한 문제점이다. 다음과 같은 문제점이 발생하였을 때 해결 방법으로 옳은 것을 〈보기〉에서 모두 고르면?

A 사원이 물품 판매 현황을 정리하고 고객의 수요를 분석하기 위해 스프레드시트, 파워포인트, 데이터베이스 프로그램 등을 동시에 실행하여 사용하였다. 분석한 데이터를 정리하여 보고서를 작성하기 위해 워드프로세서 프로그램을 추가로 실행하고자 하였으나 갑자기 속도가 느려지고 실행이 되지 않았다.

보기

ㄱ. 당장 필요하지 않은 프로그램은 실행을 종료한다.
ㄴ. 용량이 큰 파일은 하드 디스크에서 삭제한다.
ㄷ. 하드 디스크의 용량을 최대한 늘린다.
ㄹ. 가상 메모리를 사용하도록 설정한다.
ㅁ. 컴퓨터를 재부팅하여 보고서 작성에 필요한 프로그램만 실행한다.

① ㄱ, ㄴ, ㄷ　　　　　② ㄱ, ㄷ, ㄹ　　　　　③ ㄱ, ㄹ, ㅁ
④ ㄴ, ㄷ, ㄹ　　　　　⑤ ㄴ, ㄷ, ㅁ

38. 윈도우 파일 탐색기를 실행하여 [폴더 및 검색 옵션 변경] 메뉴에서 다음과 같은 창을 연 후, 박스(box) 안과 같이 표시하여 '지우기' 버튼을 누르고자 한다. 이와 같은 작업을 통하여 바꾸고자 하는 윈도우 환경에 대한 설명으로 적절한 것은?

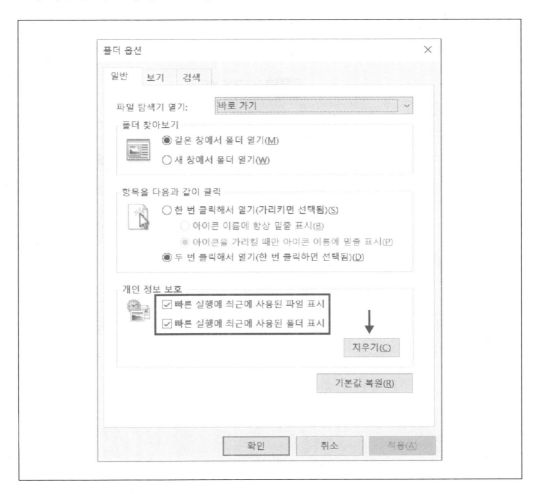

① 컴퓨터 보안 장치를 업그레이드하고자 한다.

② 빠른 실행에 나타날 파일과 폴더의 공간을 확장하고자 한다.

③ 검색 기록을 삭제하여 탐색 시간을 단축하고자 한다.

④ 최근에 사용된 파일과 폴더를 별도의 공간에 나타내고자 한다.

⑤ 폴더에서 시스템 파일을 검색할 때 색인을 사용하지 않고자 한다.

39. 워드프로세서(한글)로 다음과 같이 '물품공급 구매계약서'를 작성하고, [편집]−[찾기] 기능을 이용하여 '물품'과 '공급' 두 단어가 포함된 부분을 찾아보려고 한다. 두 단어를 같이 찾으려고 할 때, [찾기] 대화상자의 A 영역에 입력해야 할 내용으로 옳은 것은?

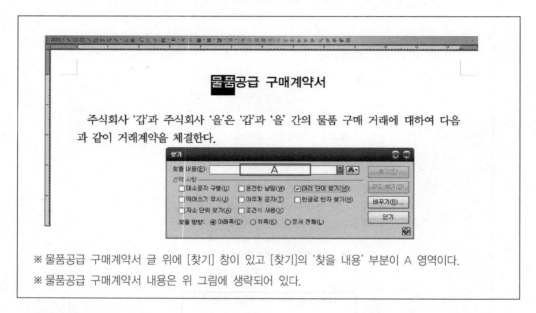

※ 물품공급 구매계약서 글 위에 [찾기] 창이 있고 [찾기]의 '찾을 내용' 부분이 A 영역이다.

※ 물품공급 구매계약서 내용은 위 그림에 생략되어 있다.

① 물품&공급   ② 물품;공급   ③ 물품|공급

④ 물품/공급   ⑤ 물품^공급

40. 다음은 사업자등록번호의 구성 체계에 대한 설명이다. 이를 참고할 때 사업자등록번호가 올바르지 않은 것은? (단, 검증번호는 모두 '★'로 표기한다)

사업자등록번호는 세 자리의 청·서 코드와 두 자리의 개인·법인 구분 코드, 네 자리의 일련번호, 그리고 마지막 검증번호로 구성된다. 검증번호를 제외한 코드의 생성 체계는 다음과 같다.

〈청·서 코드〉

지역	종로	남대문	마포	용산	영등포	동작	강서	서대문
코드	101	104	105	106	107	108	109	110

지역	구로	반포	양천	금천	동대문	성동	성북	도봉
코드	113	114	117	119	204	206	209	210

〈개인·법인 구분 코드〉

• 개인사업자

개인과세사업자	개인면세사업자	비법인 종교단체	기타(아파트관리사무소 등)
01 ~ 79	90 ~ 99	89	80

• 법인사업자

영리법인의 본점	비영리법인의 본점 및 지점	국가, 지방자치단체	외국법인의 본점, 지점	영리법인의 지점
81, 86, 87	82	83	84	85

〈일련번호〉

개인사업자와 법인사업자의 세부 요소별로 등록 또는 지정일자 순에 따라 사용 가능한 번호를 0001 ~ 9999로 부여한다. 다만, 비영리법인의 본점 및 지점은 등록 또는 지정일자 순으로 0001 ~ 5999로 부여한다.

① 양천구 소재 개인과세사업자인 조○○ : 117 - 33 - 0030★
② 영등포 소재 비법인 종교단체인 ○○사랑 : 107 - 89 - 2207★
③ 성북구 소재 영리법인의 지점인 ○○○기업 : 209 - 85 - 3074★
④ 동대문 소재 민간 봉사활동 법인의 지점인 ○○협회 : 204 - 82 - 7201★
⑤ 반포 소재 독일 영리법인의 지점인 ○○자동차 : 114 - 84 - 6201★

41. 연산 ◆를 다음과 같이 정의할 때, [{(1◆7)◆8}◆9]×2+5의 값으로 적절한 것은?

$a◆b = (a$를 b로 나눈 나머지)

① 5　　　　　　② 6　　　　　　③ 7
④ 8　　　　　　⑤ 9

42. ○○공사 이 대리는 사무실에서 사용할 볼펜 31개를 구매하기 위해 판매처를 알아보았다. 판매처별 가격 정보가 다음과 같을 때, 이 대리가 볼펜 구매에 지불할 최소 금액은 얼마인가?

구분	볼펜 개당 가격	택배비
판매처 A	1,560원	4,300원
판매처 B	1,550원	4,500원
판매처 C	1,540원	5,000원

① 52,480원　　　② 52,550원　　　③ 52,660원
④ 52,740원　　　⑤ 52,810원

43. 다음은 20XX년 월별 · 도시별 미세먼지(PM2.5) 대기오염도에 관한 자료이다. 이에 대한 설명으로 옳은 것은?

〈미세먼지(PM2.5) 대기오염도〉

(단위 : $\mu g/m^3$)

구분	1월	2월	3월	4월	5월
서울	29	28	25	21	19
인천	27	23	21	16	15
부산	21	22	16	17	17
대구	26	26	20	18	20
광주	27	21	18	17	18

① 조사기간 동안 미세먼지(PM2.5) 대기오염도는 항상 부산이 가장 낮았다.

② 조사기간 동안 미세먼지(PM2.5) 대기오염도는 항상 서울이 가장 높았다.

③ 조사기간 중 미세먼지(PM2.5) 대기오염도는 평균적으로 1월에 가장 높았다.

④ 조사기간 동안 5개 지역의 미세먼지(PM2.5) 대기오염도는 지속적으로 감소했다.

⑤ 조사기간 중 가장 낮은 미세먼지(PM2.5) 대기오염도를 기록한 지역은 광주다.

44. 시침과 분침으로 이루어진 아날로그 시계가 있다. 12시 정각에 시침과 분침이 일치한 것을 확인한 후 일정 시간이 지나고 다시 확인해보니 시침과 분침의 각도가 231°를 이루고 있었다면, 그때의 시각은?

① 12시 39분   ② 12시 42분   ③ 12시 45분

④ 12시 48분   ⑤ 12시 51분

45. 다음은 엔진 종류별 행정 체적과 연소실 체적에 관한 자료이다. 〈공식〉을 참고할 때, 압축비가 가장 큰 엔진과 가장 작은 엔진을 순서대로 골라 나열한 것은? (단, 소수점 아래 둘째 자리에서 반올림한다)

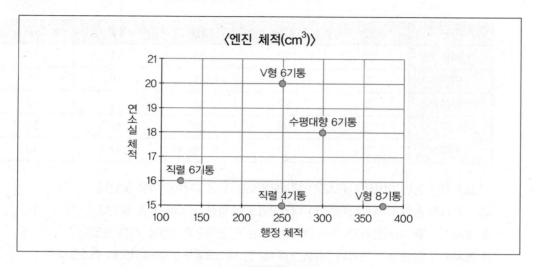

〈엔진 체적(cm³)〉

공식

$$압축비 = \frac{행정\ 체적 + 연소실\ 체적}{연소실\ 체적}$$

---

① V형 8기통, 직렬 6기통
② V형 8기통, V형 6기통
③ V형 8기통, 수평대향 6기통
④ 직렬 4기통, V형 6기통
⑤ 직렬 4기통, 수평대향 6기통

46. 다음은 ○○공사의 개방형 직위 충원 현황에 대한 자료이다. 자료에 대한 설명으로 옳은 것은?
(단, 소수점 아래 둘째 자리에서 반올림한다)

〈표 1〉 연도별 개방형 직위 충원 현황

(단위 : 명)

구분	개방형 직위 총수	충원 직위 수			
		내부 임용	외부 임용		합계
			민간인	타 부처	
20X3년	130	54	11	0	65
20X4년	131	96	14	5	115
20X5년	139	95	18	5	118
20X6년	142	87	33	4	124
20X7년	154	75	53	8	136
20X8년	156	79	60	7	146
20X9년	165	81	54	8	143

〈표 2〉 A 부처와 B 부처의 개방형 직위 충원 현황

(단위 : 명)

구분	충원 직위 수	내부 임용	외부 임용	
			민간인	타 부처
A 부처	201	117	72	12
B 부처	182	153	22	7

① 20X4년 이후 미충원 직위 수는 매년 감소하였다.
② 개방형 직위 총수 중 충원 직위 수가 차지하는 비율이 가장 높았던 해는 20X8년이다.
③ 연도별 충원 직위 수 중 내부 임용이 차지하는 비율은 항상 60% 이상이었다.
④ B 부처의 내부 임용 비율이 A 부처의 내부 임용 비율보다 30%p 이상 높다.
⑤ 개방형 직위 총수는 20X6년 이후로 감소하고 있다.

47. 다음 자료에 대한 올바른 설명을 〈보기〉에서 모두 고른 것은?

〈20X9년 에너지원별 소비 비중 : 농림업〉

구분	에너지소비(천 toe)		에너지원별 비중(%)				
		비중(%)	연탄	석유	도시가스	전력	합계
농가	2,174.1	93.2	3.7	47.2	–	49.1	100.0
농림사업체	158.9	6.8	0.4	26.3	1.6	71.7	100.0
합계	2,333.0	100.0	3.5	45.8	0.1	50.6	100.0

〈20X9년 에너지원별 소비 비중 : 어업〉

구분	에너지소비(천 toe)		에너지원별 비중(%)				
		비중(%)	연탄	석유	도시가스	전력	합계
어가	827.7	83.8	–	96.3	–	3.7	100.0
어업사업체	159.5	16.2	–	68.7	–	31.3	100.0
합계	987.2	100.0	–	91.8	–	8.2	100.0

보기

(가) 농가의 석유 소비량은 어가의 석유 소비량보다 적다.
(나) 농림사업체의 전력 소비량은 어업사업체의 석유 소비량보다 많다.
(다) 어가와 어업사업체의 석유 소비량 합은 농가의 전력 소비량보다 많다.
(라) 어업사업체의 석유 소비량은 어업 전체 에너지소비량의 10% 이상이다.

① (가), (나) 　　② (가), (다) 　　③ (나), (다)
④ (나), (라) 　　⑤ (다), (라)

48. ○○회사는 지난 체육대회에서 변형된 점수 부여 방식으로 야구 경기를 진행하였다. 다음 자료를 참고할 때 안타를 더 많이 친 팀(A)과 그 팀의 홈런 개수(B)는?

〈변형된 점수 부여 방식〉

- 3아웃으로 공수가 교대되며, 5회까지 경기를 한다(단, 루상에서의 아웃은 없다고 가정한다).
- 1번 타자부터 9번 타자까지 있고 교체 인원은 없으며, 1 ~ 9번이 타석에 한 번씩 선 후 1번부터 다시 타석에 선다.
- 홈런의 경우 점수 5점을, 안타(홈런을 제외한 단타, 2루타, 3루타)의 경우 2점을, 아웃의 경우 −1점을 부여한다.

구분	1회	2회	3회	4회	5회
청팀	5점	7점	5점	4점	2점
홍팀	3점	6점	8점	7점	4점

구분	청팀		홍팀	
	이름	타수	이름	타수
1번	조**	4	이**	4
2번	정**	4	장**	4
3번	양**	4	김**	3
4번	이**	4	장**	3
5번	박**	3	정**	3
6번	한**	3	윤**	3
7번	안**	3	전**	3
8번	변**	3	김**	3
9번	안**	3	이**	3

	A	B		A	B
①	청팀	2개	②	청팀	5개
③	홍팀	2개	④	홍팀	5개
⑤	홍팀	7개			

49. 다음은 20XX년의 남성의 육아휴직에 관한 자료이다. 이에 대한 설명으로 틀린 것은?

〈육아휴직 사용자 중 남성의 비중〉

(단위 : %)

국가	남성의 비중	국가	남성의 비중
아이슬란드	45.6	캐나다	13.6
스웨덴	45.0	이탈리아	11.8
노르웨이	40.8	한국	4.5
포르투갈	43.3	오스트리아	4.3
독일	24.9	프랑스	3.5
덴마크	24.1	일본	2.3
핀란드	18.7	벨기에	25.7

〈아빠전속 육아휴직 기간과 소득대체율〉

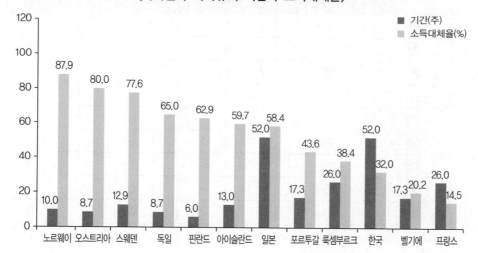

※ 아빠전속 육아휴직 기간 : 육아휴직기간 중 할당 또는 그밖의 방법으로 아빠에게 주어지며 엄마에게 양도하거나 공유할 수 없는 기간을 말함.

① 육아휴직 사용자 중 남성의 비중이 가장 큰 국가와 가장 작은 국가의 차이는 43.3%p이다.

② 육아휴직 사용자 중 남성의 비중이 높다고 해서 아빠전속 육아휴직 기간이 긴 것은 아니다.

③ 아빠전속 육아휴직 기간이 길수록 소득대체율이 높다.

④ 아빠전속 육아휴직 기간은 일본이 포르투갈보다 3배 이상 길다.

⑤ 아빠전속 육아휴직 기간이 가장 긴 국가와 가장 짧은 국가의 차이는 46주이다.

50. ○○기업에 근무하는 김 차장이 다음 통계를 근거로 장기 기업 경영 계획에 대한 보고서를 작성할 때, 통계 자료와 관련하여 보고서에 작성할 수 있는 내용으로 가장 적절하지 않은 것은?

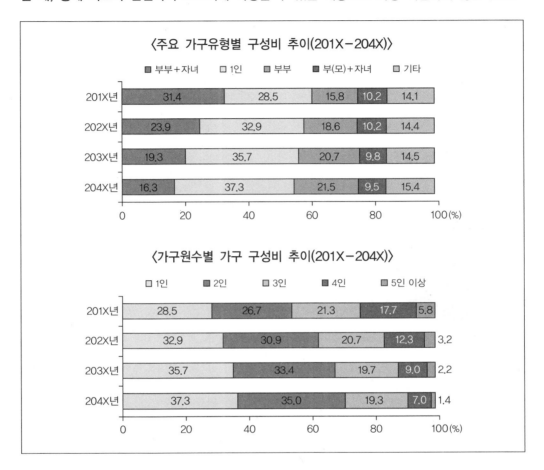

① 3인 가구의 가구 구성비는 다른 유형에 비해 줄어드는 폭이 완만한 편이다.

② 출산율이 낮아지고 고령화가 급속도로 진행되면서 1인 가구는 빠르게 증가할 것이다.

③ 201X년에 이미 1인 가구의 가구 수는 부부와 자녀로 이루어진 가구 수를 넘어섰다.

④ 통계 자료에 노령인구가 제외되어 있다고 가정할 때, 자식을 낳지 않는 부부들의 비중이 증가할 것이다.

⑤ 장기적으로는 1 ~ 2인으로 구성된 소형 가구 중심의 경영 전략을 설정할 것이 요구된다.

고시넷 공기업 고졸채용 **NCS**

유형별 비중

기술이론 16%
의사소통 20%
수리능력 16%
사고력 24%
자원관리 24%

유형분석

의사소통능력은 의사소통의 특징과 경청의 요령 등 의사소통에 관한 이론과 함께 지문의 내용을 이해하고 그 관점을 비판하는 문제 등으로 구성된다. 수리능력은 제시된 상황에서 방정식을 도출하는 연산문제와 표의 수치를 분석하고 계산하는 문제로 구성된다. 문제해결능력은 조건추론 문제들과 함께 문제해결에 필요한 다양한 사고와 그 오류, SWOT 분석 등의 문제로 구성된다. 자원관리능력은 효과적인 자원관리의 과정과 방법에 관한 이론과 스케줄 관리에 관한 사례형 문제로 구성된다. 기술능력은 기술의 종류와 기술능력의 향상방법, 산업재해에 관한 문제 등으로 구성된다.

공기업 고졸채용

5회 기출예상모의고사

영역	총 문항 수
의사소통능력	
수리능력	
문제해결능력	50문항
자원관리능력	
기술능력	

NCS란? 산업 현장에서 직무를 수행하기 위해 요구되는 각종 지식, 기술, 태도 등의 내용을 국가가 체계화한 것을 의미한다.

01. 다음 ○○발전 운영시스템을 바탕으로 이해한 내용으로 적절한 것을 〈보기〉에서 모두 고르면?

1. 시스템 개요

　○○발전에서 계약 건별 데이터 입력 및 제출 분석 업로드/확인, 품질검사 승인 요청 건에 대하여 검토/승인, 승인 완료된 품질검사 건에 대한 공장검사 요청/승인 구축과 SMTP서버 및 SMS서버 연계를 구축함으로써 문서접수 창구 일원화로 협력업체와 발주부서의 업무에 기여하는 시스템

2. 시스템 구성

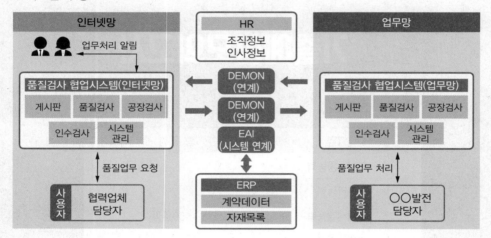

3. 단위시스템별 주요 기능

■ 품질문서 제출
　• ERP 계약데이터를 연계하여 계약업체 확인
　• 사업자 등록번호 관리를 통한 계약업체 및 담당자 관리
　• 계약체결 후 구매·공사건에 대한 품질검사 요청 서류 업로드
　• 품질검사 요청 건에 대하여 진행상황 확인 및 승인완료 여부 확인

■ 품질검사 검토/승인
　• 감독자에게 상신된 품질검사 검토 및 승인 요청 확인/승인 기능
　• R 등급의 자재일 경우 품질부서 확인 요청 기능

보기

ㄱ. 품질검사 협업시스템 구축에 대한 사용자 안내서이다.

ㄴ. 모든 제품은 품질 담당부서의 품질에 대한 검토나 승인을 받는다.

ㄷ. 협력업체 담당자는 인터넷망을 통하여 품질업무를 요청할 수 있다.

ㄹ. ○○발전과 거래하고자 하는 업체는 우선 수의계약으로 담당자에게 승인을 받아야 한다.

---

① ㄱ, ㄴ   ② ㄱ, ㄷ   ③ ㄴ, ㄷ

④ ㄴ, ㄹ   ⑤ ㄷ, ㄹ

02. 다음 중 도움이 되는 조언을 하기 위해 알아 두어야 할 사항이 아닌 것은?

① 가장 좋은 조언은 상대가 원하는 것을 스스로 찾을 수 있도록 도움을 줄 수 있는 조언이다.

② 상대가 원치 않을 때 조언하려는 행동은 상대에게 잔소리나 참견이 될 수 있다.

③ 상대에게 도움이 되고 싶다는 생각에 과거의 일까지 언급하는 것은 적절한 태도가 아니다.

④ 상대에게 도움이 되는 조언을 하고 싶다면 자신의 입장에서 상대의 이야기를 귀담아 들어야 한다.

⑤ 상대를 위해 조언해 주는 것은 좋지만 상대의 말을 제대로 다 듣지 않고 자신의 생각을 말하는 것은 상대의 기분을 상하게 할 수 있어 주의가 필요하다.

03. 다음 ㉠, ㉡에 들어갈 문서의 종류를 바르게 연결한 것은?

㉠	㉡
○ 리모컨의 올바른 사용법 아래의 리모컨 사용상의 주의사항을 읽고 올바르게 사용해 주시기 바랍니다. • 리모컨에 충격을 주지 마십시오. 습기가 많은 곳에 보관하지 마십시오. • 리모컨과 본체의 신호부 사이에 장애물이 있으면 오작동을 일으킬 수 있습니다. • 배터리가 소모되면 조작할 수 있는 거리가 점차 짧아지므로 신속히 새 배터리로 교환해 주십시오. • 형광등이 가까이 있는 경우에는 리모컨이 오작동을 일으킬 수 있습니다.	제1조 이는 A 회사(이하 "회사"라 한다)의 조직관리 및 사무분장을 대상으로 한다. 제2조 회사의 직제에 관하여 A 회사 설립 및 운영에 관한 조례 및 정관에 정하지 아니한 사항은 이 조문에 의한다. 제3조 ① 각 부서의 장은 소관 부서의 기구, 업무의 분장 및 직무 권한의 행사와 인력을 효율적으로 관리할 책임이 있다. ② 조직의 주관부서장은 제1항의 관리에 대하여 수시로 지도·감독하여야 하며 회사 전체의 조직·기구와 관련 체계의 개선에 관한 업무를 총괄한다.

	㉠	㉡		㉠	㉡
①	설명서	공고문	②	설명서	규정집
③	규정집	설명서	④	규정집	기안문
⑤	기획서	규정집			

04. 다음 중 경청을 방해하는 요인이 아닌 것은?

① 상대방의 말을 듣기는 하지만 상대방의 메시지를 온전하게 듣지 않는 것

② 상대방에 대한 부정적인 판단 때문에 상대방의 말을 제대로 듣지 않는 것

③ 상대방에게 관심을 기울이는 것을 힘들어하고 상대방이 말을 할 때 자꾸 다른 생각을 하는 것

④ 상대방이 말하는 의미 전체를 이해하기 위해 상대의 몸짓이나 표정에 관심을 기울이는 것

⑤ 상대방이 말할 때 자신이 다음에 할 말을 생각하느라 상대방의 말을 잘 듣지 않는 것

[05 ~ 06] 다음 글을 읽고 이어지는 질문에 답하시오.

> (가) 인간에게서 육체적인 부분이나 육체를 이용한 행동들을 다 배제하고 나면 인간이라는 존재는 도대체 무엇일까? 프랑스의 철학자 데카르트는 "생각이야말로 나에게 속하는 것임을 발견한다."라고 결론 내린다. 이것만은 자신에게서 떼어 낼 수 없다. 감각이나 자연적 요소, 즉 육체적 요소는 떼어 낼 수 있지만 생각과 같은 정신적인 요소는 떼어 낼 수 없다. 이 생각만은 '존재한다'고 할 수 있고, '확실하다'고 할 수 있다. 인간이라는 존재는 오직 '하나의 생각', '하나의 정신', '하나의 이성'일 뿐임을 데카르트는 명확하게 규정한다. 인간의 정신과 이성만이 인간의 고유한 특성일 수 있다는 이야기다. 그가 말한 유명한 "(A)"가 그의 주장이 가장 잘 드러나 있는 예이다.
>
> (나) 인간을 정신과 육체로 분리하는 사고는 더 나아가 인간과 자연을 분리하는 사고로 연결된다. 육체의 세계, 자연의 세계는 일종의 기계적 세계로, 이는 인간의 정신으로 하는 수학적 탐구에 종속된다. 정신을 특징으로 하는 인간은 주체가 되는데 비해 자연은 객체, 관찰과 이용의 대상이 되어 버린다. 정신과 육체, 인간과 자연을 분리한다는 의미에서 이러한 사고방식을 기계적 이원론이라고 부르기도 한다.

05. (가) 문단의 빈칸 A에 들어갈 내용으로 적절한 것은?

① 의식은 반드시 경험을 전제하지만, 경험은 의식을 전제로 하지 않는다.

② 아는 것이 힘이다.

③ 나는 내가 모른다는 사실을 안다.

④ 나는 생각한다. 고로 존재한다.

⑤ 이 세상에서 영원히 변하지 않는 것은 변한다는 사실뿐이다.

06. (나) 문단을 환경보호단체에서 비판한다고 했을 때, 적절한 문구는?

① 자연은 사람을 기다려 주지 않습니다. 더 손쓸 수 없게 되기 전에 자연을 보호합시다.

② 자연은 잠시 후손에게 빌려 쓰는 것일 뿐, 우리만의 소유물이 아닙니다.

③ 환경을 아끼는 마음이 자연보호 문제를 해결하는 데 무엇보다 중요합니다.

④ 선진화된 기술로 환경문제를 해결할 수 있습니다. 위대한 인간의 지성을 믿읍시다.

⑤ 자연과 인간은 따로 살 수 없습니다. 자연은 인간이 이용해야 할 대상이 아닙니다.

[07 ~ 08] ○○기업 마케팅팀에서는 경쟁회사와의 협상전략 수립을 위해 다음 글을 참고하였다. 이어지는 질문에 답하시오.

상호성의 법칙은 다른 사람이 우리에게 호의를 베푼 대로 우리도 그에게 되갚아야 한다는 것이다. 같은 개념으로 호의는 아니지만 상대방이 양보하면 우리도 양보해야 한다는 부담감을 이용하여 일 보 후퇴, 이 보 전진 전략이 가능하다. 일 보 후퇴, 이 보 전진 전략은 사람들로 하여금 요청에 쉽게 응하게 만들 뿐만 아니라 자신들의 구두 약속을 보다 ⊙충실히 이행하게 하고 한 걸음 더 나아가서 미래의 요청에도 ⓒ기꺼히 응하게 한다.

ⓒ도데체 이 전략의 어떤 면이 사람들로 하여금 그 전략에 한 번 빠지면 헤어나지 못하게 만든단 말인가? 그 이유를 찾기 위해 우리는 이 전략의 핵심인 요청자의 양보 행위를 세심히 관찰할 필요가 있다. 상대방이 양보하면 그것이 계산된 행동이라는 인상을 주지 않는 한 나도 양보해야 한다는 의무감을 불러일으킨다는 사실은 상호성의 법칙을 통해 이미 설명했다.

그러나 상대방이 양보하면 그로 인해 두 가지의 긍정적 부산물이 발생한다는 사실은 아직 정확하게 설명되지 않았다. 일 보 후퇴, 이 보 전진 전략의 마력에 대한 두 가지 긍정적 부산물이란 '자신의 결정에 대한 책임감'과 '합의된 사항에 대한 만족감'이다.

(중략)

일 보 후퇴, 이 보 전진 전략은 상대방에게 ⓔ승락을 받아내는 ⓜ확율을 높일 뿐 아니라 그들에게 합의된 최종결과에 대해서 더 책임감을 느끼게 할 수도 있다. 부탁이나 요구를 받는 쪽에서는 상대방을 성공적으로 설득하여 무리한 요구를 포기하게끔 만들었다고 생각하기 때문이다. 일 보 후퇴, 일 보 전진 전략으로 설득을 당한 사람들이 약속을 성실하게 이행하는 것도 이런 이유이다. 그 계약의 책임이 자신에게 있다고 느끼는 사람은 계약을 수행할 가능성이 더 높다.

07. 윗글의 밑줄 친 ⊙ ~ ⓜ 중 표기가 올바른 것은?

① ⊙   ② ⓒ   ③ ⓒ

④ ⓔ   ⑤ ⓜ

08. 윗글의 내용을 참고하여 제시한 협상전략으로 적절하지 않은 것은?

① A 사원 : 양보의 크기와 대상을 점점 줄여 나가며 양보가 더 이상 쉽지 않다는 것을 자연스럽게 상대 회사에게 알려야 해.

② B 사원 : 일 보 후퇴, 이 보 전진 전략을 통해 합의된 사항에 대한 만족감과 동시에 다음 요청에 대한 긍정적 결과를 이끌어 내야 해.

③ C 사원 : 거래처와의 계약 협상에서 단가를 양보하는 대신 수량이나 기간을 늘려 받고, 다음번 에는 다시 할 수 없는 어려운 결정이라는 점을 인식시켜야 해.

④ D 사원 : 상대방으로부터 한 발 물러나 양보하는 모습을 보이면서 양보의 대가로 더 많은 것을 얻겠다는 의사를 강하게 표현해야 해.

⑤ E 사원 : 고민의 시간을 길게 가지며 '쉽지 않은 결정'이라는 메시지와 함께 힘들게 얻어 낸 양보 라는 느낌을 주어 상대방에게 책임감과 성취감을 주는 게 필요해.

09. 의사소통에는 공식조직 내에서 이뤄지는 공식적 의사소통과 계층이나 직책을 떠나 친분과 신뢰를 바탕으로 진행되는 비공식적 의사소통이 있다. 〈보기〉에서 공식적 의사소통의 특징을 모두 고른 것은?

보기

㉠ 개인적 욕구를 충족할 수 있으나, 자칫 잘못하면 개인 목적에 역이용될 수도 있음.

㉡ 의사 전달의 융통성이 부족하고, 배후 사정을 소상히 전달하기 곤란함.

㉢ 정보의 사전 입수로 의사 결정이 용이하고 정보나 근거의 보존이 용이함.

㉣ 전달자와 피전달자가 분명하고 책임 소재가 명확하며 의사 전달이 확실하고 편리함.

㉤ 신속한 전달이 가능하며 외적으로 나타나지 않는 배후 사정을 자세히 전달함.

㉥ 변동하는 사태에 신속히 적응하기가 어렵고 기밀 유지가 곤란함.

㉦ 책임 소재가 불분명하고 수직적 계층하에서 상관의 권위가 손상될 수 있으며 조정, 통제가 곤란함.

㉧ 관리자에 대한 조언의 역할이 가능하고 의견 교환의 융통성이 높아 일반적인 의견 전달을 보완할 수 있음.

① ㉠, ㉡, ㉢, ㉣

② ㉠, ㉢, ㉥, ㉧

③ ㉡, ㉢, ㉣, ㉥

④ ㉡, ㉤, ㉥, ㉦

⑤ ㉢, ㉤, ㉥, ㉧

[10 ~ 11] 다음은 N 전자 전략팀에 근무하는 한고은 사원이 작성한 회의 자료 일부이다. 이어지는 질문에 답하시오.

---

1. 회의 목적

  가. 수리 서비스 고객 불만 증가로 고객 수 감소가 우려됨.

  나. 대책의 토대를 마련하기 위해 수리직 업무 현황을 분석하고자 함.

2. 현재 실태

  가. 수리 건수의 증가

    − 전년 대비 수리 기사 1인당 약 10건 증가(월평균)

(단위 : 건)

연도	20X1	20X2	20X3
수리 건수(월평균)	3,492	3,641	4,065
수리 건수(1인당 평균)	85.2	95.8	107.0

  나. 서비스 평가 점수의 감소

    − 전년 대비 약 4점씩 평균 점수 감소(월평균)

(단위 : 점)

연도	20X1	20X2	20X3
서비스 총점	94.3	89.9	85.6

3. 주요 원인

  가. 인력이 감소하고, 건당 소요 시간이 증가함.

    − 수리 업무직 전체 인력 감소(41명 → 38명)

    − 수리 곤란 제품이 늘어나 건당 소요 시간 증가(20X2년 40분 → 20X3년 50분)

  나. 처리 절차가 비효율적임.

    − 처리시간 제한제도에 따른 수리 기사들의 시간 압박

    − 수리 요청이 같은 지역에서 발생하여도 배당된 것만 처리

4. 의견

  가. _____(가)_____

  나. _____(나)_____

  다. _____(다)_____

  라. _____(라)_____

10. 위 회의 자료의 제목으로 적절한 것은?

　　① N 전자 불만 고객 대응 계획
　　② N 전자 서비스 점수 향상 방안
　　③ N 전자 수리 업무 실태 보고
　　④ N 전자 처리 절차 개선 상황
　　⑤ N 전자 수리직 업무 효율 개선 방안

11. 위 회의 자료의 (가) ~ (라)에 들어갈 수 있는 내용으로 적절하지 않은 것은?

　　① 출장 시스템 개선 방안이 시급함.
　　② 수리를 고려한 제품 생산 방안이 필요함.
　　③ 필요 인력 산정 및 업무 적정화 방안을 마련해야 함.
　　④ 수리 기사의 피로도 증가로 업무 품질 저하가 우려됨.
　　⑤ 수리 기사의 고객 응대 기술에 대한 교육이 시급함.

12. ○○공사 김 대리는 10만 원으로 개당 가격이 각각 4,500원인 A 제품과 3,500원인 B 제품을 구매하려고 한다. A 제품을 B 제품보다 8개 적게 구매하고자 할 때, 김 대리가 구매할 수 있는 A 제품은 최대 몇 개인가?

① 6개   ② 7개   ③ 8개

④ 9개   ⑤ 10개

13. ○○페인트 공장에서 다음과 같이 여러 가지 색의 페인트를 제조할 때, 주황색 페인트 15L, 보라색 페인트 10L, 초록색 페인트 25L를 만드는 데 드는 페인트 원료의 총 비용은 얼마인가? (단, 제시된 조합으로만 새로운 페인트 색을 만든다고 전제한다)

- 빨간색 페인트 2L와 노란색 페인트 1L를 섞으면 주황색 페인트 3L가 만들어진다.
- 파란색 페인트 1L와 빨간색 페인트 1L를 섞으면 보라색 페인트 2L가 만들어진다.
- 파란색 페인트 2L와 노란색 페인트 3L를 섞으면 초록색 페인트 5L가 만들어진다.

페인트 색	비용(원/L)
빨간색	5,000
노란색	3,000
파란색	4,500

① 202,500원   ② 217,500원   ③ 220,000원

④ 222,500원   ⑤ 225,000원

14. 다음 글을 기준으로 봤을 때, G 국가의 초고령사회가 시작되는 해는 언제인가?

> 총 인구 중 65세 이상 인구의 비율을 나타내는 고령화율이 7% 이상일 때 고령화 사회, 14% 이상일 때 고령사회, 20% 이상일 때 초고령사회라 한다.
>
> G 국가는 출생률 감소, 평균 수명 연장 등의 이유로 2021년부터 매년 고령화율이 급격하게 증가하고 있다.
>
> 다음 표는 G 국가의 연도별 고령화율을 나타낸 것이다.
>
> | 2021년 | 2022년 | 2023년 | 2024년 | 2025년 | 2026년 |
> |--------|--------|--------|--------|--------|--------|
> | 12% | 12.7% | 13.4% | 14.1% | 14.8% | 15.5% |
>
> 많은 전문가들은 G 국가의 고령화율은 2040년까지 매년 0.8%p씩 증가할 것으로 전망하고 있다.

① 2032년 ② 2033년 ③ 2034년
④ 2035년 ⑤ 2036년

15. S 기업의 판매사원 장 씨는 Y 기업의 구인광고를 보고 이직을 고민하고 있다. Y 기업으로 이직하는 것이 장 씨에게 더 유리한 조건이 되려면 장 씨의 월 판매액이 얼마를 초과해야 하는가? (단, S 기업과 Y 기업에서의 월 판매액은 같고, 급여 외에 다른 조건들은 동일하다)

S 기업의 판매사원 급여	Y 기업의 판매사원 급여
매달 160만 원의 기본급 + 월 판매액의 9%의 수당 지급	매달 140만 원의 기본급 + 월 판매액의 14%의 수당 지급

① 350만 원 ② 370만 원 ③ 400만 원
④ 450만 원 ⑤ 470만 원

16. Q 씨는 가로의 길이가 6m, 높이가 2.5m인 벽에 타일을 붙이기 위해 제품을 살펴보고 있다. 타일을 모두 사용하여 벽에 빈 공간이 없게 하면서도 되도록 적은 수의 타일을 구입하고자 할 때, Q 씨가 구입할 제품으로 적절한 것은? (단, 타일에는 무늬가 있어 가로와 세로를 바꿀 수 없으며 타일을 쪼갤 수도 없다)

구분	가로	세로
A 제품	30cm	25cm
B 제품	40cm	40cm
C 제품	50cm	50cm
D 제품	55cm	55cm
E 제품	45cm	60cm

① A 제품 ② B 제품 ③ C 제품
④ D 제품 ⑤ E 제품

17. 다음은 어느 연구소의 채용 직무분야별 지원 현황이다. 경쟁률이 가장 낮은 분야는?

직무분야	채용인원(명)	지원인원(명)
기계	4	130
토목	5	207
건축	5	159
화공	7	232
전산	9	292
전기	12	380

① 기계 ② 건축 ③ 화공
④ 전산 ⑤ 전기

18. 다음은 A 시의 에너지 사용량을 가구원 수에 따라 정리한 자료이다. 이에 대한 설명으로 옳지 않은 것은?

구분 \ 가구원 수	1인	2인	3인	4인	5인 이상
전기(Mcal)	6,117	7,138	7,280	7,839	8,175
가스(Mcal)	3,797	4,126	4,270	4,651	5,629
수도(m^3)	95	118	144	172	219
지역난방(Mcal)	515	617	1,070	1,461	1,523
탄소배출량(kg-CO_2)	1,943	2,131	2,213	2,370	2,669

① 5인 이상 가구의 가스 사용량은 1인 가구의 가스 사용량의 약 1.5배인 것으로 나타났다.

② 5인 이상 가구의 전기 사용량은 1인 가구의 전기 사용량의 약 1.3배인 것으로 나타났다.

③ 가구원 1인당 평균 전기 사용량과 탄소배출량은 모두 1인 가구가 5인 이상 가구의 3배 이상인 것으로 나타났다.

④ 5인 이상 가구의 수도와 지역난방 사용량은 각각 1인 가구의 약 2.3배, 약 3.0배인 것으로 나타났다.

⑤ 가구원 수가 증가할수록 1인당 평균 에너지 사용량은 증가하며, 1인 가구의 증가는 전체 에너지 사용량 감소로 이어질 것이다.

[19 ~ 21] ○○공사는 직원들을 위해 원두커피 기계를 구입 혹은 렌탈하려고 한다. 다음 자료를 참고하여 이어지는 질문에 답하시오(단, ○○공사에서 한 달에 소모하는 원두는 3kg이다).

구분	구입	A 렌탈업체	B 렌탈업체
기계값	800,000원	70,000원/월	90,000원/월
원두값	13,000원/kg	5,000원/kg	무료 제공

19. 원두커피 기계를 6개월 동안 사용하는 데 필요한 비용에 대한 설명으로 옳은 것은?

① 기계를 구입한다면 비용은 839,000원이다.
② A 렌탈업체를 이용한다면 비용은 510,000원이다.
③ B 렌탈업체를 이용한다면 비용은 560,000원이다.
④ B 렌탈업체를 이용하는 것이 기계를 구입하는 것보다 비싸다.
⑤ A 렌탈업체를 이용하는 것이 B 렌탈업체를 이용하는 것보다 50,000원 더 저렴하다.

20. 위 자료를 분석한 내용 중 옳지 않은 것은?

① 1개월 동안 사용한다면 A 렌탈업체를 이용하는 것이 가장 저렴하다.
② 3개월 동안 사용한다면 A 렌탈업체와 B 렌탈업체의 비용이 같다.
③ 3개월 동안 사용한다면 기계를 구입하는 것보다 렌탈하는 것이 더 저렴하다.
④ 1년 동안 사용한다면 기계를 구입하는 것보다 렌탈하는 것이 더 저렴하다.
⑤ 매달 5kg 이상의 원두를 소모하면서 3개월 동안 사용한다면 A 렌탈업체보다 B 렌탈업체를 이용하는 것이 더 저렴하다.

21. 기계를 구입하는 것이 A 렌탈업체를 이용하는 것보다 이득이 되려면 기계를 최소 몇 개월 사용해야 하는가?

① 16개월   ② 17개월   ③ 18개월
④ 19개월   ⑤ 20개월

22. 분석적 사고는 전체를 각각의 요소로 나누어 의미를 도출한 다음 우선순위를 부여해 구체적인 해결 방법을 찾는 것이다. 분석적 사고의 세 가지 유형 중 다음 〈보기〉에 해당하는 사고를 필요로 하는 상황이 아닌 것은?

> **보기**
>
> 문제 접근 방법에서 개연성이 높은 가설을 설정함으로써 문제 해결을 시도한다. 아무 생각 없이 들여다보거나 무작정 정보를 수집하는 것이 아니라 현실타당성이 높은 가설을 미리 추론한다. 그리고 그 가설의 검증에 집중함으로써 분석에 초점을 맞추고 정보수집 비용과 시간을 절약하며, 문제 해결의 성공 가능성도 높일 수 있다. 이 사고는 시급한 문제를 신속하게 해결하고자 하는 시도로 문제 해결을 위한 일종의 선택과 집중 전략으로 이해할 수 있다. 핵심성공요인(CSF; Critical Success Factor)을 파악하는 기법이 여기에 근거하고 있다.

① 실험, 시행착오, 실패가 비교적 자유롭게 허용되는 경우
② 일반적으로 나타나는 정형적인 문제의 원인 분석이 필요한 경우
③ 여러 사안 및 그룹들이 감정적으로 대립하고 있는 경우
④ 사내 커뮤니케이션이나 정보공유가 제대로 이루어지지 않는 경우
⑤ 문제 해결을 위한 시간적 제약으로 인해 빠르게 해결방안을 수립해야 하는 경우

23. ○○기업 마케팅팀은 프랜차이즈 사업을 준비하는 창업지원자들을 대상으로 초기사업비용, 인지도, 제품 원가, 평균수익에 대하여 조사하였다. 조사 결과가 다음과 같을 때, 옳은 추론은?

> • 평균수익에 관심 없는 사람은 인지도에도 관심 없다.
> • 제품 원가를 따지지 않는 사람은 평균수익에도 관심 없다.
> • 초기사업비용을 중시하는 사람은 제품 원가도 따진다.

① 제품 원가를 따지지 않는 사람은 인지도에도 관심 없다.
② 평균수익에 관심 있는 사람은 초기사업비용을 중시하지 않는다.
③ 초기사업비용을 중시하는 사람은 인지도에는 관심 없다.
④ 인지도에 관심 없는 사람도 제품 원가는 따진다.
⑤ 인지도에 관심 없는 사람은 평균수익에도 관심 없다.

24. 다음 중 〈보기〉에 나타난 논리적 오류와 비슷한 오류를 범하고 있는 것은?

> **보기**
>
> 김천은 경상북도의 도시이다.
> 김 대리는 김천에 살지 않는다.
> 그러므로 김 대리는 경상북도에 살지 않는다.

① 컴퓨터 게임에 몰두하면 눈이 나빠진다.
  양 사원은 컴퓨터 게임에 몰두하지 않는다.
  그러므로 양 사원은 눈이 나빠지지 않는다.

② 우리 팀원들이 회식 메뉴로 한식보다 중식을 선호하는 걸 보니 직장인들은 한식보다 중식을 더 선호한다.

③ 똥 묻은 개가 겨 묻은 개 나무란다더니, 몇십 억대를 횡령한 사람이 내가 몇 백만 원 받았다고 비리라고 할 수 있어?

④ 운동을 열심히 하는 사람은 건강합니다.
  왜냐하면 건강한 사람은 운동을 열심히 하기 때문입니다.

⑤ 아버지는 흰색을 좋아하지 않는다.
  그러므로 아버지는 검정색을 좋아한다.

25. 고, 구, 마 세 명의 면접관이 앉아 있다. 이들 면접관의 넥타이는 물방울무늬, 줄무늬, 물결무늬이며 면접자가 바라본 면접관의 모습이 다음과 같을 때, 항상 참인 것은?

> • 물결무늬 넥타이는 맨 오른쪽에 있는 면접관이 하고 있다.
> • 구 면접관은 고 면접관 옆에 앉아 있다.
> • 마 면접관 넥타이 무늬는 물방울무늬이다.

① 고 면접관 넥타이는 줄무늬이다.
② 고 면접관은 가운데 앉아 있다.
③ 마 면접관은 맨 왼쪽에 앉아 있다.
④ 구 면접관 넥타이는 물결무늬이다.
⑤ 구 면접관은 고 면접관 왼쪽에 앉아 있다.

[26 ~ 27] SWOT 분석은 기업 내부의 강점과 약점, 외부 환경의 기회와 위협 요인을 분석·평가하고 이들을 서로 연관 지어 전략과 문제해결 방안을 개발하는 방법이다. 이어지는 질문에 답하시오.

26. 다음 중 WO 전략에 해당하는 예시로 적절한 것은?

외부환경 내부환경	강점(Strengths)	약점(Weaknesses)
기회(Opportunities)	SO	WO
위협(Threats)	ST	WT

① 사업 분야의 다각화
② 고수익 중심의 차별화 전략
③ 사업 다변화와 기술개발
④ 신규 유통채널 발굴 노력
⑤ 저수익 사업 철수 및 매각

27. 다음 중 SWOT 분석을 할 때 주의해야 할 사항으로 적절하지 않은 것은?

① 목표가 모호하면 정확한 분석이 이뤄질 수 없으므로 SWOT 분석에 앞서 목적과 목표를 명확히 세워야 한다.
② SWOT 분석을 할 때 강점은 경쟁우위에 있는 요소여야 하므로 경쟁사도 잘하고 우리도 잘하는 걸 강점이라고 불러서는 안 된다.
③ SWOT 분석은 현재 시점에서 환경과 우리를 바라보는 관점이기 때문에 시계열적인 변화나 가능성을 담을 수 없다.
④ SWOT 분석에는 여러 가지 상황이 펼쳐질 수 있는 시나리오가 들어가야 여러 가능성을 반영할 수 있다.
⑤ 기회는 시장과 소비자의 경향을 나타내는 외부 요인으로 기업이 통제할 수 없는 영역이므로 기업 내부 요소인 강점과 혼동하지 않는다.

28. 다음 〈보기〉는 사업 환경 분석을 위한 3C 분석의 요소에 대한 상세 기준을 나타낸 것이다. 빈칸 ⓒ에 해당되는 분석 요소는?

보기

분석 요소	상세 기준
(㉠)	• 해당 서비스 · 상품 시장규모가 충분히 큰가? • 성장가능성이 높은 시장인가? • 시장의 성숙도는 어떠한가?
(㉡)	• 시장에서 경쟁이 치열한가? • 경쟁사의 시장점유율과 재무현황, 핵심경쟁력은 무엇인가? • 새로운 경쟁자들이 진입할 가능성은 큰가?
(㉢)	• 기업의 윤리규범 및 비전에 부합하는 서비스 · 상품인가? • 기업 내 인적, 물적, 기술적 자원수준은 어느 정도인가? • 기업 내 기존 서비스 · 상품들과 시너지 효과는 어느 정도인가?

① 자사 분석 ② 고객 분석 ③ 기술 분석
④ 업계 분석 ⑤ 경쟁사 분석

29. 다음 기사에 대한 해석으로 적절하지 않은 것은?

○○연구소에 의하면 '보육, 등록금, 의료 등 복지를 대폭 확대하는 것에 대해 어떻게 생각하느냐'는 질문에 '재정 건전성을 유지하는 범위 내에서 서서히 복지를 확대해야 한다'는 응답이 75.9%로 대다수를 차지했다. '복지를 현 수준으로 유지해야 한다'는 응답은 8.2%였다. 반면 '재정이 다소 악화되더라도 복지를 대폭 확대해야 한다'는 응답은 11.1%에 그쳤다. '복지를 줄여야 한다'는 응답도 4.8%를 기록했다. '복지 확대를 위해 세금을 더 낼 의향이 있느냐'는 질문에는 '있다(51%)'와 '없다(49%)'가 팽팽하게 맞섰다. 추가 복지 확대를 위한 재원 조달 방안에 대해서는 '증세 없이 기존의 예산을 아끼고 세제를 개편해서 조달이 가능하다'는 응답이 60%로, '가능하지 않다'는 응답 40%를 웃돌았다.

① 복지 확대를 위한 증세는 쉽지 않을 것이다.
② 상당수의 응답자가 재정 건전성에 대해 생각하고 있다.
③ 대다수의 응답자는 현재의 복지 수준을 높게 평가하고 있다.
④ 많은 사람들이 증세 없이도 복지 확대가 가능하다고 판단하고 있다.
⑤ 많은 사람들이 복지 수준을 확대하더라도 재정에 무리가 가지 않는 방향이어야 한다고 생각하고 있다.

30. 다음 〈보기〉의 ㄱ ~ ㄷ은 기업이 접한 다양한 문제들을 해결하지 못한 사례이다. 각 사례에서 부족한 점을 알맞게 짝지은 것은?

보기

ㄱ 엔터테인먼트사인 O사는 음원시장 부진에 의한 매출급감 위기를 타개하기 위해 비용경감 대책으로 북미지사를 폐지하였다. 그러나 K-POP 열풍이 뜨거워지면서 O사는 북미지사 폐지로 인한 비용절감보다 더 큰 잠재수익을 잃었다.

ㄴ 식품업체인 P사는 업계 1위였으나 최근 경쟁업체인 S사에게 그 자리를 빼앗겼다. P사에 근무하는 김 과장은 간편식 시장의 확대 트렌드를 감지하고 이른바 밀키트 제품을 출시하자는 아이디어를 제시하였으나 개발부서에서 밀키트는 맛을 내기 어렵다는 이유로 제안을 계속 미뤘고 결국 밀키트 제품의 흥행에 큰 수익을 얻지 못한 것이다.

ㄷ Q사는 최근 경영 부진을 타개하기 위하여 통합회의를 실시하였으나 연구부서에서는 회사 기술력의 한계를 지적하였고, 영업부서에서는 제품력이 떨어져 매출 목표 달성이 어렵다는 불만을 표했으며, 고객관리부서에서는 고객의 클레임에 대한 대응이 너무 느리다고 지적하였다. 결국 회의에서 서로의 문제점만 지적하고 경영부진을 타개할 특별한 해결책은 제시되지 못한 채 끝나고 말았다.

	ㄱ	ㄴ	ㄷ
①	창의적 사고	분석적 사고	전략적 사고
②	전략적 사고	분석적 사고	창의적 사고
③	분석적 사고	내·외부자원 활용	전략적 사고
④	내·외부자원 활용	전략적 사고	분석적 사고
⑤	전략적 사고	내·외부자원 활용	분석적 사고

31. 다음은 유진이가 관람하려는 영화가 상영을 시작하는 시각을 나타낸 것이다. 유진이의 일정을 참고했을 때, 유진이가 선택할 수 있는 영화 시작 시각으로 옳은 것은? (단, 이동시간은 고려하지 않는다)

월	9:00, 11:20, 13:40, 16:30, 18:20, 20:40
화	9:00, 11:20, 13:40, 16:30, 18:20, 20:40
수	9:00, 11:20, 13:40, 16:30, 18:20, 20:40
목	9:00, 11:20, 13:40, 16:30, 18:20, 20:40
금	10:00, 12:30, 17:00, 19:20, 21:40
토	10:00, 12:30, 17:00, 19:20, 21:40
일	9:00, 11:20, 14:40, 17:00, 18:20, 20:40

〈유진이의 일정〉

• 주중 근무시간은 오전 9시 ~ 오후 6시 30분이다(주말에는 근무하지 않는다).
• 화요일, 목요일, 토요일에는 독일어 학원에서 오후 7시 ~ 9시까지 수업을 듣는다.
• 금요일 퇴근 후에는 다양한 행사에 참여하여 다른 일정을 잡기가 어렵다.
• 일요일은 휴식을 위해 오후 5시 이후에는 집에 머무른다.

① 수요일 - 20:40 ② 화요일 - 20:40 ③ 금요일 - 19:20
④ 일요일 - 17:00 ⑤ 토요일 - 19:20

32. 다음은 사업의 타당성 분석과 관련된 기사이다. 이 기사에 나타난 타당성 분석요소로 적절한 것은?

　　최근 프랜차이즈 시장 규모가 점차 커지고 있다. 본사의 획일화된 매장운영 스타일에 부정적인 입장을 가진 사람들도 있지만 일정한 맛과 체계화된 시스템에 신뢰를 느껴 프랜차이즈를 선호하는 사람들이 많아지고 있는 추세. ○○ 본사의 경우 가맹점마다 각 지역의 상권과 소비 행태, 경쟁사에 따른 맞춤형 창업을 제안하여 가맹점의 정보를 수집하기도 하고 지역 특성을 반영한 프로모션으로 각 지점의 특색을 살린 일률적이지 않은 홍보 방식을 활용하기도 한다. ○○ 관계자는 새로운 시도보단 안정적이고 익숙한 맛을 선호하는 고객층을 찾아내어 집중 공략할 계획이라고 밝혔다.

① 시장성 분석 ② 수익성 분석 ③ 재무 분석
④ 사업수행 능력 분석 ⑤ 기술적 타당성 분석

33. 효과적인 자원관리 과정을 나타낸 〈보기〉의 빈칸 ㉠, ㉡에 들어갈 내용을 바르게 짝지은 것은?

	㉠	㉡
①	이용가능 자원 수집하기	해결안 개발하기
②	이용가능 자원 수집하기	계획대로 수행하기
③	성과 평가하기	계획대로 수행하기
④	계획대로 수행하기	성과 평가하기
⑤	핵심 문제 선정하기	성과 평가하기

34. 다음 중 바람직한 명함관리에 대한 설명으로 옳지 않은 것은?

① 명함관리를 위해 명함 박스 등을 구비하고, 색인을 활용하는 등 자신만의 관리기법을 통해 관계를 맺은 사람의 명함을 분실하지 않도록 한다.

② 박람회나 발표회같이 여러 사람이 만나는 자리에서도 명함만 교환하는 것이 아니라 충분한 대화를 나누고 이동한다.

③ 명함 교환 시 상대방에 대한 정보를 그 자리에서 바로 메모하여 관계 형성에 관심이 많다는 모습을 보여 준다.

④ 명함을 받자마자 지갑에 집어넣기보다는 명함을 보면서 상대방의 직무 등에 대해 이야기를 건네며 자연스럽게 대화를 이어간다.

⑤ 향후 원활한 의사소통을 위해 상대방에 대한 정보를 기입해 둔다.

35. 다음 〈보기〉는 효과적인 물적자원관리의 과정을 나타낸 것이다. ㉠ ~ ㉢을 올바른 순서로 나열한 것은?

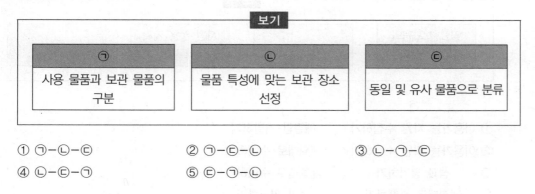

㉠	㉡	㉢
사용 물품과 보관 물품의 구분	물품 특성에 맞는 보관 장소 선정	동일 및 유사 물품으로 분류

① ㉠–㉡–㉢   ② ㉠–㉢–㉡   ③ ㉡–㉠–㉢

④ ㉡–㉢–㉠   ⑤ ㉢–㉠–㉡

36. 다음 〈보기〉에서 설명하는 물적자원의 보관방법으로 알맞은 것은?

보기

입출하 빈도가 높은 물품은 출입구로부터 가까운 장소에 보관하고, 빈도가 낮은 물품은 출입구로부터 먼 장소에 보관하는 방법으로, 사용자의 동선을 줄이고 물품이 상하지 않도록 하기 위해 적용하는 원칙이다.

① 회전대응 보관의 원칙   ② 명료성의 원칙
③ 후입선출의 원칙   ④ 위치 표시의 원칙
⑤ 통로대면 보관의 원칙

37. 시간 관리는 일과 여가의 균형 있는 삶에 있어 중요한 능력이다. 시간 관리에 실패한 일 중독자들은 종종 과도한 업무에 시달리는 모습을 보이는데, 이들의 특징으로 볼 수 없는 것은?

① 주어진 업무 중에서 가장 생산성이 낮은 일에 매달리며 그 일을 위해 전력을 다한다.

② 최우선 업무보다는 동료들이나 상사에게 가시적으로 돋보이는 업무에 전력을 다한다.

③ 시간 내 업무를 완수하고 일과 가정 또는 자신의 여가를 동시에 즐긴다.

④ 팀이나 해당 부서에 부여된 업무를 다른 사람과 나누지 않고 혼자 하려고 한다.

⑤ 업무 수행과정에서 발생한 위기 상황에 과잉 대처하면서 일을 침소봉대하는 경향이 있다.

38. 다음 〈보기〉의 빈칸에 공통적으로 들어갈 내용으로 알맞은 것은?

보기

( )의 중요성을 보여 준 사례가 있다. 바로 N사의 코스닥 상장과 관련된 이야기이다. N사는 코스닥 상장을 신청했을 당시, 바로 상장이 된 것이 아니라 한 차례 보류가 됐었다. 그 이유는 N사의 검색기법이 특허분쟁 중이었기 때문이다. 이에 N사의 회장은 후배경영인 L 사장에게 도움을 요청하였고 문제를 해결하기 위해 L 사장과 함께 코스닥 위원장을 만났다. 코스닥 위원장을 만나 로비를 하려던 것이 아니라 특허분쟁과 관련된 진실을 알리기 위해서였다. 이처럼 ( )은(는) 오해를 받아 어려움에 처하거나 위기를 겪고 있을 때 효과적으로 문제를 해결하는 데 도움을 주기 때문에 삶을 살아가는 데 있어서 매우 유용하다.

① 동일성의 원칙　② 효과적인 예산 수립　③ 인맥관리

④ 공정 인사의 원칙　⑤ 업무의 우선순위 판단

[39 ~ 40] ○○무역 비서실에 근무하는 H 씨는 다음 휴가 신청 안내 사항을 고려하여 휴가를 신청하고자 한다. 이어지는 질문에 답하시오.

〈휴가 신청 안내〉

1. 휴가 신청 가능 기간 : 1월 5일 ~ 1월 28일

2. 휴가 기간 : 5일 (주말 포함)

3. 유의사항

   가. 비서실장과 교대로 근무하는 것을 원칙으로 함.

   나. 사장님 및 다른 팀 휴가 일정이 겹치지 않도록 함.

   다. 사장님 업무 일정이 있는 날은 모든 팀이 근무하는 것을 원칙으로 함.

   라. 휴가 일정을 나눠서 신청할 수는 없음.

〈1월 달력〉

일	월	화	수	목	금	토
	1	2	3	4	5	6
7	8	9	10	11	12	13
	사장님 중국 출장 (8~10)					비서실장 휴가
14	15	16	17	18 사장님 거래처 대표 면담	19	20
	비서실장 휴가 (13~17)					
21	22	23	24	25	26	27
			총무팀 휴가 (24~27)			
28	29	30 사장님 국내지사 방문	31			

39. H 씨가 휴가를 신청하기 위해 고려해야 할 사항으로 거리가 먼 것은?

① 사장님 거래처 면담 일정　　　　② 총무팀 휴가 일정

③ 비서실장 휴가 일정　　　　　　④ 사장님 해외 출장 일정

⑤ 사장님 국내지사 방문 일정

40. H 씨가 휴가를 갈 수 있는 기간은?

① 1월 8일 ～ 1월 12일　　　　　② 1월 11일 ～ 1월 15일

③ 1월 19일 ～ 1월 23일　　　　　④ 1월 24일 ～ 1월 28일

⑤ 1월 27일 ～ 1월 31일

41. 다음은 ○○캐피탈 본사가 보유한 사업용 전기차의 8월 충전 내역에 대한 자료이다. 소형 A 차량의 1시간 충전금액은 얼마인가?

〈사업용 전기차 충전 내역〉

일별	충전차량	합산금액(원)
202X년 9월 12일	소형 A, 중형 B	14,000
202X년 9월 13일	소형 B, 중형 A	15,000
202X년 9월 14일	소형 A, 중형 C	13,000
202X년 9월 15일	소형 B, 중형 B	16,000
202X년 9월 16일	중형 C, 중형 A	19,000

• 산출된 합산금액은 2시간을 기준으로 작성되었다.

• 충전금액에 제시된 합산금액은 차종별 각 1대를 기준으로 작성되었다.

① 1,250원　　　　　② 1,750원　　　　　③ 2,250원

④ 3,500원　　　　　⑤ 4,500원

42. 다음 〈보기〉의 빈칸 ㉠과 ㉡에 들어갈 내용으로 적절하게 짝지어진 것은?

> 보기
>
> 어떤 활동이나 사업의 비용을 추정하거나 예산을 잡는 것은 쉽지 않다. 추산해야 할 많은 유형의 비용이 존재하기 때문이다. 예산의 구성요소는 대분류 원가항목으로 제품 또는 서비스를 창출하기 위해 소요되는 (㉠)와/과 생산에 직접 관련되지 않은 비용인 (㉡)로/으로 구분된다.

	㉠	㉡		㉠	㉡
①	인건비	시설비	②	시설비	관리비
③	본예산	추가예산	④	직접비용	간접비용
⑤	재료비용	예비비용			

43. 다음 보도 내용을 참고하여 ○○기업의 직무설계 목적으로 옳은 것을 모두 고르면?

> ○○기업은 20X1년부터 기존 연 2회 실시하던 정기 공채를 없애고 '직무중심 상시 공채'로 전환할 것이라고 밝혔다. ○○기업은 '현 2회 실시하는 정기 공채로는 미래 산업환경에 맞는 융합형 인재를 적기에 확보하기가 어렵고 4차 산업혁명 시대에 맞는 채용방식의 변화가 필요하다고 판단했다'고 설명했다. 이어 '연중 상시로 지원할 수 있어 채용기회도 넓어졌고 회사와 지원자 모두 윈윈(win-win)하는 효과가 있을 것'이라고 했다.
>
> 채용 주체도 본사가 주도하는 인사부서 선발에서 해당 현업부문이 주도하는 직무중심 선발로 바뀐다. 상시 공채에서는 채용 직무별로 세부정보와 회사가 요구하는 역량을 상세하게 공개한다. 지원자는 직무와 상관없는 '스펙 쌓기'식 지원 대신 회사가 필요로 하는 직무 역량을 쌓는 것이 더 중요하다. 'XX기업 공채 대비' 같은 취업 준비 프로그램 자체가 무의미해진 셈이다.

ㄱ. 산업안전보건을 통한 삶의 질 개선	ㄴ. 작업 조직의 제도화
ㄷ. 성장과 안정을 위한 기회 제공	ㄹ. 인간 능력의 이용과 개발 기회 활용

① ㄱ, ㄴ   ② ㄴ, ㄷ   ③ ㄷ, ㄹ

④ ㄱ, ㄴ, ㄷ   ⑤ ㄴ, ㄷ, ㄹ

44. 기술과 관련된 다음 진술 중 옳지 않은 내용을 말하고 있는 사람은?

① 김사랑 : 물리적 · 사회적인 것으로서 지적인 도구를 특정 목적에 사용하는 지식 체계를 기술이라고 합니다.

② 정대현 : 기술을 설계하고 생산하기 위해 필요한 정보와 절차를 갖는 데 노하우(Know-how)가 필요합니다.

③ 이다운 : 기술은 원래 노하우의 개념이 강하였으나 시대가 지남에 따라 노하우와 노와이(Know-why)가 결합하게 되었습니다.

④ 한여울 : 노와이는 어떻게 기술이 성립하고 작용하는가에 관한 원리적 측면에 중심을 두고 있습니다.

⑤ 주기쁨 : 노하우는 이론적인 지식으로, 과학적인 탐구에 의해 얻어집니다.

45. 다음 사례에서 알 수 있는 실패를 다루는 방식의 핵심은?

> 국내의 한 제조업체는 '위험 예지 훈련'을 실시하고 있다. 사고가 일어나기 전의 상황을 그림이나 비디오로 보고 다음에 어떤 일이 일어날 것인지, 그리고 그 일을 예방하려면 어떻게 해야 하는지를 집단적으로 토론하는 것이다. 햄버거로 유명한 M사 역시 위험 예지 훈련을 실시하여 고객이 품을 수 있는 잠재적 불만사항을 미리 예측하고 이에 대응하는 방법을 훈련하고 있다.

① 실패를 학습의 대상으로 삼을 것

② 경영자는 반드시 현장에서 활동할 것

③ 가상 실패 체험을 통해 성공가능성을 향상시킬 것

④ 감성지수를 활용한 실패 정서 관리에 초점을 맞출 것

⑤ 단 한 번의 우연한 실패를 위하여 실패 DB를 활용할 것

46. 적정기술은 삶의 질을 향상시키는 환경 친화적인 인간 중심의 기술이다. 다음 적정기술과 거대기술 관련 표의 ㉠에 들어갈 내용으로 옳지 않은 것은? (단, 빈칸은 고려하지 않는다)

거대기술		적정기술
	• 따뜻한 자본주의 • 정보통신기술 발전 • 거대기술의 위험과 기술 민주주의 • MDG, 지속가능한 발전 • 기업의 사회적 책임 • 사회적 경제	㉠

① 민주주의   ② 수요자의 필요   ③ 단순, 소규모

④ 가치와 편익의 집중   ⑤ 삶의 질 향상

47. 다음 사례에서 침해당한 ㉠의 종류는?

> A 의류회사에 근무하는 전○○ 씨는 판매가 부진한 블라우스의 소매 끝부분에 독특한 문양을 새겨 넣어 포인트를 주었다. 새롭게 탄생한 블라우스는 판매량이 급증하였고 그 해 가장 많은 이익을 남겼다. 이를 지켜본 경쟁사 B는 A 회사의 블라우스와 거의 유사한 상품을 출시했고 이후 A 회사의 해당 블라우스의 판매량은 감소하기 시작했다. 전○○ 씨는 ㉠산업재산권을 침해당했다고 판단하여 관련 조치를 취할 계획이다.

① 상표권   ② 특허권   ③ 디자인권

④ 실용신안권   ⑤ 저작권

48. 〈산업안전보건기준에 관한 규칙〉에 따르면 사업주는 근로자에게 작업조건에 맞는 보호구를 지급하고 착용하도록 해야 한다. 다음 중 ㉠ ∼ ㉑에 들어갈 보호구의 이름이 바르게 연결되지 않은 것은?

㉠	물체가 떨어지거나 날아올 위험 또는 근로자가 추락할 위험이 있는 작업
㉡	높이 또는 깊이 2미터 이상의 추락할 위험이 있는 장소에서 하는 작업
㉢	물체의 낙하·충격, 물체에의 끼임, 감전 또는 정전기의 대전(帶電)에 의한 위험이 있는 작업
㉣	물체가 흩날릴 위험이 있는 작업
㉤	용접 시 불꽃이나 물체가 흩날릴 위험이 있는 작업
㉥	감전의 위험이 있는 작업
㉦	고열에 의한 화상 등의 위험이 있는 작업
㉧	선창 등에서 분진(粉塵)이 심하게 발생하는 하역작업
㉨	섭씨 영하 18도 이하인 급냉동어창에서 하는 하역작업

① ㉠ 안전모

② ㉡ 안전대

③ ㉣ 방열복

④ ㉥ 절연용 보호구

⑤ ㉧ 방진마스크

49. ○○기업에서는 급변하는 기술변화에 직원들의 대응력을 높여 주기 위해 '전문 연수원을 통한 기술교육', 'e-Learning', '상급학교 진학을 통한 기술교육' 중 하나를 도입하고자 한다. 다음 중 자신이 원하는 교육 형태에 대하여 잘못 설명하고 있는 사람은?

A : 저는 전문 연수원을 통한 기술교육이 좋을 것 같습니다. 우리 회사는 연수 시설이 없어서 체계적인 교육을 받기 어려운 점이 있는데, 전문 연수원이 생기면 양질의 교육을 받을 수 있고 회사 입장에서도 훌륭한 인재를 육성할 좋은 기회가 될 것입니다.

B : 저는 사실 혼자 e-Learning을 활용하는 것이 편할 것 같아요. 다른 사람 눈치를 안 봐도 되고, 진도도 스스로 정하게 되어 좋을 것 같습니다.

C : 원래 입사 전부터 대학원에 대한 미련이 있었는데, 만일 상급학교 진학을 통한 기술교육을 받을 기회가 생긴다면 정말 좋겠습니다.

D : 저는 A 씨의 의견에 동의합니다. 각 분야의 전문가들로 구성된 실무중심의 교육을 받을 수 있다는 것은 e-Learning 교육에선 생각하기 어려운 것이니까요.

E : B 씨와 같이 e-Learning을 선호합니다. 제가 원하는 시간에 학습을 할 수 있거든요. 사실 일찍 자고 새벽에 일어나는 편이라서요.

A : 제가 선호하는 교육방식의 경우 최신 실습장비, 시청각 시설 등의 부대시설을 활용할 수 있어서 좋은 것 같습니다.

B : 제가 선호하는 교육방식도 비디오, 사진, 영상 등 멀티미디어를 활용할 수 있어요.

C : 제가 선호하는 교육방식은 무엇보다 인적 네트워크 형성에 도움이 되고, e-Learning처럼 학습을 스스로 조절하거나 통제할 수도 있습니다.

D : 일단 제가 선호하는 교육방식의 경우 무엇보다 연수비가 자체적으로 교육하는 것보다 저렴합니다.

E : 제가 선호하는 교육방식은 이메일, 토론방, 자료실 등을 통해 의사교환과 상호작용이 자유롭게 이루어질 수 있습니다.

---

① A   ② B   ③ C
④ D   ⑤ E

50. 다음 기사에 대한 이해로 적절하지 않은 것은?

> 소방당국은 지난달 31일 오전 E 빗물저류배수시설 확충 공사 현장에서 작업하던 협력업체 직원 G씨 등 2명과 이들을 구하기 위해 배수 터널에 뒤늦게 진입했던 시공사 직원 A씨가 갑자기 들이닥친 빗물에 휩쓸려 숨졌다고 밝혔다.
>
> 사고 당시 해당 지역에는 호우주의보가 발령됐고, 해당 시설은 시운전 기간중이라 평소 70% 수준이던 수문의 자동 개폐 기준 수위를 50%로 낮춘 상태였다. 그럼에도 유지·관리를 맡은 Y구와 시공사인 H 건설은 소통 부재로 초기 대응에 실패하며 작업자들을 구출할 골든타임을 놓쳤다. 더욱이 긴급 알림벨 등 외부 터널과 내부 간 의사소통 수단뿐만 아니라 구명조끼와 같은 기본적인 안전장치마저 구비되지 않았던 것으로 확인됐다. 대다수 전문가와 국민들이 이번 사고가 인재(人災)라는 지적에 공감하는 이유다.
>
> 이번 사고가 20X3년 7명의 생명을 앗아갔던 S시 배수지 수몰 사고와 비슷하다는 지적도 나온다. 당시 배수지 지하 상수도관에서 작업을 하던 근로자 7명은 갑자기 들이닥친 강물에 휩쓸려 목숨을 잃었다. 공사 관계자들은 장마철에 폭우가 이어지는 상황에서도 무리하게 작업을 강행하며 인명피해를 자초한 것으로 조사됐다. 해당 공사의 발주기관이었던 S시도 부실한 관리·감독에 따른 비판을 피할 수 없었다.
>
> 불과 한 달여 전인 지난달 4일 D구에서 철거 건물 붕괴 사고가 발생해 4명의 사상자가 발생했다. 현재 정확한 사고원인에 대한 조사가 진행 중이지만 이번 사고와 같이 D구와 건축주, 시공업체 등 관계 주체들의 부실한 관리·감독·시공이 참사의 유력한 원인으로 꼽히는 상황이다. 특히 D구는 사고가 발생하기 불과 3개월 전 S시로부터 공사장 안전점검 권고 공문을 받았으나 이를 이행하지 않은 것은 물론, 철거현장 관리·감독에 대한 구청의 책임을 강조해 놓고 막상 사고가 터지자 책임을 회피하는 모습을 보여 빈축을 사고 있다. 앞서 20X7년 1월에는 J구에서 철거 중인 숙박업소 건물이 무너져 매몰자 2명이 숨졌고, 같은 해 4월 G구 5층 건물 철거현장에서는 바닥이 내려앉아 작업자 2명이 매몰됐다가 구조되었다. 지난해 3월에는 C동 철거 공사장에서 가림막이 무너져 행인 1명이 다치는 사고도 있었다.

① 위와 같은 산업재해는 근로자와 그 가족에게 정신적·육체적 고통을 주는 등의 개인적 영향을 미친다.

② 위와 같은 산업재해는 현장 담당자를 강력하게 처벌함으로써 재해의 직접적 원인을 제거할 수 있다.

③ D구 철거 건물 붕괴 사고는 작업 관리상의 원인으로 발생한 산업재해로 볼 수 있다.

④ 두 수몰 사고 모두 위험한 환경에서 작업을 강행한 불안전한 행동이 원인이다.

⑤ 이와 같은 산업재해의 예방 대책은 안전 관리 조직, 사실의 발견, 원인 분석, 시정책의 선정, 시정책 적용 및 사후 관리의 5단계로 이루어진다.

고시넷 공기업 고졸채용 NCS

유형별 비중

유형분석

의사소통능력은 문서를 작성하는 방법, 협상과 경청의 요령, 속담 활용과 제시된 글 다음으로 들어갈 내용을 추론하는 문제 등으로 구성된다. 수리능력은 확률 계산, 이자율을 합한 예금액 계산과 함께 표와 그래프의 수치를 분석하고 계산하는 문제로 구성된다. 문제해결능력은 문제의 유형과 문제해결을 위한 아이디어 기법, 조건추론 등의 문제로 구성된다. 자원관리능력은 시간관리와 시차 계산, 조건을 고려한 자원선택과 인적자원 배치 등의 사례형 문제로 구성된다. 기술능력은 기술의 발전단계, 산업재해, 기술 개발을 위한 벤치마킹, 사용설명서 이해 등의 문제로 구성된다.

6회 기출예상모의고사

영역	총 문항 수
의사소통능력	
수리능력	
문제해결능력	50문항
자원관리능력	
기술능력	

NCS란? 산업 현장에서 직무를 수행하기 위해 요구되는 가 지식, 기술, 태도 등의 내용을 국가가 체계화한 것을 의미한다.

01. 다음은 문서 작성 시 고려해야 할 사항들이다. (가) ~ (라)에 들어갈 단어를 순서대로 바르게 나열한 것은?

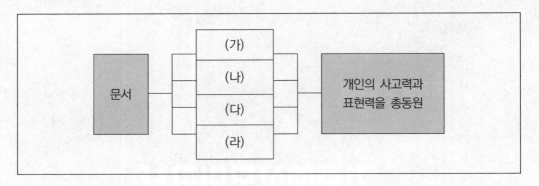

	(가)	(나)	(다)	(라)
①	대상	방식	목적	기대효과
②	대상	목적	시기	기대효과
③	주제	목적	방법	기대효과
④	주제	내용	목적	시행방법

02. 다음 중 대화를 원활하게 하고 상대방과의 소통을 강화하기 위한 경청의 올바른 자세로 적절한 것을 모두 고르면?

> ㉠ 상대를 정면으로 마주하는 자세
> ㉡ 긴장을 늦추지 않는 꼿꼿한 자세
> ㉢ 상대방을 향해 상체를 다소 기울이는 자세
> ㉣ 손이나 다리를 꼬지 않는 개방적인 자세
> ㉤ 우호적인 시선을 취하되 상대와 눈을 마주치지 않으며 상대방을 배려하는 자세

① ㉠, ㉡, ㉢   ② ㉠, ㉢, ㉣

③ ㉡, ㉣, ㉤   ④ ㉢, ㉣, ㉤

03. 우리는 때로 목적 달성에 필요한 상대방의 도움을 얻기 위해 절충과 협상을 한다. 다음 글에서 김 과장이 사용한 설득의 유형으로 적절한 것은?

> 김 과장은 프로그래머로 ○○회사에 10년 이상 재직했다. 그동안은 별문제 없이 회사를 다녔지만, 이번 연봉 협상에서는 예전보다 높은 수준의 인상을 이끌어 내려고 한다. 올해의 성과가 잘 나왔기 때문에 어느 정도 연봉 인상을 요구할 수 있기도 하고, 무엇보다 초등학생인 아들의 학업 문제로 이사를 가야 하기 때문이다. 이러한 이유로 김 과장은 이번 연봉 협상에서 최종 15% 인상을 위해 첫 협상 때 20% 인상을 요구했다. 회사 측에서는 높은 인상 요구에 난색을 표하며 그만큼 인상이 가능한 성과가 있느냐는 질문을 했다. 김 과장 스스로도 기준에 따르면 10% 정도 인상이 가능한 상황임을 알고 있었지만, 좀 더 높은 인상을 위해 20%를 요구한 것이었다. 이후 협상 과정에서 올해 실적과 그동안 김 과장이 회사에 기여한 것, 김 과장의 사정 등을 감안해 처음 요구한 20%의 연봉 인상은 이뤄지진 않았지만 당초 목표했던 15%의 연봉 인상을 달성하게 되었다.

① 낮은 공 기법(Low-ball technique)
② 덤 끼워 주기 기법(That's-not-all technique)
③ 얼굴 부딪히기 기법(Door-in-the-face technique)
④ 문간에 발 들여놓기 기법(Foot-in-the-door technique)

04. 다음 빈칸에 들어갈 내용으로 적절한 것은?

> 동양에서는 오랫동안 침묵으로 윗사람에 대한 존중을 표현했다. 이러한 침묵은 상대방의 제안이나 의견에 대해 동의 또는 찬성의 의미를, 친밀한 관계 내에서는 신뢰의 의미를 나타내기도 했다. 그래서 침묵 혹은 과묵한 행동의 가치를 높게 표현하는 사자성어나 속담이 많다. (   ) 등이 그것이다. 그렇다 보니 아랫사람의 의견이나 반문 및 질문이 윗사람에게 반대나 무시, 말대꾸로 여겨져 윗사람에게 침묵을 지키는 것이 우리 민족의 보편적인 정서로 굳어져 버렸다.

① '아는 놈 당하지 못한다'
② '목마른 놈이 우물 판다'
③ '조개껍데기는 녹슬지 않는다'
④ '암탉이 울면 집안이 망한다'

[05 ~ 06] 다음 글을 읽고 이어지는 질문에 답하시오.

〈삼엽충 화석의 생성 과정〉

1. 삼엽충
   • 고생대를 '삼엽충 시대'라고 할 정도로 고생대를 대표하는 생물이다.
   • 바다에서 많이 번성한 절지동물이며, 편평한 형태를 취하고 있다.
   • '삼엽충'은 껍데기 부분이 세 갈래로 나누어져 붙여진 이름이다.
   • 우리나라 강원도 태백시에 있는 검은색 셰일층에서 삼엽충 화석이 많이 발견되었다.

2. 화석 생성 과정
   ⓐ 삼엽충 화석이 발견됨.
   ⓑ 바다에 살던 삼엽충이 죽어 바다에 가라앉음.
   ⓒ 죽은 삼엽충 위로 퇴적물이 계속 쌓여 오랜 시간이 지나면 삼엽충의 몸체가 화석으로 변함.
   ⓓ 지각 변동으로 인해 퇴적층이 땅 위로 올라온 후 침식 작용에 의해 지층이 깎이면서 화석이 드러남.

---

05. 다음 그림을 참고하여 윗글의 삼엽충 화석 생성 과정 ⓐ ~ ⓓ를 바르게 배열한 것은?

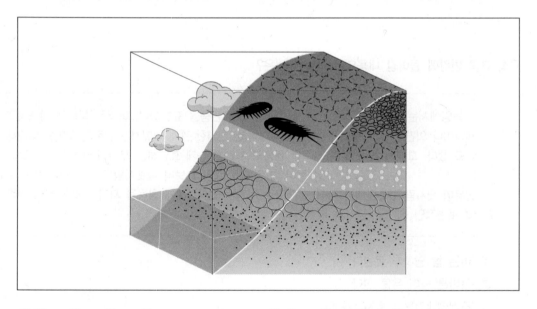

① ⓑ → ⓓ → ⓒ → ⓐ   ② ⓑ → ⓒ → ⓓ → ⓐ

③ ⓒ → ⓑ → ⓓ → ⓐ   ④ ⓓ → ⓑ → ⓒ → ⓐ

06. 윗글을 통해 알 수 있는 것은?

① 삼엽충은 공룡과 함께 존재했을 것이다.

② 삼엽충 화석은 강원도 태백시에만 분포할 것이다.

③ 삼엽충은 다른 동물에 비해 빠른 시간 안에 화석이 되었다.

④ 강원도 태백시의 삼엽충 화석이 발견된 지역이 옛날에는 바다였을 것이다.

07. 다음은 비언어적 의사소통과 관련된 내용이다. ㉠에 들어갈 말로 적절하지 않은 것은?

의미	언어(말)를 사용하지 않는 방법으로 이루어지는 의사소통	
요소	1. 목소리 크기와 강약	2. 음색
	3. 얼굴표정과 눈의 움직임	4. 보디랭귀지
	5. 습관적이고 문화적인 제스처	
특성	㉠	

① 비언어적 의사소통은 모호하다.

② 비언어적 의사소통은 대화 중 계속 존재할 수 있다.

③ 비언어적 의사소통은 문화와 관계없이 동일하게 해석된다.

④ 비언어적 의사소통은 언어적 메시지를 반복·보충하는 역할을 한다.

[08 ~ 09] 다음 글을 읽고 이어지는 질문에 답하시오.

언어가 소멸하고 있다는 사실은 언뜻 보면 자연스러워 보일 수 있다. 예를 들어, 같은 언어를 쓰고 있던 사람 모두가 천재지변에 의해 죽음을 맞이한다면 그 언어는 흔적도 없이 사라질 것이다. 하지만 많은 학자는 현대에 와서 언어의 소멸 속도가 유례 없이 빨라졌다고 입을 모아 얘기한다. 또한, 언어의 보존에 많은 힘을 쏟아야 한다고도 주장한다. 왜 그럴까? 그리고 언어가 사라진다고 해서 우리와 무슨 관련이 있을까?

세계화가 진행되면서 어떤 문화권이 지구 저편에 있는 (㉠   ) 문화권과 접하게 되는 것은 전혀 놀라운 일이 아니다. 이런 문화의 접촉 중 문화 흡수는 언어의 쇠퇴에 큰 영향을 끼친다. 한 문화가 좀 더 지배적인 문화의 영향을 받아 자신의 특성을 잃기 시작하면서 구성원들이 새로운 행동 양식을 받아들이며 원래 언어를 버리게 되는 것이다.

이를 조금 더 자세히 살펴보면 세 가지 단계를 밟으며 진행됨을 알 수 있다. 첫 번째 단계에서는 지배 언어를 말해야 한다는 거대한 사회적 압력이 가해진다. 일제강점기의 창씨개명과 같은 하향식 압력일 수도 있고, 2000년대 초반 우리나라에 있었던 영어 공용화 이슈처럼 소속 사회의 유행이나 동류 집단의 압력 형태를 띠는 상향식 압력일 수도 있다. 두 번째 단계는 병용 단계이다. 압력에 못 이긴 사람들이 새로운 언어를 점점 능숙히 구사하는 과정이다. 대개 기존의 언어가 새로운 언어에 자리를 내주고 쇠퇴의 길을 걷는다. 그렇게 세 번째 단계인 언어의 소멸에 이르게 된다.

이 일련의 과정은 폭력성을 함축하기도 한다. 유럽과 아프리카, 미국과 인디언, 일제강점기 등 세계의 역사에서 그 예를 무수히 많이 찾아볼 수 있다. 그리고 이러한 예들을 계속 들여다보면 19세기의 제국주의부터 두 번의 세계대전, 세계화와 개발도상국의 도시화까지 비교적 최근의 기류에 의해 발생한 것이 많다는 것을 알 수 있다. 도시화나 세계화 같은 최근의 경향을 비난하거나 매도할 수는 없지만, 이에 의한 언어 소멸은 인재이고 언어의 생존에 가장 치명적이다.

08. 다음 중 윗글에 이어질 내용으로 적절한 것은?

① 언어의 멸종을 막아야 하는 이유
② 언어의 소멸로 인한 개인의 피해
③ 언어가 소멸하는 구체적 이유
④ 언어의 멸종으로부터 얻을 수 있는 이익

09. 윗글의 ㉠에 들어갈 단어로 적절한 것은?

① 점진적인   ② 폐쇄적인   ③ 이질적인   ④ 가학적인

10. 다음은 경청 습관을 테스트해 보는 체크리스트이다. 각 문항당 배점은 10점이며 높은 점수를 받을수록 경청 습관이 좋다고 할 때, A의 점수는 몇 점인가?

〈경청 습관 체크리스트〉

작성자 : A

나는 다른 사람과 대화를 할 때	O	X
1. 상대방의 말을 끝까지 듣는다.		✓
2. 상대방의 문장을 내가 마무리한다.	✓	
3. 해야 할 일, 과거에 있었던 일 등 다른 생각을 한다.		✓
4. 물건을 정리하면서 이야기를 듣는다.		✓
5. 들리는 이야기의 이면, 상대방의 의도를 파악한다.	✓	
6. 필요하다면 메모를 한다.	✓	
7. 충분한 정보를 얻기 위해 상대방에게 질문을 던진다.		✓
8. 상대방과 눈을 마주친다.	✓	
9. 대화 도중에 결론 또는 요점이 무엇인지 물어본다.	✓	
10. 상대방의 표정, 몸짓, 침묵 등 비언어적 단서에 주의를 기울인다.	✓	

① 50점　　　　② 60점　　　　③ 70점　　　　④ 80점

11. 비가 온 다음 날 비가 올 확률은 0.4이고, 비가 오지 않은 다음 날 비가 올 확률은 0.3이다. A가 비가 오는 날 지각할 확률은 0.7이고, 비가 오지 않는 날 지각할 확률은 0.1이다. 월요일에 비가 왔다면 A가 수요일에 지각할 확률은?

① 0.304　　　　② 0.238　　　　③ 0.172　　　　④ 0.066

12. 다음 자료에 대한 설명으로 옳지 않은 것은?

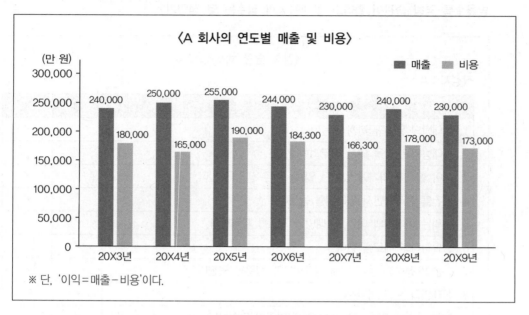

〈A 회사의 연도별 매출 및 비용〉

※ 단, '이익＝매출－비용'이다.

① 이익이 가장 많았던 해는 전년 대비 이익 증감률의 절댓값도 가장 크다.
② 이익이 가장 적었던 해는 전년 대비 비용 증감률의 절댓값도 가장 작다.
③ 전년 대비 비용 증감률의 절댓값이 가장 컸던 해는 비용이 가장 많았던 해가 아니다.
④ 전년 대비 매출 증감률의 절댓값이 가장 컸던 해는 매출이 가장 많았던 해가 아니다.

13. 다음 그림에서 찾을 수 있는 모든 크고 작은 평행사변형의 개수는? (단, 가로로 놓인 선분들과 세로로 놓인 선분들은 모두 평행하다)

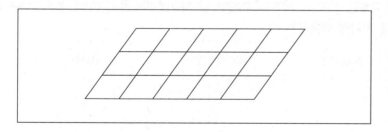

① 55개
② 75개
③ 88개
④ 90개

14. K 씨는 3년 만기 예금상품에 가입하려고 한다. 이자는 1년마다 복리로 지급되며 연이율은 처음 1년 동안은 2.0%, 다음 1년 동안은 2.2%, 마지막 1년 동안은 2.5%가 적용된다고 한다면, 3년 만기가 되었을 때 K 씨의 통장 잔액이 1,000만 원 이상이 되기 위해 예금해야 할 최소금액은 얼마인가? (단, 예금하는 금액은 만 원 단위로 계산한다)

① 933만 원　　　　　　　　　　　② 934만 원

③ 935만 원　　　　　　　　　　　④ 936만 원

15. A 회사는 한 대에 150만 원인 노트북과 한 대에 180만 원인 컴퓨터를 합쳐 총 10대를 구매하고 1,560만 원을 지불하였다. 구입한 노트북과 컴퓨터는 각각 몇 대인가?

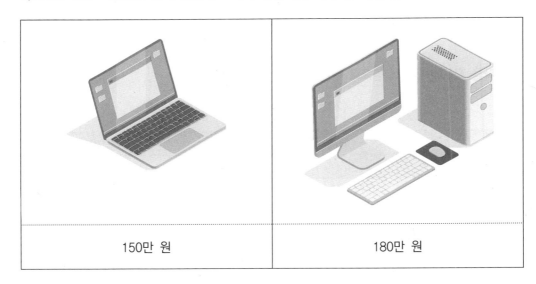

| | 150만 원 | | 180만 원 |

	노트북	컴퓨터		노트북	컴퓨터
①	5대	5대	②	6대	4대
③	7대	3대	④	8대	2대

16. 다음은 동일한 제품을 판매하는 온라인 쇼핑몰 A ~ C 세 곳에 대해 구매자들이 평가한 표이다. 이에 대한 설명으로 옳지 않은 것은? (단, 모든 항목은 100점 만점이다)

(단위 : 점)

온라인 쇼핑몰 \ 항목	품질	배송	불만처리 응대	가격
A	90	86	93	80
B	92	90	85	86
C	94	80	91	85

① 모든 항목을 더한 총점이 가장 높은 온라인 쇼핑몰은 B이다.

② 배송과 불만처리 응대에 큰 비중을 두는 소비자라면 온라인 쇼핑몰 A를 선택할 확률이 높다.

③ 품질 점수에 50%의 가산점을 부여할 때, 총점이 가장 높은 온라인 쇼핑몰은 B이다.

④ 배송 점수에 50%의 가산점을 부여해도 온라인 쇼핑몰의 총점 순위에는 변동이 없다.

17. 다음 자료에 대한 설명으로 옳지 않은 것은?

〈2020 ~ 2021년 감자, 고구마 생산량〉

(단위 : 톤)

구분	2020년		2021년	
	감자	고구마	감자	고구마
A 지역	71,743	12,406	48,411	12,704
B 지역	89,617	73,674	63,391	70,437
C 지역	5,219	100,699	5,049	83,020
D 지역	18,503	97,925	14,807	97,511
E 지역	9,007	28,491	7,893	31,291

① 2020년 대비 2021년에 고구마 생산량이 증가한 지역은 두 곳이다.

② 2020년 대비 2021년에 감자, 고구마의 총생산량이 증가한 지역은 E 지역뿐이다.

③ 2020년 대비 2021년 감자 생산량 증감률의 절댓값이 가장 큰 지역은 A 지역이다.

④ 5개 지역 고구마 총생산량의 2021년 전년 대비 증감률은 약 −2%이다.

18. 다음 자료를 바탕으로 작성한 그래프의 ㉠에 들어갈 값으로 옳은 것은? (단, 소수점 아래 둘째 자리에서 반올림한다)

〈20XX년 물류산업 주요 현황〉

(단위 : 개, 천 명, 십억 원)

구분		기업체 수	종사자 수	매출액	영업비용
운수업(A)		392,500	1,154	152,016	139,523
물류산업(B)		216,627	596	92,354	84,385
	화물운송업	202,954	495	70,767	64,658
	물류시설 운영업	1,198	16	4,534	3,921
	물류 관련 서비스업	12,475	85	17,053	15,806
	운수업 관련 서비스업*	12,338	75	12,475	11,677
	운수업 외 서비스업**(C)	137	10	4,578	4,129

* 운수업에 포함된 화물취급업, 운송중개서비스업, 기타 운송 관련 서비스업 등

** 운수업 외 서비스업 중 물류 관련 정보처리서비스업, 장비 임대업, 경영컨설팅업 등(8개 업종)

※ 운수업 내 물류산업 비중(%) = $\dfrac{B-C}{A} \times 100$

〈20XX년 운수업 내 물류산업 비중〉

(단위 : %)

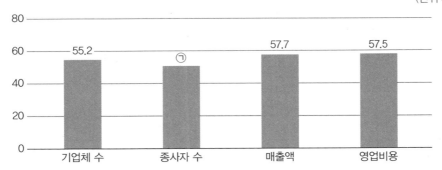

① 50.8

② 51.2

③ 51.6

④ 52.0

[19 ~ 20] 다음 제시상황과 자료를 바탕으로 이어지는 질문에 답하시오.

○○공사 황 대리는 20X1년 회계결산표를 열람하고 있다.

〈20X1년 회계결산〉

(단위 : 억 원)

자산				부채 및 자본			
구분	20X1년 말 (A)	20X0년 말 (B)	증감 (A-B)	구분	20X1년 말 (C)	20X0년 말 (D)	증감 (C-D)
자산계	131,990	130,776	1,214	부채·자본계	131,990	132,424	-434
유동자산	2,397	1,198	1,199	부채	46,455	51,201	-4,746
당좌자산	1,813	584	㉠	유동부채	9,075	10,400	-1,325
재고자산	584	614	-30	비유동부채	37,380	40,801	㉡
비유동자산	129,593	129,578	15	자본	85,535	81,223	4,312
투자자산	757	807	-50	자본금	206,769	196,592	10,177
유형자산	127,622	127,560	62	기타포괄 손익누계액	28,313	㉢	0
무형자산	1,089	1,096	-7				
기타비유 동자산	125	115	10	결손금	-149,547	-143,682	㉣

수익				비용			
구분	20X1년 말 (E)	20X0년 말 (F)	증감 (E-F)	구분	20X1년 말 (G)	20X0년 말 (H)	증감 (G-H)
수익계	20,550	21,549	-999	비용계	26,415	26,938	-523
영업수익	20,046	19,865	181	영업비용	25,370	25,187	183
영업외수익	504	1,684	-1,180	영업외비용	1,045	1,751	-706
이자수익	24	64	-40	이자비용	578	623	-45
자산수증 이익	136	1,240	-1,104	잡손실 등	467	1,128	-661
당이익 등	344	380	-36	당기순이익 (손실)	-5,865	-5,389	-476

19. 다음 중 위 자료의 ㉠ ~ ㉣에 들어갈 수치로 옳지 않은 것은?

① ㉠ : 1,229

② ㉡ : -3,421

③ ㉢ : 28,313

④ ㉣ : -5,855

20. 손익현황표를 보고 김 과장과 황 대리가 다음과 같은 대화를 나누었을 때, 대화의 (가) ~ (다)에 들어갈 수치가 바르게 짝지어진 것은? (단, 소수점 아래 둘째 자리에서 반올림한다)

> 김 과장 : 황 대리, 20X1년 손익현황표에서 인상적인 부분이 있었나요?
>
> 황 대리 : 네. 영업외수익 부분이 눈에 띄었습니다. 20X1년 말 기준으로 전체 영업외수익이 전년 대비 (가)% 감소했더라고요. 그중에서도 자산수증이익이 (나)% 감소한 것이 전체 영업외수익 감소에 큰 영향을 준 것 같습니다. 이 밖에도 전체 영업외비용이 전년 대비 (다)% 감소한 것 역시 주목해 볼 사항이라고 생각합니다.

	(가)	(나)	(다)		(가)	(나)	(다)
①	68.1	89.0	39.3	②	68.1	92.0	40.3
③	70.1	89.0	39.3	④	70.1	89.0	40.3

21. 다음 글에서 설명하고 있는 창의적 사고기법은?

> 윌리엄 고든이 천재와 대발명가들을 대상으로 연구한 결과 그들의 공통적인 사고방식이 '유추'라는 것을 발견하게 되었고, 이를 기반으로 '관련이 없는 요소들의 결합'의 의미를 지닌 기법을 창안해 냈다. 이 기법은 유추를 통해 친숙한 것을 생소한 것으로, 생소한 것을 친숙한 것으로 볼 수 있게 함으로써 새로운 시각을 갖기 어려운 상황에서 창의적인 사고를 도와주고 문제 해결을 모색하도록 하는 기법이다. 이때 사용되는 유추는 4가지로, 직접 유추, 의인 유추, 상징적 유추, 환상적 유추가 있다.

① PMI 기법

② 연꽃 기법

③ 육색 사고 모자 기법

④ 시네틱스(Synetics) 기법

22. 다음 중 자유연상법 진행 원칙에 대한 설명으로 적절하지 않은 것은?

> • 다른 사람의 의견을 비판하지 말아야 한다.
> • 어떤 아이디어도 수용할 수 있는 분위기를 만든다.
> • 질적인 부분을 중시하기보다는 양적인 면을 더 우선시한다.
> • 제출된 아이디어를 조합하고 개선하여 최종 아이디어를 도출해 낸다.

① 회의 구성원들의 발언 내용을 요약해서 잘 기록함으로써 내용을 구조화할 수 있어야 한다.

② 구성원들이 다양한 의견을 제시할 수 있는 편안한 분위기가 되도록 리더를 선출해야 하며 이때 직급이나 근무경력에 따라서 리더를 선출한다.

③ 집단적, 창의적 발상 기법으로 집단에 소속된 인원들이 자발적으로 자연스럽게 제시된 아이디어 목록을 통해서 특정한 문제에 대한 해답을 찾고자 노력하는 것이다.

④ 집단의 효과를 살려 아이디어의 연쇄반응을 일으켜 자유분방한 아이디어를 내는 데 목표가 있다.

23. 다음 〈보기〉는 두 가지의 문제해결방법에 대한 설명을 나타낸 것이다. ㉠과 ㉡에 해당되는 문제해결방법의 종류를 알맞게 연결한 것은?

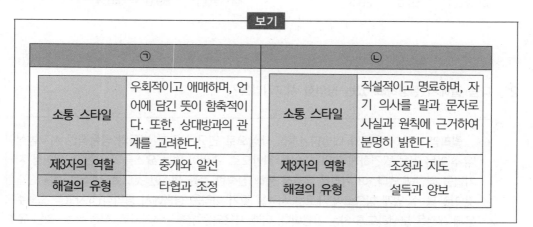

보기			
㉠		㉡	
소통 스타일	우회적이고 애매하며, 언어에 담긴 뜻이 함축적이다. 또한, 상대방과의 관계를 고려한다.	소통 스타일	직설적이고 명료하며, 자기 의사를 말과 문자로 사실과 원칙에 근거하여 분명히 밝힌다.
제3자의 역할	중개와 알선	제3자의 역할	조정과 지도
해결의 유형	타협과 조정	해결의 유형	설득과 양보

	㉠	㉡
①	소프트 어프로치	퍼실리테이션
②	하드 어프로치	소프트 어프로치
③	퍼실리테이션	소프트 어프로치
④	소프트 어프로치	하드 어프로치

24. △△기업의 **인사팀**과 **영업팀**은 함께 회식을 하기 위해 회사 근처 펍(Pub)을 방문하였다. 펍에는 다음과 같은 다트 게임이 있어 인사팀과 영업팀은 각 팀의 대표 직원을 뽑아 게임을 한 후, 진 팀의 팀장이 이긴 팀 직원들에게 커피를 사기로 했다. 다음 〈조건〉을 바탕으로 할 때, 적절하지 않은 것은?

조건

- 인사팀에서는 박 대리가, 영업팀에서는 김 대리가 대표로 게임을 하게 되었다.
- 박 대리와 김 대리는 각각 10개의 화살을 던졌다.
- 박 대리와 김 대리는 0점 과녁을 맞힌 점수만을 점수판에 적기로 하였다.
- 최종 점수는 각 화살이 맞힌 점수의 합으로 계산하고, 더 높은 점수를 받은 팀이 승리하는 것으로 한다.
- 다만 박 대리와 김 대리의 화살 중 원 바깥으로 나간 화살은 없다고 가정한다.
- 또한 박 대리와 김 대리가 5점을 맞힌 화살의 개수는 같다고 가정한다.

[점수표]

점수	박 대리가 맞힌 화살 수	김 대리가 맞힌 화살 수
0점	4	3
3점		
5점		

① 인사팀장은 영업팀 직원들에게 커피를 사야 한다.
② 박 대리와 김 대리의 점수 차는 3점일 것이다.
③ 김 대리가 받은 점수는 최소한 20점보다 높다.
④ 박 대리가 받은 점수는 홀수일 것이다.

25. 다음 〈조건〉을 바탕으로 떡볶이를 좋아하는 사람을 모두 고른 것은?

조건

- A, B, C, D 4명이 햄버거, 피자, 짬뽕, 떡볶이 중에서 좋아하는 음식을 두 가지씩 말하였다.
- 햄버거를 좋아한다고 말한 사람은 3명이다.
- 피자와 떡볶이를 좋아한다고 말한 사람은 각각 2명씩이다.
- 짬뽕은 C만 좋아한다.
- A는 피자를 좋아하지만 햄버거는 좋아하지 않는다.
- B는 햄버거를 좋아한다.
- D는 햄버거와 피자를 좋아한다.

① A, B

② A, C

③ B, C

④ B, D

26. 문제는 유형에 따라 발생형 문제, 탐색형 문제, 설정형 문제로 구분할 수 있다. 〈보기〉에서 설정형 문제를 모두 고른 것은?

보기

ㄱ. ○○공항이 올해도 세계 공항 서비스 평가에서 1위를 하면서 10년 연속 최우수공항으로 선정되었지만 시간이 지나면 공항 시설의 편의성과 서비스의 질이 떨어져 승객들의 불편이 초래될지도 모른다는 판단에 따라 향후 공항 시설 개선책이 요구될 것으로 보인다.

ㄴ. 최근 몇 년간 공항 이용객이 급격히 증가하면서 출국대기시간 연장 등 혼잡 발생이 빈번해지고 있다. 체크인 카운터, 보안검색 시설 등의 확충으로 여객 처리능력을 향상시켜야 한다.

ㄷ. 앞으로 공항복합도시(Airport City)와 제2공항이 모두 완공되어 국내 방문객뿐만 아니라 환승객도 늘어날 것이다. 환승객 유치 확대를 위해 항공사, 여행사와의 협업을 통해 우리 공항에서만 이용할 수 있는 환승상품의 개발이 필요하다.

① ㄱ

② ㄴ

③ ㄷ

④ ㄱ, ㄷ

[27 ~ 28] 다음은 제약회사인 (주)AA에 관한 강점(S), 약점(W), 기회(O), 위기(T)를 순서 없이 나열한 것이다. 이어지는 질문에 답하시오.

(가) 고령화에 따른 의료비 지출 증가
(나) 타 상위 제약사 대비 부족한 신약 파이프라인 보유량 및 소극적 투자
(다) 전문의약품, 일반의약품, 원료의약품 등 다양한 사업 영역
(라) 보험급여기준의 변화로 (주)AA가 해외에서 수입한 신약의 처방 확대 가능성
(마) 풍부한 현금을 바탕으로 R&D 투자 및 사업 확대 가능성 보유
(바) 국내외 정부의 약값 인하 정책 추진
(사) 기존 상품에 대한 지나치게 높은 매출 비중
(아) 경쟁제약사의 적극적인 신약 파이프라인 확대 및 공개

27. 위에 제시된 (주)AA에 대한 정보 중 위기에 해당하는 것을 모두 고르면?

① (나)
② (바)
③ (나), (사)
④ (바), (아)

28. 위에 제시된 SWOT 분석에 따라 (주)AA가 향후 취할 수 있는 전략으로 적절한 것을 〈보기〉에서 모두 고르면?

보기

ㄱ. 대규모 자금을 이용한 파이프라인 R&D에 대한 투자 및 사업 확보
ㄴ. 노인성 질환 관련 치료제에 대한 약값 인하 정책 홍보
ㄷ. 보험적용이 가능한 신약의 수입 확대와 판로 확보·확대를 위한 마케팅

① ㄱ
② ㄷ
③ ㄱ, ㄴ
④ ㄱ, ㄷ

29. 다음은 1980년대 헝가리 부다페스트에서 있었던 사례이다. 이 글에서 파악할 수 있는 문제해결 과정의 절차 중 '원인 분석'에 해당하는 것은?

부다페스트에서 버스를 이용하는 승객들이 민원을 제기하였다. 안 그래도 오래 기다린 버스가 항상 만원이 되어 오기 때문에 더욱 짜증이 발생한다는 것이다. 이를 해결하기 위해 승객들은 버스를 증차해 달라고 요구하였다.

버스회사는 버스운전사의 피로도와 재정적인 문제로 버스를 무조건 증차하는 것은 어려움이 있어 개선할 수 있는 다른 방법을 찾기 위해 버스운행의 실제 상황을 조사하였다.

버스는 터미널에서 10분 간격으로 출발하고 10분마다 정거장에 도착하였다. 문제는 교통 상황 등의 이유로 정체가 발생해 5분 이상 늦어질 경우 다음 정거장까지 15분이 소요되어 기다리는 승객수가 점점 증가하는 것이었다. 결국 늘어난 사람만큼 승차와 하차 시간이 더 오래 걸려 다음 정거장에 도착하는 시간은 계속해서 지연되는 악순환이 발생했다.

게다가 앞차가 많은 승객들을 태우며 시간이 지연되는 동안 뒤차와의 간격은 점차 좁아졌고 이로 인해 뒤차는 다음 승객들이 충분히 모이지 않은 상태에서 적은 수의 승객을 태울 수밖에 없었다. 버스 간 공간 불균형은 점차 심해졌고 승객들의 불만은 쌓여갔다.

이에 담당자는 시간 지연으로 앞차가 정거장에 오래 머무르고 있을 때는 뒤차가 앞차를 앞지를 수 있도록 버스 운행 규정을 바꾸고, 출퇴근 시간과 다른 시간대의 운행 버스 대수를 조절하여 정체가 심한 시간대에 버스 운행을 좀 더 활발히 하기로 결정했다.

---

① 버스 운전기사의 피로도
② 유연하지 못한 버스 운행 규정
③ 항상 오래 기다리는데 만원인 버스
④ 버스 회사에 대한 민원 제기

30. A 공사 환경관리팀 김 사원는 pH에 관해 연구를 하던 중 다음과 같은 내용을 발견하였다. 이를 근거로 한 설명으로 옳지 않은 것은?

<table>
<tr><td colspan="8" align="center">〈202X년 우리나라 주요 도시 빗물 산도〉</td></tr>
<tr><td>서울</td><td>5.2pH</td><td>대구</td><td>4.8pH</td><td>울산</td><td>5.4pH</td><td>제주</td><td>5.0pH</td></tr>
<tr><td>대전</td><td>5.8pH</td><td>부산</td><td>4.9pH</td><td>경기</td><td>5.0pH</td><td></td><td></td></tr>
</table>

〈pH의 개념〉

• pH는 수소이온농도를 나타내는 지표이다.
• pH가 7 이하일 때 산성이며, 수치가 낮을수록 수소이온농도가 높아지고 산성이 강하다.
• pH가 1 높으면 수소이온농도는 $\frac{1}{10}$배이고, pH가 1 낮으면 수소이온농도는 10배이다.
• pH가 5.6보다 낮은 비를 산성비라고 한다.

① 모든 도시의 빗물 산도는 산성이다.
② 대전을 제외한 모든 도시에서 산성비가 내렸다.
③ 가장 산성이 강한 비가 내린 도시는 대구이다.
④ 대전 빗물의 수소이온농도는 대구 빗물의 수소이온농도의 10배이다.

31. 다음 중 파레토 법칙과 관련 없는 것은?

① 즐겨 입는 옷의 80%는 옷장에 있는 옷의 20%이다.
② 수신되는 이메일의 20%만 중요한 내용이고, 대부분은 스팸메일이다.
③ 매출액의 대부분은 전체 생산되는 제품의 80%가 차지한다.
④ 성과의 80%는 근무시간 중 가장 집중한 20%에서 나오는 것이다.

32. 일반적으로 시간 낭비 요인은 업무와 상관없는 일을 하는 것, 본연의 일을 중지하게 만드는 것, 업무의 효율을 저하시키는 것 이렇게 3가지로 구분할 수 있다. 다음 〈보기〉 중 직장에서의 대표적인 시간 낭비 사례를 모두 고른 것은?

> **보기**
>
> ㉠ 회의의 연장 또는 의사결정의 지연
> ㉡ 권한을 위양한 일에 대한 부적절한 관리
> ㉢ 커뮤니케이션을 위해 소요되는 준비 시간
> ㉣ 회의나 타협에 대한 준비 불충분
> ㉤ 여러 가지 일을 순차적으로 처리
> ㉥ 일에 대한 의욕 부족과 무관심
> ㉦ 업무의 우선순위 선정 미흡

① ㉠, ㉡, ㉣, ㉥, ㉦　　　　　　② ㉠, ㉢, ㉤, ㉥, ㉦
③ ㉡, ㉢, ㉣, ㉤, ㉥　　　　　　④ ㉡, ㉣, ㉤, ㉥, ㉦

33. 한정된 시간을 효율적으로 관리하기 위한 목표 설정 기법인 SMART 법칙은 목표를 설정하고 그 목표를 성공적으로 달성하기 위해 꼭 필요한 5가지 요건들의 머리글자를 딴 것이다. 다음 글에서 파악할 수 있는 SMART 법칙의 요건은?

> 체중을 줄이기로 마음먹은 사람이 목표를 단지 '날씬해지는 것'으로 잡는다면 체중 감량에 실패할 가능성이 높다. 왜냐하면 자신의 행동 결과를 판단할 수 있는 기준이 모호하기 때문이다. 변화의 정도가 오감을 통해 선명하게 관찰될 수 있어야 한다. '영어 실력을 높인다'보다는 수치를 활용하여 '하루에 단어 열 개, 한 달 동안 3백 개 외우기'가 달성 가능성이 훨씬 높다.

① Specific(구체적인)
② Measurable(측정 가능한)
③ Achievable(달성 가능한)
④ Realistic(현실성 있게)

34. 다음은 ○○그룹 신입사원 Off-JT 교안의 일부이다. (가)에 들어갈 내용으로 옳지 않은 것은?

「프레젠테이션 이미지 메이킹의 이해」교안

학습주제	프레젠테이션에 대한 이해
학습목표	프레젠테이션에서 중요한 이미지 메이킹 방법을 바르게 사용할 수 있다.
준비물	빔프로젝터, PPT 자료, 동영상 자료

학습 내용
1. 프레젠테이션과 이미지 메이킹   • 프레젠테이션을 할 때는 발표 내용과 같은 언어적 요소도 중요하지만 청중에게 더 큰 영향력을 가지고 있는 비언어적 요소를 토대로 청중을 설득하고 청중의 공감을 이끌어 낼 수 있어야 한다.   • 비언어적 요소의 이미지 메이킹   (가   )   -하략-

① 비즈니스 관련 발표 시에는 정장을 입어서 예의를 갖추는 것이 좋다.
② 한 사람씩 대화하듯 자연스러운 시선처리로 청중의 집중을 높이는 것이 좋다.
③ 자신감 있는 표정으로 청중들과 자연스럽게 눈 맞춤을 실시하는 것이 좋다.
④ 발음과 목소리 크기에 유의하여 안정적이고 분명하게 말하는 것이 좋다.

35. K사는 매주 수요일마다 해외 지사들과 함께 화상회의를 진행하려고 한다. 각 지사의 근무시간과 점심시간 그리고 한국과의 시차가 다음과 같을 때 서울 본사를 기준으로 회의를 시작하기 가장 적절한 시각은? (단, 회의 소요 시간은 고려하지 않고 시작 시각만 고려한다)

〈업무시간〉

구분	근무시간(현지시간)	점심시간(현지시간)	시차
한국 본사	10 : 00 ~ 19 : 00	13 : 00 ~ 14 : 00	–
A 지사	08 : 30 ~ 17 : 30	12 : 00 ~ 13 : 00	8시간 느림
B 지사	09 : 30 ~ 18 : 30	12 : 00 ~ 13 : 00	1시간 느림
C 지사	10 : 00 ~ 19 : 00	13 : 00 ~ 14 : 00	3시간 30분 느림

※ 단, 근무시작 후 30분 이내, 점심시간, 근무마감 시간 직전 1시간 동안은 회의 시작 불가

① 16 : 10   ② 16 : 40
③ 17 : 20   ④ 17 : 40

36. 다음은 J 공사의 진행 예정 사업에 입찰한 업체 가 ~ 마에 대한 평가자료이다. 이를 기준으로 할 때, 최종 선정될 업체는?

〈평가자료〉

• 업체별 평가항목 점수

평가항목 \ 업체	가	나	다	라	마
실적평가	91	87	89	92	85
경영평가	B	A	B	C	C
수행능력평가	91	95	96	89	97

• 점수 산정 기준

평가항목	상위 1개 업체		중위 2개 업체		하위 2개 업체
실적평가	5점		3점		1점
경영평가	5점		3점		1점
수행능력평가	95점 이상	90점 이상	85점 이상	80점 이상	75점
	5점	4점	3점	2점	1점

※ 최종 점수는 점수 산정 기준에 따른 합산 점수이며, 최종 점수가 가장 높은 업체를 선정한다.
※ 최종 점수가 동일할 경우 수행능력평가 점수가 높은 업체를 최종 선정한다.

① 가   ② 나
③ 다   ④ 라

37. 재무부 K 사원은 워크숍에 필요한 직원 50명의 단체복을 주문하기 위하여 제품별 가격표를 검토하고 있다. 다음 자료를 모두 고려했을 때, K 사원이 선정할 업체와 품목은?

〈제품별 직원 선호도 및 가격표〉

품목	직원 선호도 순위	A 업체	B 업체
라운드넥 티셔츠	3	12,000원	13,000원
칼라넥 티셔츠	2	14,000원	17,500원
집업 점퍼	1	22,000원	20,000원
플리스 점퍼	4	25,000원	22,000원

※ B 업체의 경우 상품과 관계없이 30점 이상 구매 시 전체 지급금액의 10%가 할인된다.

〈품목 및 업체선정 우선순위〉
• 직원 선호도를 최우선으로 선정하나, 다음 순위 선호도 품목의 총구매금액이 우선 품목 대비 20% 이상 저렴한 경우 다음 순위 품목을 선정한다.
• 동일한 품목에서 총구매금액이 더 저렴한 업체를 선정한다.

① A 업체 - 라운드넥 티셔츠   ② A 업체 - 칼라넥 티셔츠
③ B 업체 - 라운드넥 티셔츠   ④ B 업체 - 집업 점퍼

[38 ~ 39] △△공사 인사팀 직원 김새벽 씨는 경력직원 근무지를 재배치하기 위해 각 직원들의 희망 근무지를 확인하고 있다. 〈근무지 배치 규칙〉을 바탕으로 이어지는 질문에 답하시오.

〈희망 근무지〉

직원	희망 근무지	업무분야(경력)	직원	희망 근무지	업무분야(경력)
가	서울	입환유도(1년)	사	경기도	입환유도(6년)
나	강원도	고속전호(5년)	아	부산	구내운전(2년)
다	강원도	입환유도(4년)	자	경기도	입환유도(2년)
라	경기도	고속전호(3년)	차	서울	고속전호(1년)
마	제주도	고속전호(4년)	카	부산	구내운전(5년)
바	부산	구내운전(4년)	타	서울	고속전호(4년)

〈근무지 평점〉

근무지	평점	근무지	평점
강원도	2	부산	7
서울	6	광주	9
경기도	8	제주도	3

〈근무지 배치 규칙〉

• 한 근무지당 2명의 직원이 배치되며, 근무지별로 배치된 직원들은 업무분야가 달라야 한다.

• 희망 근무지를 우선하여 배치하되, 희망인원이 초과일 경우 고속전호, 입환유도, 구내운전 순으로 우선 배치한다(단, 동일한 업무분야의 직원 2명 이상이 동일한 희망 근무지를 작성한 경우에는 경력이 많은 순으로 우선 배치한다).

• 희망 근무지에 배치되지 못한 경우 희망자가 미달인 근무지에 배치되며 입환유도, 구내운전, 고속전호 순으로 평점이 좋은 근무지부터 순서대로 배치한다(단, 동일한 업무분야의 직원이 2명 이상 있을 경우에는 경력이 적은 순으로 우선 배치한다).

38. 김새벽 씨가 희망 근무지를 고려하여 근무지를 배치할 때, 다음 중 경기도와 서울에 배치될 직원 끼리 알맞게 연결된 것은?

	경기도	서울			경기도	서울
①	라, 사	가, 차		②	라, 사	가, 타
③	라, 자	가, 타		④	라, 자	가, 차

39. 김새벽 씨가 다음과 같이 변동된 근무지 배치 규칙을 적용했을 때, 다음 중 마 직원과 같은 근무지에 배치되는 직원은?

- 한 근무지당 2명의 직원이 배치되며, 근무지별로 배치된 직원들은 업무분야가 달라야 한다.
- 한 근무지당 최소 1명은 경력이 4년 이상인 직원이 배치되어야 한다.
- 1차 배치 시 희망 근무지를 우선하여 배치하되, 해당 근무지의 희망 직원이 2명을 초과하는 경우 고속전호, 입환유도, 구내운전 순으로 우선 배치한다(단, 동일한 업무분야의 직원 2명 이상이 동일한 희망 근무지를 작성한 경우에는 경력이 많은 순으로 우선 배치한다).
- 희망 근무지에 배치되지 못한 경우 2차 배치를 실시한다. 이때 희망자가 미달인 근무지에 배치하되, 다음과 같은 규칙을 적용한다.
  - 업무분야가 입환유도, 구내운전, 고속전호인 순으로, 같은 업무분야에서 경력이 적은 순으로 평점이 높은 근무지에 배치한다.
  - 단, 평점이 높은 근무지에 이미 같은 업무분야 직원이 배치되어 있거나 최소 1명의 경력이 4년 이상인 직원이 배치되어 있지 않은 경우 그 다음으로 평점이 높은 근무지에 배치한다.

① 가 직원　　　　　　　　　　② 바 직원

③ 아 직원　　　　　　　　　　④ 차 직원

40. F 회사 총무팀은 올해 높은 실적을 기념하여 총무팀 플레이샵을 계획하고 있다. 총무팀 정 대리가 다음 조건에 따라 일정을 짰을 때, 출발일로 가장 적절한 요일은?

- 오늘은 금요일 오전이며, 플레이샵은 다음 주 안으로 진행되어야 한다.
- 총무팀은 총 5명으로 구성되어 있으며, 플레이샵은 1박 2일 일정으로 계획되어 있다.
- 일요일을 제외한 평일 및 토요일 오전 또는 오후 시간대에 출발할 수 있다.
- 총무팀장은 매주 수요일 오전 임원회의가 예정되어 있다.
- 총무팀 김 과장은 임원회의에 같이 참석하며, 화요일에는 사외 교육일정이 잡혀 있다.
- 총무팀 나 대리의 결혼식은 7일 남은 상태이다.
- 총무팀 이 주임은 나 대리와 정 대리가 사내에 있을 때 함께 등기소에 다녀오기로 했다.
- 총무팀 정 대리는 특별한 일정은 없으나 임원회의 전날은 보고자료 정리를 해야 한다.

① 월요일 　　　　　　　　　② 수요일
③ 목요일 　　　　　　　　　④ 금요일

41. 다음은 기술시스템의 발전 단계이다. ⊙, ⓒ에 들어갈 내용으로 옳은 것은?

단계	내용
1단계 발명 · 개발 · 혁신의 단계	기술시스템의 탄생과 성장
2단계 기술 이전의 단계	성공적인 기술이 다른 지역으로 이동
3단계 기술 경쟁의 단계	기술시스템 사이의 경쟁
4단계 기술 (⊙) 단계	(　　　　ⓒ　　　　)

　　　　⊙　　　　　　　　ⓒ
① 공고화　　　최종 기술시스템의 관성화
②　적용　　　새로운 기술을 산업에 적용
③　모방　　　　기술시스템 간의 모방
④　분쟁　　　　기술시스템 특허 분쟁

42. 기술능력을 향상하기 위한 방법에는 여러 가지가 있다. 그 중 OJT에 대한 설명을 〈보기〉에서 모두 고른 것은?

> **보기**
>
> 가. 관련 산업체와의 프로젝트 활동이 가능하기 때문에 실무 중심의 기술교육이 가능하다.
> 나. 피교육자인 종업원이 업무수행의 중단되는 일이 없이 업무수행에 필요한 지식·기술·능력·태도를 교육훈련 받을 수 있다.
> 다. 원하는 시간과 장소에 교육받을 수 있어 시간, 공간적 측면에서 독립적이다.
> 라. 각종 부대시설을 이용할 수 있으며 전문가를 통한 양질의 실무교육을 받을 수 있다.
> 마. 시간의 낭비가 적고 조직의 필요에 합치되는 교육훈련을 할 수 있다.

① 가, 다　　　　　　　　　　　② 나, 라
③ 가, 마　　　　　　　　　　　④ 나, 마

43. 다음은 정부가 발표한 중대 산업재해 예방안의 핵심 내용을 정리한 것이다. 이를 참고하여 새로운 대책을 세웠을 때, 적절한 의견이 아닌 것은?

〈산업안전 패러다임 전환〉

구분	현재	개선
01. 책임주체	사업주 중심	원청·발주자 등 책임 강화
02. 보호대상	근로자	특수형태근로종사자 등 포함
03. 보호범위	신체건강 보호	정신건강까지 보호
04. 사고조사	수사·처벌	관행·구조까지 개선
05. 안전보건관리	외부위탁	정규직이 직접 수행

① 원청의 안전관리 책임 장소를 확대하고 위반 시 하청과 동일하게 처벌한다.
② 대형 인명사고 발생 시 사고조사를 철저히 진행하여 책임자들의 처벌을 분명히 한다.
③ 영세자영업자와 특수형태근로종사자들의 산재보험 적용을 확대한다.
④ 고객응대 근로자의 감정노동에 따른 건강장해를 보호할 수 있도록 법안을 마련한다.

44. 다음 글에서 사용된 벤치마킹의 종류와 그 설명이 올바르게 짝지어진 것은?

> S 커피숍은 76개국 2만 8,000개가 넘는 매장을 운영하는 다국적 기업으로 1999년에 진출해 2017년에는 연매출 1조 원을 넘으며 승승장구하고 있는 기업이다. S 커피숍의 편리한 시스템 중 하나로 꼽히는 '자동 오더'는 고객이 스마트폰으로 주문을 하는 시스템이다. 이는 한국 S 커피숍에서 먼저 시작한 시스템으로, 한국에서 큰 인기를 얻자 미국 본사, 캐나다, 홍콩 지사에서 '자동 오더' 시스템을 벤치마킹하여 도입했다. 보통 새로운 기술이나 제도는 본사에서 먼저 시작한 뒤 해외로 넓혀지는 것이 대다수이지만, 본사가 아닌 한국 법인에서 처음 도입한 시스템을 본사가 벤치마킹했다는 점은 상당히 이례적인 사례로 평가받는다.

	벤치마킹 종류	설명
①	내부 벤치마킹	자료 수집이 용이하며 관점이 다양할 수 있다는 장점이 있다.
②	내부 벤치마킹	같은 기업 내의 다른 지역, 타 부서, 국가 간의 유사한 활용을 비교대상으로 한다.
③	경쟁적 벤치마킹	동일 업종에서 고객을 직접적으로 공유하는 경쟁기업을 대상으로 한다.
④	비경쟁적 벤치마킹	프로세스에 있어 최고로 우수한 성과를 보유한 다른 업종의 비경쟁적 기업을 대상으로 한다.

45. 다음은 벤치마킹 사례에 대한 기사이다. 이 벤치마킹의 특징으로 옳지 않은 것은?

〈○○대학교, '202X 대만 해외 벤치마킹' 전개〉

○○대학교(총장 ○○) 외식창업프랜차이즈학과는 지난 4일 '202X 대만 해외 벤치마킹'을 진행했다고 밝혔다. ○○대학교 외식창업프랜차이즈학과는 매년 해외 벤치마킹을 실시, 새로운 창업 아이템 개발과 글로벌시장 트렌드 분석을 통해 학생 창업을 적극 지원한다. 학과생들은 이번 벤치마킹의 테마인 '야시장 투어'에 발맞춰 대만 3대 야시장인 스린 야시장과 라오허제 야시장을 집중 벤치마킹했다. 스린 야시장은 대만에서 가장 크고 유명한 야시장으로, 지하에는 현지인이 즐겨 찾는 푸드코트를 운영하고 있다. 또한 펑리수 공장을 방문해 펑리수 제조 과정 견학과 실습을 실시했다.

외식창업프랜차이즈학과 ○○○ 교수는 "대만은 맞벌이 가정과 1인 가구의 비율이 높아 가정에서 식사가 잘 이뤄지지 않는다. 이에 외식이 보편화된 문화를 갖고 있다."며 "이러한 이유로 대만의 먹거리는 다양하고, 대만 음식에 대한 국내 소비자의 선호도도 증가하는 추세"라고 설명했다.

---

① 문화 및 제도적인 차이로 발생하는 효과에 대해 검토해야 한다.
② 접근과 정확한 자료의 입수가 용이하다.
③ 대상의 적대적인 태도로 인해 자료 수집이 어려울 수 있다.
④ 최고로 우수한 성과를 보유한 동일 업종의 비경쟁적 기업을 대상으로 한다.

46. 다음은 최근 핸드폰을 출시한 (주)믿음의 벤치마킹 보고서의 일부이다. 벤치마킹에 대한 설명으로 옳지 않은 것은?

<보고서>

1. 목적

최근 (주)믿음이 출시한 '믿음 1500'의 판매 부진을 극복하기 위한 대안을 찾기 위함.

2. 개요

(1) 대상 : (주)최고의 '스마트 300'

(2) 기간 : 202X. 04. 01. ~ 07. 03.

(3) 방법 : (주)최고의 본사를 직접 방문

(4) 참여자 : 甲 외 팀원 15명

3. 주요 내용

(1) 대상과의 비교

구분	믿음 1500	스마트 300	구분	믿음 1500	스마트 300
화면크기(in)	5.8	4.5	해상도	1,280×720	1,240×720
내장메모리(g)	16	16	무게(g)	138.5	145
카메라 화소(만)	800	800	색상	B/W, W, B	B/W
배터리용량(mA)	2,150	2,100	통신사	X, Y, Z	X, Y, Z
RAM(GB)	2	2	출고가	899,800원	966,900원
CPU(GHz)	1.6쿼터	1.4쿼터			

(2) 소비자의 선호 조사

• 화면이 작고, 핸드폰의 무게가 가벼울수록 소비자의 선호도가 높음.

• 다양한 색상을 선호하는 경향

① A : 벤치마킹은 "경쟁자에게서 배운다."라는 말을 실행 가능하게 만들어 주는 경영 혁신 기법이야.

② B : 동종업계의 제품을 벤치마킹하고 있으니 경쟁적 벤치마킹에 해당돼.

③ C : 궁극적으로는 고객의 요구에 충족되는 최고 수준의 프로세스를 만들어 전략적 우위를 확보하는 것이지.

④ D : (주)최고의 '스마트 300' 제품 자체에만 초점을 맞추고, (주)최고의 인적 자원과 정보 시스템 등은 고려할 필요가 없어.

47. 산업재해를 예방하기 위한 대책을 단계별로 세우려고 할 때, 각 단계에 대한 내용으로 적절하지 않은 것은?

'위험의 외주화', 협력업체 근로자 산업재해 사고 끊이질 않아…
−공사현장 안전사고 대부분 협력업체에서 발생−

지난 6월 강원도 강릉에서 고압전선 가설공사를 하던 20대 청년이 추락하는 사고가 있었다. 이 청년은 C사의 협력업체 근로자로 이 업체에서 2년여간 일을 해 왔던 것으로 알려졌다. 최근 사고가 있었던 C사를 비롯해 현장 업무를 협력 업체에 맡기는 많은 기업들에서 협력업체 근로자들의 사고가 끊이지 않고 있다.

며칠 전 홀로 스크린도어를 수리하다 전동차에 치여 죽은 K 씨의 동료 직원들은 한 달 전에도 비슷한 사고를 당할 뻔했다고 증언한 바 있다. 국정감사에 따르면 주요 30개 기업 중대재해 사망근로자 245명 중 하청근로자는 212명으로 전체의 86.5%에 달하며, 그 원인으로 '위험의 외주화'가 꼽히고 있다.

국토청은 이러한 사고의 원인을 파악하고 산업재해를 예방하기 위해 여러 노력을 기울이고 있다고 밝히며, 산업재해의 원인을 몇 가지 제시했다.

먼저 현장 내에 존재하는 여러 구조물이 불안정하거나, 현장에서 사용하는 자재들이 부적합한 경우이다. 또한 현장 장비의 점검/정비/보존이 되지 않았거나, 현장 작업 준비가 충분히 되어 있지 않았을 때도 산업재해가 발생할 가능성이 높다.

〈산업재해 예방대책 단계〉

[1단계] 현장 안전 목표 설정, 안전 관리 책임자 선정, 안전 계획 수립 ················· ⓐ
[2단계] 사고 조사, 안전 점검, 현장 분석, 근로자의 제안 및 여론 조사 ················· ⓑ
[3단계] 산업재해 발생 장소, 형태, 정도 파악 후 기술적 개선 ················· ⓒ
[4단계] 원인 분석을 토대로 적절한 시정책 실시 및 인사 조정 및 교체 ················· ⓓ
[5단계] 안전 교육 및 훈련 실시, 안전시설과 장비 결함 개선

① ⓐ ② ⓑ
③ ⓒ ④ ⓓ

48. 다음 기사를 읽고 A 자동차의 신기술 개발에 대해 잘못 이해한 것은?

> A 자동차가 엔진의 종합적인 성능을 획기적으로 높여 주는 최첨단 엔진 신기술을 세계 최초로 개발해 기존 차량에 적용한다고 밝혔다. 이 기술은 지금까지는 부분적으로만 가능했던 엔진 밸브 열림 시간 제어를 획기적으로 늘려 주는 기술로 상충관계인 엔진의 성능과 연료소비효율(이하 연비)을 동시에 향상시키면서 배출가스까지 줄여 주는 것이 특징이다.
>
> 자동차의 엔진은 흡입−압축−팽창−배기의 4단계 과정을 통해 연료를 연소시켜 동력을 발생시키는데, 이 과정에서 흡기와 배기가 통과하는 관문인 밸브의 열리고 닫히는 시점과 개폐 깊이를 주행 상황에 따라 조절하는 가변 밸브 제어 기술들을 통해 엔진의 성능과 효율을 높여 왔다. 이번 최첨단 엔진 신기술은 엔진의 작동 조건에 따라 흡기 밸브가 열려 있는 기간을 최적화하는 기술이다.
>
> 기존의 엔진들은 연비를 우선시하는 아킨슨 사이클, 성능에 중점을 둔 밀러 사이클, 연비와 성능 절충형 오토 사이클 등 세 가지 중 하나의 엔진 사이클을 선택하고 그에 따라 고정된 밸브 열림 시간을 가질 수밖에 없었다. 하지만 이번 신기술은 연비 주행, 가속 주행 등 운전조건별로 밸브 열림 시간을 길거나 짧게 제어해 아킨슨, 오토, 밀러 사이클을 모두 구현할 수 있다는 것에 기술적인 우수성이 있다. 또한 유효 압축비를 4 : 1 ∼ 10.5 : 1까지 탄력적으로 조절하는 것이 가능해 가변 압축 효과까지 얻을 수 있다.
>
> 이 기술이 적용된 엔진은 출력이 적게 필요한 정속 주행 시에는 흡기 밸브를 압축 행정의 중후반까지 열어 두어 압축 시 발생하는 저항을 감소시키고 압축비도 낮춰 연비 개선 효과를 볼 수 있다. 반대로 가속 주행 시에는 흡기 밸브를 압축 행정 초반에 닫아 폭발에 사용되는 공기량을 최대화함으로써 엔진의 토크가 향상돼 가속성능이 개선된다. 이외에도 최적의 밸브 열림 시간 구현으로 연료 연소율을 높여 배출가스 저감에도 높은 효과가 있으며, 기술 적용 시 엔진 성능은 4% 이상, 연비는 5% 이상 향상되며 배출가스는 12% 이상 저감된다.
>
> 이 신기술은 운전 상황에 따라 성능 영역이 중요할 때는 성능을, 연비 영역이 중요할 때는 연비에 유리하도록 밸브 열림 시간을 바꿔 줌으로써 성능과 연비 두 가지를 동시에 개선한 기술이라는 점에서 과거 30년 동안 개발되어 온 가변 밸브 제어 기술은 물론, 133년 가솔린 엔진 역사에 한 획을 긋는 기술로 평가될 수 있다. A 자동차는 이번 기술 개발로 엔진 분야에서 선도적인 위치에 올라서는 것은 물론, 날로 엄격해지는 배기가스 규제에 적극적으로 대응함으로써 기업 경쟁력을 강화할 수 있을 것이다.

① 신기술을 사용한 자동차의 경우 정속 주행 시에는 압축 저항과 압축비를 감소시켜 연비를 개선시킨다.

② 이번 신기술의 가장 큰 특징은 엔진 성능 및 연비는 향상되면서 배출가스는 저감된다는 것이다.

③ A 자동차의 신기술은 기존의 엔진들과는 달리 밸브 열림 시간을 제어해 기존 엔진들의 특징을 활용한 것이다.

④ 이번 신기술은 흡기 밸브의 여닫는 시간을 팽창 단계에서 조절해 성능을 획기적으로 향상시켰다.

[49 ~ 50] 다음 공기청정기 사용설명서를 읽고 이어지는 질문에 답하시오.

<참고 사항>

• 필터를 끼우지 않고 공기청정기를 사용하면 효과가 점점 떨어집니다.

• 구입 초기에는 약간의 새 필터 냄새가 날 수 있습니다. 하루 이상 사용하면 자연적으로 없어지니 안심하고 사용하세요.

• 가동 시 창문이나 문을 가급적 닫아 주세요. 단, 오랜 시간 문을 닫고 사용할 경우 이산화탄소 농도가 올라갈 수 있으니 주기적으로 환기시켜 주세요. 필터에서 냄새가 날 경우에는 환기를 하면 냄새가 줄어듭니다.

• 일산화탄소(CO)는 필터로 제거할 수 없는 유해가스로, 주로 실외에서 유입됩니다.

• 필터는 사용하는 환경에 따라 청소 및 교체시기가 달라질 수 있습니다.

<일체형 필터>

• 일체형 필터의 사용 및 교체 시에는 반드시 필터의 비닐을 제거해 주세요. 일체형 필터가 장착되지 않은 상태에서 제품 작동 시 바람 소리가 크게 들릴 수 있습니다. 제품 사용 시 일체형 필터를 꼭 장착해 주세요.

• 공기청정기의 탈취 기능은 공기를 필터에 순환시켜야 효과가 발생하므로 과다한 냄새가 발생할 경우 환기를 하여 제거해 주시고, 환기 후 남은 냄새를 한 번 더 제거하는 부가기능으로 공기청정기를 사용하시면 공기청정기의 성능을 높게 유지할 수 있습니다.

• 심한 냄새가 나는 음식 조리 시 공기청정기를 사용하게 되면 숯 탈취 필터의 수명이 급격히 떨어지며, 심한 경우 숯 탈취 필터에 냄새가 배어서 이후 사용 시 오히려 냄새가 날 수 있습니다.

• 필터 교체 알림 표시는 제품 가동시간을 고려해 최대 사용가능기간에 따라 점등됩니다. 따라서 사용 환경에 따라 필터 교체주기가 달라질 수 있습니다.

• 일체형 필터는 물로 세척하지 마시고, 평소 제품 사용 시에도 물에 닿지 않도록 주의해 주세요.

• 일체형 필터 교체주기는 1일 24시간 사용할 경우, 6개월에서 최장 1년까지 사용하실 수 있습니다. 하루 중 사용시간이 짧으면 더 오래 사용 가능합니다. 수명의 차이는 공기오염도 차이 때문이며 먼지가 많을수록 필터에 먼지가 쌓이므로 필터 수명이 단축됩니다.

• 멀티세이버(대진장치)를 사용할 경우에는 최대 2배까지 수명이 연장될 수 있습니다.

• 스마트먼지 항균 필터는 공기 중의 미세한 먼지 및 담배 연기 입자 등을 제거해주는 고성능 필터입니다.

• 숯 탈취 필터는 화장실, 음식 냄새 등 생활 중에 발생하는 냄새를 효과적으로 제거해 주는 고성능 필터입니다.

• 주변 냄새가 일체형 필터에 배어 공기청정기 가동 시 냄새가 날 경우, 일체형 필터의 교체 시기가 된 것이니 필터를 새것으로 교체해 주십시오.

• 무상보증기간이어도 사용 중에 발생한 필터 교체는 유상청구됩니다.

• 교체용 필터는 가까운 서비스센터에서 구입할 수 있습니다.

이상 현상	조치 방법
이상 소음 발생	• 작동 중 제품을 옮길 경우 소리가 날 수 있으니 전원을 꺼주세요. • '지지직' 등의 소음은 멀티세이버가 오염되면 발생할 수 있으니 멀티세이버를 세척해 주세요. • 멀티세이버 세척 후에도 소리가 난다면 이온이 발생하는 중에 나오는 소리로 정상소음입니다. 이온발생기능을 끄고 싶다면 '닥터운전' 버튼을 누르세요.
청정도 표시 이상 (빨간색 점등 지속)	• 청정도 표시가 계속 빨간색으로 되어있는 경우 센서부를 확인하여 이물질을 제거하세요. • 겨울철 초기 가동 시 온도 차이에 의해 센서 내부에 이슬 맺힘 현상이 발생하여 일시적으로 먼지 농도를 99(최고치)로 인식하여 빨간색으로 점등될 수 있습니다. 이런 경우 1~2시간 정지시킨 후 사용하세요.
(초)미세먼지 농도가 '좋음(9)'에서 변화가 없음	밀폐된 공간에서는 좋음 단계 표시가 지속될 수 있으니 창문을 열어 공기를 환기시켜 주세요.
풍량 변화 없음	풍량을 자동으로 설정해 주세요. 풍량이 강풍 / 약풍 / 미풍으로 설정되었거나 취침운전이 작동 중인 경우 자동으로 바람 세기가 바뀌지 않습니다.

청소부분	주기	청소 방법
극세필터	2주	먼지가 심하면 청소기로 큰 먼지를 먼저 제거한 후, 중성세제를 첨가한 미온수로 가볍게 씻어주시되, 솔 등으로 세척하지 마세요.
멀티세이버 (대진장치)	1개월	• 중성세제를 첨가한 미온수에 30분간 담가 놓은 후 깨끗한 물로 헹궈 주세요. • 멀티세이버가 오염되면 성능이 저하되고 소음이 날 수 있습니다. ※ 참고 : 카펫을 사용하거나 반려동물이 있는 곳, 옷가게 등과 같이 먼지가 많이 발생하는 경우는 더 자주 세척하는 것이 좋습니다. ※ 주의 : 멀티세이버 뒷면이 날카로워 손이 베일 우려가 있으니 조심하세요.
센서부	수시	• 먼지 / 가스센서 : 청소기를 이용하여 센서 주변부를 청소해 주세요. • 필터센서 : 초기 사용 및 일체형 필터 교체 시 면봉 또는 천으로 닦아 주세요.

49. 다음 중 공기청정기에 대한 설명으로 옳지 않은 것은?

① 생활 중에 발생하는 냄새를 제거해 주는 필터는 숯 탈취 필터이다.

② 멀티세이버가 오염되면 성능이 저하되고 이상 소음이 발생할 수 있으므로 3개월에 한 번씩 세척해 주어야 한다.

③ 튀김 요리를 하는 경우, 요리를 끝내고 환기를 한 후에 공기청정기를 사용해 주어야 성능을 높게 유지할 수 있다.

④ 공기청정기의 탈취 기능은 공기를 필터에 순환시켜야 효과가 발생한다.

50. 다음 〈보기〉 중 공기청정기에 대한 설명으로 옳은 것을 모두 고르면?

> **보기**
>
> ㉠ 기기에서 비정상적인 소리가 발생하여 멀티세이버를 세척하였는데도 소리가 그치지 않으면 서비스센터에 연락하여야 한다.
> ㉡ 일체형 필터를 물로 세척하면 안 되며, 제품 사용 중에도 물에 닿지 않도록 주의해야 한다.
> ㉢ 일산화탄소(CO)는 필터로 제거할 수 없는 유해가스로, 주로 실외에서 유입된다.
> ㉣ 먼지 및 가스센서는 청소기를 이용하여 3개월에 한 번씩 청소해 주어야 한다.

① ㉠, ㉡

② ㉠, ㉢

③ ㉡, ㉢

④ ㉡, ㉣

공기업 고졸채용

인성검사란? 개개인이 가지고 있는 사고와 태도 및 행동 특성을 정형화된 검사를 통해 측정하여 해당 직무에 적합한 인재인지를 파악하는 검사를 말한다.

파트 2

파트 2

공기업 고졸채용

인성검사

● 테마 1 인성검사의 이해
● 테마 2 인성검사 연습

01 인성검사의 이해

1 인성검사, 왜 필요한가?

채용기업은 지원자가 '직무적합성'을 지닌 사람인지를 인성검사와 NCS기반 필기시험을 통해 판단한다. 인성검사에서 말하는 인성(人性)이란 그 사람의 성품, 즉 각 개인이 가지는 사고와 태도 및 행동 특성을 의미한다. 인성은 사람의 생김새처럼 사람마다 다르기 때문에 몇 가지 유형으로 분류하고 이에 맞추어 판단한다는 것 자체가 억지스럽고 어불성설일지 모른다. 그럼에도 불구하고 기업들의 입장에서는 입사를 희망하는 사람이 어떤 성품을 가졌는지 정보가 필요하다. 그래야 해당 기업의 인재상에 적합하고 담당할 업무에 적격한 인재를 채용할 수 있기 때문이다.

지원자의 성격이 외향적인지 아니면 내향적인지, 어떤 직무와 어울리는지, 조직에서 다른 사람과 원만하게 생활할 수 있는지, 업무 수행 중 문제가 생겼을 때 어떻게 대처하고 해결할 수 있는지에 대한 전반적인 개성은 자기소개서를 통해서나 면접을 통해서도 어느 정도 파악할 수 있다. 그러나 이것들만으로 인성을 충분히 파악할 수 없기 때문에 객관화되고 정형화된 인성검사로 지원자의 성격을 판단하고 있다.

채용기업은 필기시험을 높은 점수로 통과한 지원자라 하더라도 해당 기업과 거리가 있는 성품을 가졌다면 탈락시키게 된다. 일반적으로 필기시험 통과자 중 인성검사로 탈락하는 비율이 10% 내외가 된다고 알려져 있다. 물론 인성검사를 탈락하였다 하더라도 특별히 인성에 문제가 있는 사람이 아니라면 절망할 필요는 없다. 자신을 되돌아보고 다음 기회를 대비하면 되기 때문이다. 탈락한 기업이 원하는 인재상이 아니었다면 맞는 기업을 찾으면 되고, 경쟁자가 많았기 때문이라면 자신을 다듬어 경쟁력을 높이면 될 것이다.

2 인성검사의 특징

우리나라 대다수의 채용기업은 인재개발 및 인적자원을 연구하는 한국행동과학연구소(KIRBS), 에스에이치알(SHR), 한국사회적성개발원(KSAD), 한국인재개발진흥원(KPDI) 등 전문기관에 인성검사를 의뢰하고 있다.

이 기관들의 인성검사 개발 목적은 비슷하지만 기관마다 검사 유형이나 평가 척도는 약간의 차이가 있다. 또 지원하는 기업이 어느 기관에서 개발한 검사지로 인성검사를 시행하는지는 사전에 알 수 없다. 그렇지만 공통으로 적용하는 척도와 기준에 따라 구성된 여러 형태의 인성검사지로 사전 테스트를 해 보고 자신의 인성이 어떻게 평가되는가를 미리 알아보는 것은 가능하다.

인성검사는 필기시험 당일 직무능력평가와 함께 실시하는 경우와 직무능력평가 합격자에 한하여 면접과 함께 실시하는 경우가 있다. 인성검사의 문항은 100문항 내외에서부터 최대 500문항까지 다양하다. 인성검사에 주어지는 시간은 문항 수에 비례하여 30~100분 정도가 된다.

문항 자체는 단순한 질문으로 어려울 것은 없지만 제시된 상황에서 본인의 행동을 정하는 것이 쉽지만은 않다. 문항 수가 많을 경우 이에 비례하여 시간도 길게 주어지지만 단순하고 유사하며 반복되는 질문에 방심하여 집중하지 못하고 실수하는 경우가 있으므로 컨디션 관리와 집중력 유지에 노력하여야 한다. 특히 같거나 유사한 물음에 다른 답을 하는 경우가 가장 위험하다.

🔎 3 인성검사 척도 및 구성

1 미네소타 다면적 인성검사(MMPI)

MMPI(Minnesota Multiphasic Personality Inventory)는 1943년 미국 미네소타 대학교수인 해서웨이와 매킨리가 개발한 대표적인 자기 보고형 성향 검사로서 오늘날 가장 대표적으로 사용되는 객관적 심리검사 중 하나이다. MMPI는 약 550여 개의 문항으로 구성되며 각 문항을 읽고 '예(YES)' 또는 '아니오(NO)'로 대답하게 되어 있다.

MMPI는 4개의 타당도 척도와 10개의 임상척도로 구분된다. 500개가 넘는 문항들 중 중복되는 문항들이 포함되어 있는데 내용이 똑같은 문항도 10문항 이상 포함되어 있다. 이 반복 문항들은 응시자가 얼마나 일관성 있게 검사에 임했는지를 판단하는 지표로 사용된다.

구분	척도명	약자	주요 내용
타당도 척도 (바른 태도로 임했는지, 신뢰할 수 있는 결론인지 등을 판단)	무응답 척도 (Can not say)	?	응답하지 않은 문항과 복수로 답한 문항들의 총합으로 빠진 문항을 최소한으로 줄이는 것이 중요하다.
	허구 척도 (Lie)	L	자신을 좋은 사람으로 보이게 하려고 고의적으로 정직하지 못한 답을 판단하는 척도이다. 허구 척도가 높으면 장점까지 인정받지 못하는 결과가 발생한다.
	신뢰 척도 (Frequency)	F	검사 문항에 빗나간 답을 한 경향을 평가하는 척도로 정상적인 집단의 10% 이하의 응답을 기준으로 일반적인 경향과 다른 정도를 측정한다.
	교정 척도 (Defensiveness)	K	정신적 장애가 있음에도 다른 척도에서 정상적인 면을 보이는 사람을 구별하는 척도로 허구 척도보다 높은 고차원으로 거짓 응답을 하는 경향이 나타난다.
임상척도 (정상적 행동과 그렇지 않은 행동의 종류를 구분하는 척도로, 척도마다 다른 기준으로 점수가 매겨짐)	건강염려증 (Hypochondriasis)	Hs	신체에 대한 지나친 집착이나 신경질적 혹은 병적 불안을 측정하는 척도로 이러한 건강염려증이 타인에게 어떤 영향을 미치는지도 측정한다.
	우울증 (Depression)	D	슬픔·비관 정도를 측정하는 척도로 타인과의 관계 또는 본인 상태에 대한 주관적 감정을 나타낸다.
	히스테리 (Hysteria)	Hy	갈등을 부정하는 정도를 측정하는 척도로 신체 증상을 호소하는 경우와 적대감을 부인하며 우회적인 방식으로 드러내는 경우 등이 있다.
	반사회성 (Psychopathic Deviate)	Pd	가정 및 사회에 대한 불신과 불만을 측정하는 척도로 비도덕적 혹은 반사회적 성향 등을 판단한다.
	남성-여성특성 (Masculinity-Feminity)	Mf	남녀가 보이는 흥미와 취향, 적극성과 수동성 등을 측정하는 척도로 성에 따른 유연한 사고와 융통성 등을 평가한다.

편집증 (Paranoia)	Pa	과대 망상, 피해 망상, 의심 등 편집증에 대한 정도를 측정하는 척도로 열등감, 비사교적 행동, 타인에 대한 불만과 같은 내용을 질문한다.	
강박증 (Psychasthenia)	Pt	과대 근심, 강박관념, 죄책감, 공포, 불안감, 정리정돈 등을 측정하는 척도로 만성 불안 등을 나타낸다.	
정신분열증 (Schizophrenia)	Sc	정신적 혼란을 측정하는 척도로 자폐적 성향이나 타인과의 감정 교류, 충동 억제불능, 성적 관심, 사회적 고립 등을 평가한다.	
경조증 (Hypomania)	Ma	정신적 에너지를 측정하는 척도로 생각의 다양성 및 과장성, 행동의 불안정성, 흥분성 등을 나타낸다.	
사회적 내향성 (Social introversion)	Si	대인관계 기피, 사회적 접촉 회피, 비사회성 등의 요인을 측정하는 척도로 외향성 및 내향성을 구분한다.	

2 캘리포니아 성격검사(CPI)

CPI(California Psychological Inventory)는 캘리포니아 대학의 연구팀이 개발한 성검사로 MMPI와 함께 세계에서 가장 널리 사용되고 있는 인성검사 툴이다. CPI는 다양한 인성 요인을 통해 지원자가 답변한 응답 왜곡 가능성, 조직 역량 등을 측정한다. MMPI가 주로 정서적 측면을 진단하는 특징을 보인다면, CPI는 정상적인 사람의 심리적 특성을 주로 진단한다.

CPI는 약 480개 문항으로 구성되어 있으며 다음과 같은 18개의 척도로 구분된다.

구분	척도명	주요 내용
제1군 척도 (대인관계 적절성 측정)	지배성(Do)	리더십, 통솔력, 대인관계에서의 주도권을 측정한다.
	지위능력성(Cs)	내부에 잠재되어 있는 내적 포부, 자기 확신 등을 측정한다.
	사교성(Sy)	참여 기질이 활달한 사람과 그렇지 않은 사람을 구분한다.
	사회적 자발성(Sp)	사회 안에서의 안정감, 자발성, 사교성 등을 측정한다.
	자기 수용성(Sa)	개인적 가치관, 자기 확신, 자기 수용력 등을 측정한다.
	행복감(Wb)	생활의 만족감, 행복감을 측정하며 긍정적인 사람으로 보이고자 거짓 응답하는 사람을 구분하는 용도로도 사용된다.
제2군 척도 (성격과 사회화, 책임감 측정)	책임감(Re)	법과 질서에 대한 양심, 책임감, 신뢰성 등을 측정한다.
	사회성(So)	가치 내면화 정도, 사회 이탈 행동 가능성 등을 측정한다.
	자기 통제성(Sc)	자기조절, 자기통제의 적절성, 충동 억제력 등을 측정한다.
	관용성(To)	사회적 신념, 편견과 고정관념 등에 대한 태도를 측정한다.
	호감성(Gi)	타인이 자신을 어떻게 보는지에 대한 민감도를 측정하며, 좋은 사람으로 보이고자 거짓 응답하는 사람을 구분한다.
	임의성(Cm)	사회에 보수적 태도를 보이고 생각 없이 적당히 응답한 사람을 판단하는 척도로 사용된다.

제3군 척도 (인지적, 학업적 특성 측정)	순응적 성취(Ac)	성취동기, 내면의 인식, 조직 내 성취 욕구 등을 측정한다.
	독립적 성취(Ai)	독립적 사고, 창의성, 자기실현을 위한 능력 등을 측정한다.
	지적 효율성(Le)	지적 능률, 지능과 연관이 있는 성격 특성 등을 측정한다.
제4군 척도 (제1~3군과 무관한 척도의 혼합)	심리적 예민성(Py)	타인의 감정 및 경험에 대해 공감하는 정도를 측정한다.
	융통성(Fx)	개인적 사고와 사회적 행동에 대한 유연성을 측정한다.
	여향성(Fe)	남녀 비교에 따른 흥미의 남향성 및 여향성을 측정한다.

3 SHL 직업성격검사(OPQ)

OPQ(Occupational Personality Questionnaire)는 세계적으로 많은 외국 기업에서 널리 사용하는 CEB사의 SHL 직무능력검사에 포함된 직업성격검사이다. 4개의 질문이 한 세트로 되어 있고 총 68세트 정도 출제되고 있다. 4개의 질문 안에서 '자기에게 가장 잘 맞는 것'과 '자기에게 가장 맞지 않는 것'을 1개씩 골라 '예', '아니오'로 체크하는 방식이다. 단순하게 모든 척도가 높다고 좋은 것은 아니며, 척도가 낮은 편이 좋은 경우도 있다.

기업에 따라 척도의 평가 기준은 다르다. 희망하는 기업의 특성을 연구하고, 채용 기준을 예측하는 것이 중요하다.

척도	내용	질문 예
설득력	사람을 설득하는 것을 좋아하는 경향	- 새로운 것을 사람에게 권하는 것을 잘한다. - 교섭하는 것에 걱정이 없다. - 기획하고 판매하는 것에 자신이 있다.
지도력	사람을 지도하는 것을 좋아하는 경향	- 사람을 다루는 것을 잘한다. - 팀을 아우르는 것을 잘한다. - 사람에게 지시하는 것을 잘한다.
독자성	다른 사람의 영향을 받지 않고, 스스로 생각해서 행동하는 것을 좋아하는 경향	- 모든 것을 자신의 생각대로 하는 편이다. - 주변의 평가는 신경 쓰지 않는다. - 유혹에 강한 편이다.
외향성	외향적이고 사교적인 경향	- 다른 사람의 주목을 끄는 것을 좋아한다. - 사람들이 모인 곳에서 중심이 되는 편이다. - 담소를 나눌 때 주변을 즐겁게 해 준다.
우호성	친구가 많고, 대세의 사람이 되는 것을 좋아하는 경향	- 친구와 함께 있는 것을 좋아한다. - 무엇이라도 얘기할 수 있는 친구가 많다. - 친구와 함께 무언가를 하는 것이 많다.
사회성	세상 물정에 밝고 사람 앞에서도 낯을 가리지 않는 성격	- 자신감이 있고 유쾌하게 발표할 수 있다. - 공적인 곳에서 인사하는 것을 잘한다. - 사람들 앞에서 발표하는 것이 어렵지 않다.

겸손성	사람에 대해서 겸손하게 행동하고 누구라도 똑같이 사귀는 경향	- 자신의 성과를 그다지 내세우지 않는다. - 절제를 잘하는 편이다. - 사회적인 지위에 무관심하다.
협의성	사람들에게 의견을 물으면서 일을 진행하는 경향	- 사람들의 의견을 구하며 일하는 편이다. - 타인의 의견을 묻고 일을 진행시킨다. - 친구와 상담해서 계획을 세운다.
돌봄	측은해 하는 마음이 있고, 사람을 돌봐 주는 것을 좋아하는 경향	- 개인적인 상담에 친절하게 답해 준다. - 다른 사람의 상담을 진행하는 경우가 많다. - 후배의 어려움을 돌보는 것을 좋아한다.
구체적인 사물에 대한 관심	물건을 고치거나 만드는 것을 좋아하는 경향	- 고장 난 물건을 수리하는 것이 재미있다. - 상태가 안 좋은 기계도 잘 사용한다. - 말하기보다는 행동하기를 좋아한다.
데이터에 대한 관심	데이터를 정리해서 생각하는 것을 좋아하는 경향	- 통계 등의 데이터를 분석하는 것을 좋아한다. - 표를 만들거나 정리하는 것을 좋아한다. - 숫자를 다루는 것을 좋아한다.
미적가치에 대한 관심	미적인 것이나 예술적인 것을 좋아하는 경향	- 디자인에 관심이 있다. - 미술이나 음악을 좋아한다. - 미적인 감각에 자신이 있다.
인간에 대한 관심	사람의 행동에 동기나 배경을 분석하는 것을 좋아하는 경향	- 다른 사람을 분석하는 편이다. - 타인의 행동을 보면 동기를 알 수 있다. - 다른 사람의 행동을 잘 관찰한다.
정통성	이미 있는 가치관을 소중히 여기고, 익숙한 방법으로 사물을 대하는 것을 좋아하는 경향	- 실적이 보장되는 확실한 방법을 취한다. - 낡은 가치관을 존중하는 편이다. - 보수적인 편이다.
변화 지향	변화를 추구하고, 변화를 받아들이는 것을 좋아하는 경향	- 새로운 것을 하는 것을 좋아한다. - 해외여행을 좋아한다. - 경험이 없더라도 시도해 보는 것을 좋아한다.
개념성	지식에 대한 욕구가 있고, 논리적으로 생각하는 것을 좋아하는 경향	- 개념적인 사고가 가능하다. - 분석적인 사고를 좋아한다. - 순서를 만들고 단계에 따라 생각한다.
창조성	새로운 분야에 대한 공부를 하는 것을 좋아하는 경향	- 새로운 것을 추구한다. - 독창성이 있다. - 신선한 아이디어를 낸다.
계획성	앞을 생각해서 사물을 예상하고, 계획적으로 실행하는 것을 좋아하는 경향	- 과거를 돌이켜보며 계획을 세운다. - 앞날을 예상하며 행동한다. - 실수를 돌아보며 대책을 강구하는 편이다.

치밀함	정확한 순서를 세워 진행하는 것을 좋아하는 경향	– 사소한 실수는 거의 하지 않는다. – 정확하게 요구되는 것을 좋아한다. – 사소한 것에도 주의하는 편이다.
꼼꼼함	어떤 일이든 마지막까지 꼼꼼하게 마무리 짓는 경향	– 맡은 일을 마지막까지 해결한다. – 마감 시한은 반드시 지킨다. – 시작한 일은 중간에 그만두지 않는다.
여유	평소에 릴랙스하고, 스트레스에 잘 대처하는 경향	– 감정의 회복이 빠르다. – 분별없이 함부로 행동하지 않는다. – 스트레스에 잘 대처한다.
근심·걱정	어떤 일이 잘 진행되지 않으면 불안을 느끼고, 중요한 일을 앞두면 긴장하는 경향	– 예정대로 잘되지 않으면 근심·걱정이 많다. – 신경 쓰이는 일이 있으면 불안하다. – 중요한 만남 전에는 기분이 편하지 않다.
호방함	사람들이 자신을 어떻게 생각하는지를 신경 쓰지 않는 경향	– 사람들이 자신을 어떻게 생각하는지 그다지 신경 쓰지 않는다. – 상처받아도 동요하지 않고 아무렇지 않은 태도를 취한다. – 사람들의 비판에 크게 영향받지 않는다.
억제력	감정을 표현하지 않는 경향	– 쉽게 감정적으로 되지 않는다. – 분노를 억누른다. – 격분하지 않는다.
낙관적	사물을 낙관적으로 보는 경향	– 낙관적으로 생각하고 일을 진행시킨다. – 문제가 일어나도 낙관적으로 생각한다.
비판적	비판적으로 사물을 생각하고, 이론·문장 등의 오류에 신경 쓰는 경향	– 이론의 모순을 찾아낸다. – 계획이 갖춰지지 않은 것이 신경 쓰인다. – 누구도 신경 쓰지 않는 오류를 찾아낸다.
행동력	운동을 좋아하고, 민첩하게 행동하는 경향	– 동작이 날렵하다. – 여가를 활동적으로 보낸다. – 몸을 움직이는 것을 좋아한다.
경쟁성	지는 것을 싫어하는 경향	– 승부를 겨루게 되면 지는 것을 싫어한다. – 상대를 이기는 것을 좋아한다. – 싸워 보지 않고 포기하는 것을 싫어한다.
출세 지향	출세하는 것을 중요하게 생각하고, 야심적인 목표를 향해 노력하는 경향	– 출세 지향적인 성격이다. – 곤란한 목표도 달성할 수 있다. – 실력으로 평가받는 사회가 좋다.
결단력	빠르게 판단하는 경향	– 답을 빠르게 찾아낸다. – 문제에 대한 빠른 상황 파악이 가능하다. – 위험을 감수하고도 결단을 내리는 편이다.

👥 4 인성검사 합격 전략

1 포장하지 않은 솔직한 답변

"다른 사람을 험담한 적이 한 번도 없다.", "물건을 훔치고 싶다고 생각해 본 적이 없다."

이 질문에 당신은 '그렇다', '아니다' 중 무엇을 선택할 것인가? 채용기업이 인성검사를 실시하는 가장 큰 이유는 '이 사람이 어떤 성향을 가진 사람인가'를 효율적으로 파악하기 위해서이다.

인성검사는 도덕적 가치가 빼어나게 높은 사람을 판별하려는 것도 아니고, 성인군자를 가려내기 위함도 아니다. 인간의 보편적 성향과 상식적 사고를 고려할 때, 도덕적 질문에 지나치게 겸손한 답변을 체크하면 오히려 솔직하지 못한 것으로 간주되거나 인성을 제대로 판단하지 못해 무효 처리가 되기도 한다. 자신의 성격을 포장하여 작위적인 답변을 하지 않도록 솔직하게 임하는 것이 예기치 않은 결과를 피하는 첫 번째 전략이 된다.

2 필터링 함정을 피하고 일관성 유지

앞서 강조한 솔직함은 일관성과 연결된다. 인성검사를 구성하는 많은 척도는 여러 형태의 문장 속에 동일한 요소를 적용해 반복되기도 한다. 예컨대 '나는 매우 활동적인 사람이다'와 '나는 운동을 매우 좋아한다'라는 질문에 '그렇다'고 체크한 사람이 '휴일에는 집에서 조용히 쉬며 독서하는 것이 좋다'에도 '그렇다'고 체크한다면 일관성이 없다고 평가될 수 있다.

그러나 일관성 있는 답변에만 매달리면 '이 사람이 같은 답변만 체크하기 위해 이 부분만 신경 썼구나'하는 필터링 함정에 빠질 수도 있다. 비슷하게 보이는 문장이 무조건 같은 내용이라고 판단하여 똑같이 답하는 것도 주의해야 한다. 일관성보다 중요한 것은 솔직함이다. 솔직함이 전제되지 않은 일관성은 허위 척도 필터링에서 드러나게 되어 있다. 유사한 질문의 응답이 터무니없이 다르거나 양극단에 치우치지 않는 정도라면 약간의 차이는 크게 문제되지 않는다. 중요한 것은 솔직함과 일관성이 하나의 연장선에 있다는 점을 명심하자.

3 지원한 직무와 연관성을 고려

다양한 분야의 많은 계열사와 큰 조직을 통솔하는 대기업은 여러 사람이 조직적으로 움직이는 만큼 각 직무에 걸맞은 능력을 갖춘 인재가 필요하다. 그래서 기업은 매년 신규채용으로 입사한 신입사원들의 젊은 패기와 참신한 능력을 성장 동력으로 활용한다.

기업은 사교성 있고 활달한 사람만을 원하지 않는다. 해당 직군과 직무에 따라 필요로 하는 사원의 능력과 개성이 다르기 때문에, 지원자가 희망하는 계열사나 부서의 직무가 무엇인지 제대로 파악하여 자신의 성향과 맞는지에 대한 고민은 반드시 필요하다. 같은 질문이라도 기업이 원하는 인재상이나 부서의 직무에 따라 판단 척도가 달라질 수 있다.

4 평상심 유지와 컨디션 관리

역시 솔직함과 연결된 내용이다. 한 질문에 오래 고민하고 신경 쓰면 불필요한 생각이 개입될 소지가 크다. 이는 직관을 떠나 이성적 판단에 따라 포장할 위험이 높아진다는 뜻이기도 하다. 긴 시간 생각하지 말고 자신의 평상시 생각과 감정대로 답하는 것이 중요하며, 가능한 건너뛰지 말고 모든 질문에 답하도록 한다. 300 ~ 400개 정도 문항을 출제하는 기업이 많기 때문에, 끝까지 집중하여 임하는 것이 중요하다.

특히 적성검사와 같은 날 실시하는 경우, 적성검사를 마친 후 연이어 보기 때문에 신체적·정신적으로 피로한 상태에서 자세가 흐트러질 수도 있다. 따라서 컨디션을 유지하면서 문항당 7 ~ 10초 이상 쓰지 않도록 하고, 문항 수가 많을 때는 답안지에 바로바로 표기하자.

인성검사 연습

1 인성검사 출제유형

인성검사는 기업이 추구하는 '소통과 창의, 융합과 통찰로 미래를 개척하는 LH Path-Finder'라는 내부 기준에 따라 적합한 인재를 찾기 위해 가치관과 태도를 측정하는 것이다. 응시자 개인의 사고와 태도·행동 특성 및 유사 질문의 반복을 통해 거짓말 척도 등으로 기업의 인재상에 적합한지를 판단하므로 특별하게 정해진 답은 없다.

특히 올 상반기에는 일부 분야에서 MMPI(다면형 인성검사) 기반의 온라인 인성검사를 시범도입하고, 하반기에는 이를 전분야로 확대 적용할 계획이다.

2 문항군 개별 항목 체크

1 각 문항의 내용을 읽고 자신이 동의하는 정도에 따라 '① 매우 그렇지 않다 ② 그렇지 않다 ③ 보통이다 ④ 그렇다 ⑤ 매우 그렇다' 중 해당되는 것을 표시한다.

2 각 문항의 내용을 읽고 평소 자신의 생각 및 행동과 유사하거나 일치하면 '예', 다르거나 일치하지 않으면 '아니오'에 표시한다.

3 구성된 검사지에 문항 수가 많으면 일관된 답변이 어려울 수도 있으므로 최대한 꾸밈없이 자신의 가치관과 신념을 바탕으로 솔직하게 답하도록 노력한다.

인성검사 Tip

1. 직관적으로 솔직하게 답한다.
2. 모든 문제를 신중하게 풀도록 한다.
3. 비교적 일관성을 유지할 수 있도록 한다.
4. 평소의 경험과 선호도를 자연스럽게 답한다.
5. 각 문항에 너무 골똘히 생각하거나 고민하지 않는다.
6. 지원한 분야와 나의 성격의 연관성을 미리 생각하고 분석해 본다.

3 모의 연습

※ 자신의 모습 그대로 솔직하게 응답하십시오. 솔직하고 성의 있게 응답하지 않을 경우 결과가 무효 처리됩니다.

[01~100] 모든 문항에는 옳고 그른 답이 없습니다. 다음 문항을 잘 읽고 ① ~ ⑤ 중 본인에게 해당되는 부분에 표시해 주십시오.

번호	문항	매우 그렇지 않다	그렇지 않다	보통 이다	그렇다	매우 그렇다
1	내가 한 행동이 가져올 결과를 잘 알고 있다.	①	②	③	④	⑤
2	다른 사람의 주장이나 의견이 어떤 맥락을 가지고 있는지 생각해 본다.	①	②	③	④	⑤
3	나는 어려운 문제를 보면 반드시 그것을 해결해야 직성이 풀린다.	①	②	③	④	⑤
4	시험시간이 끝나면 곧바로 정답을 확인해 보는 편이다.	①	②	③	④	⑤
5	물건을 구매할 때 가격 정보부터 찾는 편이다.	①	②	③	④	⑤
6	항상 일을 할 때 개선점을 찾으려고 한다.	①	②	③	④	⑤
7	사적인 스트레스로 일을 망치는 일은 없다.	①	②	③	④	⑤
8	일이 어떻게 진행되고 있는지 지속적으로 점검한다.	①	②	③	④	⑤
9	궁극적으로 내가 달성하고자 하는 것을 자주 생각한다.	①	②	③	④	⑤
10	막상 시험기간이 되면 계획대로 되지 않는다.	①	②	③	④	⑤
11	다른 사람에게 궁금한 것이 있어도 참는 편이다.	①	②	③	④	⑤
12	요리하는 TV프로그램을 즐겨 시청한다.	①	②	③	④	⑤
13	후회를 해 본 적이 없다.	①	②	③	④	⑤
14	스스로 계획한 일은 하나도 빠짐없이 실행한다.	①	②	③	④	⑤
15	낮보다 어두운 밤에 집중력이 좋다.	①	②	③	④	⑤
16	인내심을 가지고 일을 한다.	①	②	③	④	⑤
17	많은 생각을 필요로 하는 일에 더 적극적이다.	①	②	③	④	⑤
18	미래는 불확실하기 때문에 결과를 예측하는 것은 무의미하다.	①	②	③	④	⑤
19	매일 긍정적인 감정만 느낀다.	①	②	③	④	⑤
20	쉬는 날 가급적이면 집 밖으로 나가지 않는다.	①	②	③	④	⑤

21	나는 약속 시간을 잘 지킨다.	①	②	③	④	⑤
22	영화보다는 연극을 선호한다.	①	②	③	④	⑤
23	아무리 계획을 잘 세워도 결국 일정에 쫓기게 된다.	①	②	③	④	⑤
24	생소한 문제를 접하면 해결해 보고 싶다는 생각보다 귀찮다는 생각이 먼저 든다.	①	②	③	④	⑤
25	내가 한 일의 결과물을 구체적으로 상상해 본다.	①	②	③	④	⑤
26	새로운 것을 남들보다 빨리 받아들이는 편이다.	①	②	③	④	⑤
27	나는 친구들의 생일선물을 잘 챙겨 준다.	①	②	③	④	⑤
28	나를 알고 있는 모든 사람은 나에게 칭찬을 한다.	①	②	③	④	⑤
29	일을 할 때 필요한 나의 능력에 대해 정확하게 알고 있다.	①	②	③	④	⑤
30	나는 질문을 많이 하는 편이다.	①	②	③	④	⑤
31	가급적 여러 가지 대안을 고민하는 것이 좋다.	①	②	③	④	⑤
32	만일 일을 선택할 수 있다면 어려운 것보다 쉬운 것을 선택할 것이다.	①	②	③	④	⑤
33	나는 즉흥적으로 일을 한다.	①	②	③	④	⑤
34	배가 고픈 것을 잘 참지 못한다.	①	②	③	④	⑤
35	단순한 일보다는 생각을 많이 해야 하는 일을 선호한다.	①	②	③	④	⑤
36	갑작스럽게 힘든 일을 겪어도 스스로를 통제할 수 있다.	①	②	③	④	⑤
37	가능성이 낮다 하더라도 내가 믿는 것이 있으면 그것을 실현시키기 위해 노력할 것이다.	①	②	③	④	⑤
38	내가 잘하는 일과 못하는 일을 정확하게 알고 있다.	①	②	③	④	⑤
39	어떤 목표를 세울 것인가 보다 왜 그런 목표를 세웠는지가 더 중요하다.	①	②	③	④	⑤
40	나는 성인이 된 이후로 하루도 빠짐없이 똑같은 시간에 일어났다.	①	②	③	④	⑤
41	다른 사람들보다 새로운 것을 빠르게 습득하는 편이다.	①	②	③	④	⑤
42	나는 모르는 것이 있으면 수단과 방법을 가리지 않고 알아낸다.	①	②	③	④	⑤
43	내 삶을 향상시키기 위한 방법을 찾는다.	①	②	③	④	⑤
44	내 의견이 옳다는 생각이 들면 다른 사람과 잘 타협하지 못한다.	①	②	③	④	⑤
45	나는 집요한 사람이다.	①	②	③	④	⑤

46	가까운 사람과 사소한 일로 다투었을 때 먼저 화해를 청하는 편이다.	①	②	③	④	⑤
47	무엇인가를 반드시 성취해야 하는 것은 아니다.	①	②	③	④	⑤
48	일을 통해서 나의 지식과 기술로 후대에 기여하고 싶다.	①	②	③	④	⑤
49	내 의견을 이해하지 못하는 사람은 상대하지 않는다.	①	②	③	④	⑤
50	사회에서 인정받을 수 있는 사람이 되고 싶다.	①	②	③	④	⑤
51	착한 사람은 항상 손해를 보게 되어 있다.	①	②	③	④	⑤
52	내가 잘한 일은 남들이 꼭 알아줬으면 한다.	①	②	③	④	⑤
53	상황이 변해도 유연하게 대처한다.	①	②	③	④	⑤
54	나와 다른 의견도 끝까지 듣는다.	①	②	③	④	⑤
55	상황에 따라서는 거짓말도 필요하다.	①	②	③	④	⑤
56	평범한 사람이라고 생각한다.	①	②	③	④	⑤
57	남들이 실패한 일도 나는 해낼 수 있다.	①	②	③	④	⑤
58	남들보다 특별히 더 우월하다고 생각하지 않는다.	①	②	③	④	⑤
59	시비가 붙더라도 침착하게 대응한다.	①	②	③	④	⑤
60	화가 날수록 상대방에게 침착해지는 편이다.	①	②	③	④	⑤
61	세상은 착한 사람들에게 불리하다.	①	②	③	④	⑤
62	여러 사람과 이야기하는 것이 즐겁다.	①	②	③	④	⑤
63	다른 사람의 감정을 내 것처럼 느낀다.	①	②	③	④	⑤
64	내게 모욕을 준 사람들을 절대 잊지 않는다.	①	②	③	④	⑤
65	우리가 사는 세상은 살 만한 곳이라고 생각한다.	①	②	③	④	⑤
66	속이 거북할 정도로 많이 먹을 때가 있다.	①	②	③	④	⑤
67	마음속에 있는 것을 솔직하게 털어놓는 편이다.	①	②	③	④	⑤
68	일은 내 삶의 중심에 있다.	①	②	③	④	⑤
69	내가 열심히 노력한다고 해서 나의 주변 환경에 어떤 바람직한 변화가 일어나는 것은 아니다.	①	②	③	④	⑤
70	웬만한 일을 겪어도 마음의 평정을 유지하는 편이다.	①	②	③	④	⑤
71	사람들 앞에 서면 실수를 할까 걱정된다.	①	②	③	④	⑤
72	점이나 사주를 믿는 편이다.	①	②	③	④	⑤
73	화가 나면 언성이 높아진다.	①	②	③	④	⑤
74	차근차근 하나씩 일을 마무리한다.	①	②	③	④	⑤

75	어려운 목표라도 어떻게 해서든 실현 가능한 해결책을 만든다.	①	②	③	④	⑤
76	진행하던 일을 홧김에 그만둔 적이 있다.	①	②	③	④	⑤
77	사람을 차별하지 않는다.	①	②	③	④	⑤
78	창이 있는 레스토랑에 가면 창가에 자리를 잡는다.	①	②	③	④	⑤
79	다양한 분야에 관심이 있다.	①	②	③	④	⑤
80	무단횡단을 한 번도 해 본 적이 없다.	①	②	③	④	⑤
81	내 주위에서는 즐거운 일들이 자주 일어난다.	①	②	③	④	⑤
82	다른 사람의 행동을 내가 통제하고 싶다.	①	②	③	④	⑤
83	내 친구들은 은근히 뒤에서 나를 비웃는다.	①	②	③	④	⑤
84	아이디어를 적극적으로 제시한다.	①	②	③	④	⑤
85	규칙을 어기는 것도 필요할 때가 있다.	①	②	③	④	⑤
86	친구를 쉽게 사귄다.	①	②	③	④	⑤
87	내 분야에서 1등이 되어야 한다.	①	②	③	④	⑤
88	스트레스가 쌓이면 몸도 함께 아프다.	①	②	③	④	⑤
89	목표를 달성하기 위해서는 때로 편법이 필요할 때도 있다.	①	②	③	④	⑤
90	나는 보통사람들보다 더 존경받을 만하다고 생각한다.	①	②	③	④	⑤
91	내 주위에는 나보다 잘난 사람들만 있는 것 같다.	①	②	③	④	⑤
92	나는 따뜻하고 부드러운 마음을 가지고 있다.	①	②	③	④	⑤
93	어떤 일에 실패했어도 반드시 다시 도전한다.	①	②	③	④	⑤
94	회의에 적극 참여한다.	①	②	③	④	⑤
95	나는 적응력이 뛰어나다.	①	②	③	④	⑤
96	서두르지 않고 순서대로 일을 마무리한다.	①	②	③	④	⑤
97	나는 실수에 대해 변명한 적이 없다.	①	②	③	④	⑤
98	나는 맡은 일은 책임지고 끝낸다.	①	②	③	④	⑤
99	나는 눈치가 빠르다.	①	②	③	④	⑤
100	나는 본 검사에 성실하게 응답하였다.	①	②	③	④	⑤

※ 자신의 모습 그대로 솔직하게 응답하십시오. 솔직하고 성의 있게 응답하지 않을 경우 결과가 무효 처리됩니다.

[01~50] 모든 문항에는 옳고 그른 답이 없습니다. 문항의 내용을 읽고 평소 자신의 생각 및 행동과 유사하거나 일치하면 '예', 다르거나 일치하지 않으면 '아니오'로 표시해 주십시오.

1	나는 수줍음을 많이 타는 편이다.	○ 예	○ 아니오
2	나는 과거의 실수가 자꾸만 생각나곤 한다.	○ 예	○ 아니오
3	나는 사람들과 서로 일상사에 대해 이야기하는 것이 쑥스럽다.	○ 예	○ 아니오
4	내 주변에는 나를 좋지 않게 평가하는 사람들이 있다.	○ 예	○ 아니오
5	나는 가족들과는 합리적인 대화가 잘 안 된다.	○ 예	○ 아니오
6	나는 내가 하고 싶은 일은 꼭 해야 한다.	○ 예	○ 아니오
7	나는 개인적 사정으로 타인에게 피해를 주는 사람을 이해할 수 없다.	○ 예	○ 아니오
8	나는 많은 것을 성취하고 싶다.	○ 예	○ 아니오
9	나는 변화가 적은 것을 좋아한다.	○ 예	○ 아니오
10	나는 내가 하고 싶은 일과 해야 할 일을 구분할 줄 안다.	○ 예	○ 아니오
11	나는 뜻대로 일이 되지 않으면 화가 많이 난다.	○ 예	○ 아니오
12	내 주변에는 나에 대해 좋게 얘기하는 사람이 있다.	○ 예	○ 아니오
13	요즘 세상에서는 믿을 만한 사람이 없다.	○ 예	○ 아니오
14	나는 할 말은 반드시 하고야 마는 사람이다.	○ 예	○ 아니오
15	나는 변화가 적은 것을 좋아한다.	○ 예	○ 아니오
16	나는 가끔 부당한 대우를 받는다는 생각이 든다.	○ 예	○ 아니오
17	나는 가치관이 달라도 친하게 지내는 친구들이 많다.	○ 예	○ 아니오
18	나는 새로운 아이디어를 내는 것이 쉽지 않다.	○ 예	○ 아니오
19	나는 노력한 만큼 인정받지 못하고 있다.	○ 예	○ 아니오
20	나는 매사에 적극적으로 참여한다.	○ 예	○ 아니오
21	나의 가족들과는 어떤 주제를 놓고도 서로 대화가 잘 통한다.	○ 예	○ 아니오
22	나는 사람들과 어울리는 일에서 삶의 활력을 얻는다.	○ 예	○ 아니오
23	학창시절 마음에 맞는 친구가 없었다.	○ 예	○ 아니오
24	특별한 이유 없이 누군가를 미워한 적이 있다.	○ 예	○ 아니오
25	내가 원하는 대로 일이 되지 않을 때 화가 많이 난다.	○ 예	○ 아니오
26	요즘 같은 세상에서는 누구든 믿을 수 없다.	○ 예	○ 아니오

27	나는 여행할 때 남들보다 짐이 많은 편이다.	○ 예	○ 아니오
28	나는 상대방이 화를 내면 더욱 화가 난다.	○ 예	○ 아니오
29	나는 반대 의견을 말하더라도 상대방을 무시하는 말을 하지 않으려고 한다.	○ 예	○ 아니오
30	나는 학창시절 내가 속한 동아리에서 누구보다 충성도가 높은 사람이었다.	○ 예	○ 아니오
31	나는 새로운 집단에서 친구를 쉽게 사귀는 편이다.	○ 예	○ 아니오
32	나는 다른 사람을 챙기는 태도가 몸에 배여 있다.	○ 예	○ 아니오
33	나는 항상 겸손하여 노력한다.	○ 예	○ 아니오
34	내 주변에는 나에 대해 좋지 않은 이야기를 하는 사람이 있다.	○ 예	○ 아니오
35	나는 가족들과는 합리적인 대화가 잘 안 된다.	○ 예	○ 아니오
36	나는 내가 하고 싶은 일은 꼭 해야 한다.	○ 예	○ 아니오
37	나는 스트레스를 받으면 몸에 이상이 온다.	○ 예	○ 아니오
38	나는 재치가 있다는 말을 많이 듣는 편이다.	○ 예	○ 아니오
39	나는 사람들에게 잘 보이기 위해 마음에 없는 거짓말을 한다.	○ 예	○ 아니오
40	다른 사람을 위협적으로 대한 적이 있다.	○ 예	○ 아니오
41	나는 부지런하다는 말을 자주 들었다.	○ 예	○ 아니오
42	나는 쉽게 화가 났다가 쉽게 풀리기도 한다.	○ 예	○ 아니오
43	나는 할 말은 반드시 하고 사는 사람이다.	○ 예	○ 아니오
44	나는 터질 듯한 분노를 종종 느낀다.	○ 예	○ 아니오
45	나도 남들처럼 든든한 배경이 있었다면 지금보다 훨씬 나은 위치에 있었을 것이다.	○ 예	○ 아니오
46	나는 종종 싸움에 휘말린다.	○ 예	○ 아니오
47	나는 능력과 무관하게 불이익을 받은 적이 있다.	○ 예	○ 아니오
48	누군가 내 의견을 반박하면 물러서지 않고 논쟁을 벌인다.	○ 예	○ 아니오
49	남이 나에게 피해를 입힌다면 나도 가만히 있지 않을 것이다.	○ 예	○ 아니오
50	내가 인정받기 위해서 규칙을 위반한 행위를 한 적이 있다.	○ 예	○ 아니오

공기업 고졸채용

면접이란? 지원자가 보유한 직무 관련 능력 및 직무적합도와 더불어 인품, 언행 등을 직접 만나 평가하는 것을 말한다.

파트 **3**

공기업 고졸채용
면접가이드

01 NCS 면접의 이해

※ 능력중심 채용에서는 타당도가 높은 구조화 면접을 적용한다.

1 면접이란?

일을 하는 데 필요한 능력(직무역량, 직무지식, 인재상 등)을 지원자가 보유하고 있는지를 다양한 면접기법을 활용하여 확인하는 절차이다. 자신의 환경, 성취, 관심사, 경험 등에 대해 이야기하여 본인이 적합하다는 것을 보여 줄 기회를 제공하고, 면접관은 평가에 필요한 정보를 수집하고 평가하는 것이다.

- 지원자의 태도, 적성, 능력에 대한 정보를 심층적으로 파악하기 위한 선발 방법
- 선발의 최종 의사결정에 주로 사용되는 선발 방법
- 전 세계적으로 선발에서 가장 많이 사용되는 핵심적이고 중요한 방법

2 면접의 특징

서류전형이나 인적성검사에서 드러나지 않는 것들을 볼 수 있는 기회를 제공한다.

- 직무수행과 관련된 다양한 지원자 행동에 대한 관찰이 가능하다.
- 면접관이 알고자 하는 정보를 심층적으로 파악할 수 있다.
- 서류상의 미비한 사항과 의심스러운 부분을 확인할 수 있다.
- 커뮤니케이션, 대인관계행동 등 행동·언어적 정보도 얻을 수 있다.

3 면접의 평가요소

1 인재적합도

해당 기관이나 기업별 인재상에 대한 인성 평가

2 조직적합도

조직에 대한 이해와 관련 상황에 대한 평가

3 직무적합도

직무에 대한 지식과 기술, 태도에 대한 평가

🔍 4 면접의 유형

구조화된 정도에 따른 분류

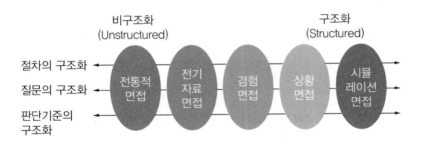

비구조화
(Unstructured)

구조화
(Structured)

절차의 구조화

질문의 구조화

판단기준의
구조화

전통적
면접

전기
자료
면접

경험
면접

상황
면접

시뮬
레이션
면접

1 구조화 면접(Structured Interview)

사전에 계획을 세워 질문의 내용과 방법, 지원자의 답변 유형에 따른 추가 질문과 그에 대한 평가역량이
정해져 있는 면접 방식(표준화 면접)

- 표준화된 질문이나 평가요소가 면접 전 확정되며, 지원자는 편성된 조나 면접관에 영향을 받지 않고 동
  일한 질문과 시간을 부여받을 수 있음.
- 조직 또는 직무별로 주요하게 도출된 역량을 기반으로 평가요소가 구성되어, 조직 또는 직무에서 필요한
  역량을 가진 지원자를 선발할 수 있음.
- 표준화된 형식을 사용하는 특성 때문에 비구조화 면접에 비해 신뢰성과 타당성, 객관성이 높음.

2 비구조화 면접(Unstructured Interview)

면접 계획을 세울 때 면접 목적만 명시하고 내용이나 방법은 면접관에게 전적으로 일임하는 방식(비표준화
면접)

- 표준화된 질문이나 평가요소 없이 면접이 진행되며, 편성된 조나 면접관에 따라 지원자에게 주어지는
  질문이나 시간이 다름.
- 면접관의 주관적인 판단에 따라 평가가 이루어져 평가 오류가 빈번히 일어남.
- 상황 대처나 언변이 뛰어난 지원자에게 유리한 면접이 될 수 있음.

02 NCS 구조화 면접 기법

※ 능력중심 채용에서는 타당도가 높은 구조화 면접을 적용한다.

 1 경험면접(Behavioral Event Interview)

면접 프로세스

| 안내 | 지원자는 입실 후, 면접관을 통해 인사말과 면접에 대한 간단한 안내를 받음. |

| 질문 | 지원자는 면접관에게 평가요소(직업기초능력, 직무수행능력 등)와 관련된 주요 질문을 받게 되며, 질문에서 의도하는 평가요소를 고려하여 응답할 수 있도록 함. |

| 세부질문 | • 지원자가 응답한 내용을 토대로 해당 평가기준들을 충족시키는지 파악하기 위한 세부질문이 이루어짐.
• 구체적인 행동·생각 등에 대해 응답할수록 높은 점수를 얻을 수 있음. |

- **방식**

  해당 역량의 발휘가 요구되는 일반적인 상황을 제시하고, 그러한 상황에서 어떻게 행동했었는지(과거경험)를 이야기하도록 함.

- **판단기준**

  해당 역량의 수준, 경험 자체의 구체성, 진실성 등

- **특징**

  추상적인 생각이나 의견 제시가 아닌 과거 경험 및 행동 중심의 질의가 이루어지므로 지원자는 사전에 본인의 과거 경험 및 사례를 정리하여 면접에 대비할 수 있음.

- **예시**

지원분야		지원자		면접관		(인)
경영자원관리 조직이 보유한 인적자원을 효율적으로 활용하여, 조직 내 유·무형 자산 및 재무자원을 효율적으로 관리한다.						
주질문						
A. 어떤 과제를 처리할 때 기존에 팀이 사용했던 방식의 문제점을 찾아내 이를 보완하여 과제를 더욱 효율적으로 처리했던 경험에 대해 이야기해 주시기 바랍니다.						
세부질문						
[상황 및 과제] 사례와 관련해 당시 상황에 대해 이야기해 주시기 바랍니다. [역할] 당시 지원자께서 맡았던 역할은 무엇이었습니까? [행동] 사례와 관련해 구성원들의 설득을 이끌어 내기 위해 어떤 노력을 하였습니까? [결과] 결과는 어땠습니까?						

기대행동	평점
업무진행에 있어 한정된 자원을 효율적으로 활용한다.	① － ② － ③ － ④ － ⑤
구성원들의 능력과 성향을 파악해 효율적으로 업무를 배분한다.	① － ② － ③ － ④ － ⑤
효과적 인적/물적 자원관리를 통해 맡은 일을 무리 없이 잘 마무리한다.	① － ② － ③ － ④ － ⑤

척도해설

1 : 행동증거가 거의 드러나지 않음	2 : 행동증거가 미약하게 드러남	3 : 행동증거가 어느 정도 드러남	4 : 행동증거가 명확하게 드러남	5 : 뛰어난 수준의 행동증거가 드러남

관찰기록 :

총평 :

※ 실제 적용되는 평가지는 기업/기관마다 다름.

2 상황면접(Situational Interview)

면접 프로세스

안내 ─ 지원자는 입실 후, 면접관을 통해 인사말과 면접에 대한 간단한 안내를 받음.

질문
- 지원자는 상황질문지를 검토하거나 면접관을 통해 상황 및 질문을 제공받음.
- 면접관의 질문이나 질문지의 의도를 파악하여 응답할 수 있도록 함.

세부질문
- 지원자가 응답한 내용을 토대로 해당 평가기준들을 충족시키는지 파악하기 위한 세부질문이 이루어짐.
- 구체적인 행동·생각 등에 대해 응답할수록 높은 점수를 얻을 수 있음.

- **방식**
  직무 수행 시 접할 수 있는 상황들을 제시하고, 그러한 상황에서 어떻게 행동할 것인지(행동의도)를 이야기하도록 함.
- **판단기준**
  해당 상황에 맞는 해당 역량의 구체적 행동지표
- **특징**
  지원자의 가치관, 태도, 사고방식 등의 요소를 평가하는 데 용이함.

• 예시

지원분야		지원자		면접관	(인)

유관부서협업

타 부서의 업무협조요청 등에 적극적으로 협력하고 갈등 상황이 발생하지 않도록 이해관계를 조율하며 관련 부서의 협업을 효과적으로 이끌어 낸다.

주질문
당신은 생산관리팀의 팀원으로, 2개월 뒤에 제품 A를 출시하기 위해 생산팀의 생산 계획을 수립한 상황입니다. 그러나 원가가 곧 실적으로 이어지는 구매팀에서는 최대한 원가를 줄여 전반적 단가를 낮추려고 원가절감을 위한 제안을 하였으나, 연구개발팀에서는 구매팀이 제안한 방식으로 제품을 생산할 경우 대부분이 구매팀의 실적으로 산정될 것이므로 제대로 확인도 해보지 않은 채 적합하지 않은 방식이라고 판단하고 있습니다. 당신은 어떻게 하겠습니까?

세부질문
[상황 및 과제] 이 상황의 핵심적인 이슈는 무엇이라고 생각합니까?
[역할] 당신의 역할을 더 잘 수행하기 위해서는 어떤 점을 고려해야 하겠습니까? 왜 그렇게 생각합니까?
[행동] 당면한 과제를 해결하기 위해서 구체적으로 어떤 조치를 취하겠습니까? 그 이유는 무엇입니까?
[결과] 그 결과는 어떻게 될 것이라고 생각합니까? 그 이유는 무엇입니까?

척도해설

1 : 행동증거가 거의 드러나지 않음	2 : 행동증거가 미약하게 드러남	3 : 행동증거가 어느 정도 드러남	4 : 행동증거가 명확하게 드러남	5 : 뛰어난 수준의 행동증거가 드러남

관찰기록 :

총평 :

※ 실제 적용되는 평가지는 기업/기관마다 다름.

3 발표면접(Presentation)

면접 프로세스

안내
• 입실 후 지원자는 면접관으로부터 인사말과 발표면접에 대해 간략히 안내받음.
• 면접 전 지원자는 과제 검토 및 발표 준비시간을 가짐.

∨

발표
• 지원자들이 과제 주제와 관련하여 정해진 시간 동안 발표를 실시함.
• 면접관은 발표내용 중 평가요소와 관련해 나타난 가점 및 감점요소들을 평가하게 됨.

∨

질문응답
• 발표 종료 후 면접관은 정해진 시간 동안 지원자의 발표내용과 관련해 구체적인 내용을 확인하기 위한 질문을 함.
• 지원자는 면접관의 질문의도를 정확히 파악하여 적절히 응답할 수 있도록 함.
• 응답 시 명확하고 자신있게 전달할 수 있도록 함.

- 방식
  지원자가 특정 주제와 관련된 자료(신문기사, 그래프 등)를 검토하고, 그에 대한 자신의 생각을 면접관 앞에서 발표하며, 추가 질의응답이 이루어짐.

- 판단기준
  지원자의 사고력, 논리력, 문제해결능력 등

- 특징
  과제를 부여한 후, 지원자들이 과제를 수행하는 과정과 결과를 관찰·평가함. 과제수행의 결과뿐 아니라 과제수행 과정에서의 행동을 모두 평가함.

4 토론면접(Group Discussion)

면접 프로세스

안내
- 입실 후, 지원자들은 면접관으로부터 토론 면접의 전반적인 과정에 대해 안내받음.
- 지원자는 정해진 자리에 착석함.

토론
- 지원자들이 과제 주제와 관련하여 정해진 시간 동안 토론을 실시함(시간은 기관별 상이).
- 지원자들은 면접 전 과제 검토 및 토론 준비시간을 가짐.
- 토론이 진행되는 동안, 지원자들은 다른 토론자들의 발언을 경청하여 적절히 본인의 의사를 전달할 수 있도록 함. 더불어 적극적인 태도로 토론면접에 임하는 것도 중요함.

마무리 (5분 이내)
- 면접 종료 전, 지원자들은 토론을 통해 도출한 결론에 대해 첨언하고 적절히 마무리 지음.
- 본인의 의견을 전달하는 것과 동시에 다른 토론자를 배려하는 모습도 중요함.

- 방식
  상호갈등적 요소를 가진 과제 또는 공통의 과제를 해결하는 내용의 토론 과제(신문기사, 그래프 등)를 제시하고, 그 과정에서의 개인 간의 상호작용 행동을 관찰함.

- 판단기준
  팀워크, 갈등 조정, 의사소통능력 등

- 특징
  면접에서 최종안을 도출하는 것도 중요하나 주장의 옳고 그름이 아닌 결론을 도출하는 과정과 말하는 자세 등도 중요함.

5 역할연기면접(Role Play Interview)

- 방식
  기업 내 발생 가능한 상황에서 부딪히게 되는 문제와 역할을 가상적으로 설정하여 특정 역할을 맡은 사람과 상호 작용하고 문제를 해결해 나가도록 함.
- 판단기준
  대처능력, 대인관계능력, 의사소통능력 등
- 특징
  실제 상황과 유사한 가상 상황에서 지원자의 성격이나 대처 행동 등을 관찰할 수 있음.

6 집단면접(Group Activity)

- 방식
  지원자들이 팀(집단)으로 협력하여 정해진 시간 안에 활동 또는 게임을 하며 면접관들은 지원자들의 행동을 관찰함.
- 판단기준
  대인관계능력, 팀워크, 창의성 등
- 특징
  기존 면접보다 오랜 시간 관찰을 하여 지원자들의 평소 습관이나 행동들을 관찰하려는 데 목적이 있음.

1회 기출예상문제

감독관
확인란

성명표기란

수험번호

(주민등록 앞자리 생년제외) 월일

직무능력평가

문번	답란	문번	답란	문번	답란
1	① ② ③ ④ ⑤	21	① ② ③ ④ ⑤	41	① ② ③ ④ ⑤
2	① ② ③ ④ ⑤	22	① ② ③ ④ ⑤	42	① ② ③ ④ ⑤
3	① ② ③ ④ ⑤	23	① ② ③ ④ ⑤	43	① ② ③ ④ ⑤
4	① ② ③ ④ ⑤	24	① ② ③ ④ ⑤	44	① ② ③ ④ ⑤
5	① ② ③ ④ ⑤	25	① ② ③ ④ ⑤	45	① ② ③ ④ ⑤
6	① ② ③ ④ ⑤	26	① ② ③ ④ ⑤	46	① ② ③ ④ ⑤
7	① ② ③ ④ ⑤	27	① ② ③ ④ ⑤	47	① ② ③ ④ ⑤
8	① ② ③ ④ ⑤	28	① ② ③ ④ ⑤	48	① ② ③ ④ ⑤
9	① ② ③ ④ ⑤	29	① ② ③ ④ ⑤	49	① ② ③ ④ ⑤
10	① ② ③ ④ ⑤	30	① ② ③ ④ ⑤	50	① ② ③ ④ ⑤
11	① ② ③ ④ ⑤	31	① ② ③ ④ ⑤		
12	① ② ③ ④ ⑤	32	① ② ③ ④ ⑤		
13	① ② ③ ④ ⑤	33	① ② ③ ④ ⑤		
14	① ② ③ ④ ⑤	34	① ② ③ ④ ⑤		
15	① ② ③ ④ ⑤	35	① ② ③ ④ ⑤		
16	① ② ③ ④ ⑤	36	① ② ③ ④ ⑤		
17	① ② ③ ④ ⑤	37	① ② ③ ④ ⑤		
18	① ② ③ ④ ⑤	38	① ② ③ ④ ⑤		
19	① ② ③ ④ ⑤	39	① ② ③ ④ ⑤		
20	① ② ③ ④ ⑤	40	① ② ③ ④ ⑤		

gosinet (주)고시넷

고졸채용 NCS

2회 기출예상문제

직무능력평가

감독관
확인란

성명표기란

수험번호

(주민등록 앞자리 생년제외) 월일

수험생 유의사항

※ 답안은 반드시 컴퓨터용 사인펜으로 보기와 같이 바르게 표기해야 합니다.
〈보기〉① ② ③ ❹ ⑤

※ 성명표기란 위 칸에는 성명을 한글로 쓰고 아래 칸에는 성명을 정확하게 표기하십시오. (맨 왼쪽
칸부터 표기하며 성과 이름은 붙여 씁니다)

※ 수험번호/월일 위 칸에는 아라비아 숫자로 쓰고 아래 칸에는 숫자와 일치하게 표기하십시오.

※ 월일은 반드시 본인 주민등록번호의 생년월일을 제외한 월 두 자리, 일 두 자리를 표기하십시오.
〈예〉 2002년 4월 1일 → 0401

문번	답란	문번	답란	문번	답란	문번	답란
1	① ② ③ ④ ⑤	21	① ② ③ ④ ⑤	41	① ② ③ ④ ⑤		
2	① ② ③ ④ ⑤	22	① ② ③ ④ ⑤	42	① ② ③ ④ ⑤		
3	① ② ③ ④ ⑤	23	① ② ③ ④ ⑤	43	① ② ③ ④ ⑤		
4	① ② ③ ④ ⑤	24	① ② ③ ④ ⑤	44	① ② ③ ④ ⑤		
5	① ② ③ ④ ⑤	25	① ② ③ ④ ⑤	45	① ② ③ ④ ⑤		
6	① ② ③ ④ ⑤	26	① ② ③ ④ ⑤	46	① ② ③ ④ ⑤		
7	① ② ③ ④ ⑤	27	① ② ③ ④ ⑤	47	① ② ③ ④ ⑤		
8	① ② ③ ④ ⑤	28	① ② ③ ④ ⑤	48	① ② ③ ④ ⑤		
9	① ② ③ ④ ⑤	29	① ② ③ ④ ⑤	49	① ② ③ ④ ⑤		
10	① ② ③ ④ ⑤	30	① ② ③ ④ ⑤	50	① ② ③ ④ ⑤		
11	① ② ③ ④ ⑤	31	① ② ③ ④ ⑤				
12	① ② ③ ④ ⑤	32	① ② ③ ④ ⑤				
13	① ② ③ ④ ⑤	33	① ② ③ ④ ⑤				
14	① ② ③ ④ ⑤	34	① ② ③ ④ ⑤				
15	① ② ③ ④ ⑤	35	① ② ③ ④ ⑤				
16	① ② ③ ④ ⑤	36	① ② ③ ④ ⑤				
17	① ② ③ ④ ⑤	37	① ② ③ ④ ⑤				
18	① ② ③ ④ ⑤	38	① ② ③ ④ ⑤				
19	① ② ③ ④ ⑤	39	① ② ③ ④ ⑤				
20	① ② ③ ④ ⑤	40	① ② ③ ④ ⑤				

3회 기출예상문제

감독관
확인란

성명표기란

수험번호

(주민등록 앞자리 생년제외) 월일

수험생 유의사항

※ 답안은 반드시 컴퓨터용 사인펜으로 보기와 같이 바르게 표기해야 합니다.
〈보기〉 ① ② ③ ❹ ⑤

※ 성명표기란 위 칸에는 성명을 한글로 쓰고 아래 칸에는 성명을 정확하게 표기하십시오. (맨 왼쪽 칸부터 표기하며 성과 이름은 붙여 씁니다)

※ 수험번호/월일 위 칸에는 아라비아 숫자로 쓰고 아래 칸에는 숫자와 일치하게 표기하십시오.

※ 월일은 반드시 본인 주민등록번호의 생년을 제외한 월 두 자리, 일 두 자리를 표기하십시오.
(예) 2002년 4월 1일 → 0401

직무능력평가

문번	답란	문번	답란	문번	답란
1	① ② ③ ④ ⑤	21	① ② ③ ④ ⑤	41	① ② ③ ④ ⑤
2	① ② ③ ④ ⑤	22	① ② ③ ④ ⑤	42	① ② ③ ④ ⑤
3	① ② ③ ④ ⑤	23	① ② ③ ④ ⑤	43	① ② ③ ④ ⑤
4	① ② ③ ④ ⑤	24	① ② ③ ④ ⑤	44	① ② ③ ④ ⑤
5	① ② ③ ④ ⑤	25	① ② ③ ④ ⑤	45	① ② ③ ④ ⑤
6	① ② ③ ④ ⑤	26	① ② ③ ④ ⑤	46	① ② ③ ④ ⑤
7	① ② ③ ④ ⑤	27	① ② ③ ④ ⑤	47	① ② ③ ④ ⑤
8	① ② ③ ④ ⑤	28	① ② ③ ④ ⑤	48	① ② ③ ④ ⑤
9	① ② ③ ④ ⑤	29	① ② ③ ④ ⑤	49	① ② ③ ④ ⑤
10	① ② ③ ④ ⑤	30	① ② ③ ④ ⑤	50	① ② ③ ④ ⑤
11	① ② ③ ④ ⑤	31	① ② ③ ④ ⑤		
12	① ② ③ ④ ⑤	32	① ② ③ ④ ⑤		
13	① ② ③ ④ ⑤	33	① ② ③ ④ ⑤		
14	① ② ③ ④ ⑤	34	① ② ③ ④ ⑤		
15	① ② ③ ④ ⑤	35	① ② ③ ④ ⑤		
16	① ② ③ ④ ⑤	36	① ② ③ ④ ⑤		
17	① ② ③ ④ ⑤	37	① ② ③ ④ ⑤		
18	① ② ③ ④ ⑤	38	① ② ③ ④ ⑤		
19	① ② ③ ④ ⑤	39	① ② ③ ④ ⑤		
20	① ② ③ ④ ⑤	40	① ② ③ ④ ⑤		

잘라서 활용하세요.

고졸채용 NCS

4회 기출예상문제

직무능력평가

감독관 확인란

문번	답란					문번	답란					문번	답란				
1	①	②	③	④	⑤	21	①	②	③	④	⑤	41	①	②	③	④	⑤
2	①	②	③	④	⑤	22	①	②	③	④	⑤	42	①	②	③	④	⑤
3	①	②	③	④	⑤	23	①	②	③	④	⑤	43	①	②	③	④	⑤
4	①	②	③	④	⑤	24	①	②	③	④	⑤	44	①	②	③	④	⑤
5	①	②	③	④	⑤	25	①	②	③	④	⑤	45	①	②	③	④	⑤
6	①	②	③	④	⑤	26	①	②	③	④	⑤	46	①	②	③	④	⑤
7	①	②	③	④	⑤	27	①	②	③	④	⑤	47	①	②	③	④	⑤
8	①	②	③	④	⑤	28	①	②	③	④	⑤	48	①	②	③	④	⑤
9	①	②	③	④	⑤	29	①	②	③	④	⑤	49	①	②	③	④	⑤
10	①	②	③	④	⑤	30	①	②	③	④	⑤	50	①	②	③	④	⑤
11	①	②	③	④	⑤	31	①	②	③	④	⑤						
12	①	②	③	④	⑤	32	①	②	③	④	⑤						
13	①	②	③	④	⑤	33	①	②	③	④	⑤						
14	①	②	③	④	⑤	34	①	②	③	④	⑤						
15	①	②	③	④	⑤	35	①	②	③	④	⑤						
16	①	②	③	④	⑤	36	①	②	③	④	⑤						
17	①	②	③	④	⑤	37	①	②	③	④	⑤						
18	①	②	③	④	⑤	38	①	②	③	④	⑤						
19	①	②	③	④	⑤	39	①	②	③	④	⑤						
20	①	②	③	④	⑤	40	①	②	③	④	⑤						

성명표기란

수험번호
⓪ ① ② ③ ④ ⑤ ⑥ ⑦ ⑧ ⑨

(주민등록 앞자리 생년제외) 월일
⓪ ① ② ③ ④ ⑤ ⑥ ⑦ ⑧ ⑨

수험생 유의사항

※ 답안은 반드시 컴퓨터용 사인펜으로 보기와 같이 바르게 표기해야 합니다.
  〈보기〉 ① ② ③ ❹ ⑤

※ 성명표기란 위 칸에는 성명을 한글로 쓰고 아래 칸에는 성명을 정확하게 표기하십시오. (맨 왼쪽 칸부터 표기하며 성과 이름은 붙여 씁니다)

※ 수험번호/월일 위 칸에는 아라비아 숫자로 쓰고 아래 칸에는 숫자와 일치하게 표기하십시오.

※ 월일은 반드시 본인 주민등록번호의 생년월일을 제외한 월 두 자리, 일 두 자리를 표기하십시오.
  (예) 2002년 4월 1일 → 0401

직무능력평가

문번	답란	문번	답란	문번	답란
1	① ② ③ ④ ⑤	21	① ② ③ ④ ⑤	41	① ② ③ ④ ⑤
2	① ② ③ ④ ⑤	22	① ② ③ ④ ⑤	42	① ② ③ ④ ⑤
3	① ② ③ ④ ⑤	23	① ② ③ ④ ⑤	43	① ② ③ ④ ⑤
4	① ② ③ ④ ⑤	24	① ② ③ ④ ⑤	44	① ② ③ ④ ⑤
5	① ② ③ ④ ⑤	25	① ② ③ ④ ⑤	45	① ② ③ ④ ⑤
6	① ② ③ ④ ⑤	26	① ② ③ ④ ⑤	46	① ② ③ ④ ⑤
7	① ② ③ ④ ⑤	27	① ② ③ ④ ⑤	47	① ② ③ ④ ⑤
8	① ② ③ ④ ⑤	28	① ② ③ ④ ⑤	48	① ② ③ ④ ⑤
9	① ② ③ ④ ⑤	29	① ② ③ ④ ⑤	49	① ② ③ ④ ⑤
10	① ② ③ ④ ⑤	30	① ② ③ ④ ⑤	50	① ② ③ ④ ⑤
11	① ② ③ ④ ⑤	31	① ② ③ ④ ⑤		
12	① ② ③ ④ ⑤	32	① ② ③ ④ ⑤		
13	① ② ③ ④ ⑤	33	① ② ③ ④ ⑤		
14	① ② ③ ④ ⑤	34	① ② ③ ④ ⑤		
15	① ② ③ ④ ⑤	35	① ② ③ ④ ⑤		
16	① ② ③ ④ ⑤	36	① ② ③ ④ ⑤		
17	① ② ③ ④ ⑤	37	① ② ③ ④ ⑤		
18	① ② ③ ④ ⑤	38	① ② ③ ④ ⑤		
19	① ② ③ ④ ⑤	39	① ② ③ ④ ⑤		
20	① ② ③ ④ ⑤	40	① ② ③ ④ ⑤		

잘라서 활용하세요.

gosinet (주)고시넷

직무능력평가

고졸채용 NCS

6회 기출예상문제

성명표기란

수험번호

(주민등록 앞자리 생년제외) 월일

수험생 유의사항

※ 답안은 반드시 컴퓨터용 사인펜으로 보기와 같이 바르게 표기해야 합니다.
〈보기〉① ② ③ ❹ ⑤

※ 성명표기란 위 칸에는 성명을 한글로 쓰고 아래 칸에는 성명을 정확하게 표기하십시오. (맨 왼쪽
칸부터 표기하며 성과 이름은 붙여 씁니다)

※ 수험번호/월일 위 칸에는 아라비아 숫자로 쓰고 아래 칸에는 숫자와 일치하게 표기하십시오

※ 월일은 반드시 본인 주민등록번호의 생년월일을 제외한 월 두 자리, 일 두 자리를 표기하십시오.
(예) 2002년 4월 1일 → 0401

문번	답란				문번	답란				문번	답란				문번	답란			
1	①	②	③	④	6	①	②	③	④	11	①	②	③	④	16	①	②	③	④
2	①	②	③	④	7	①	②	③	④	12	①	②	③	④	17	①	②	③	④
3	①	②	③	④	8	①	②	③	④	13	①	②	③	④	18	①	②	③	④
4	①	②	③	④	9	①	②	③	④	14	①	②	③	④	19	①	②	③	④
5	①	②	③	④	10	①	②	③	④	15	①	②	③	④	20	①	②	③	④

문번	답란				문번	답란				문번	답란				문번	답란			
21	①	②	③	④	26	①	②	③	④	31	①	②	③	④	36	①	②	③	④
22	①	②	③	④	27	①	②	③	④	32	①	②	③	④	37	①	②	③	④
23	①	②	③	④	28	①	②	③	④	33	①	②	③	④	38	①	②	③	④
24	①	②	③	④	29	①	②	③	④	34	①	②	③	④	39	①	②	③	④
25	①	②	③	④	30	①	②	③	④	35	①	②	③	④	40	①	②	③	④

문번	답란				문번	답란			
41	①	②	③	④	46	①	②	③	④
42	①	②	③	④	47	①	②	③	④
43	①	②	③	④	48	①	②	③	④
44	①	②	③	④	49	①	②	③	④
45	①	②	③	④	50	①	②	③	④

대기업 적성검사

저마다의 일생에는,

특히 그 일생이 동터 오르는 여명기에는

모든 것을 결정짓는 한 순간이 있다.

그 순간을 다시 찾아내는 것은 어렵다.

그것은 다른 수많은 순간들의 퇴적 속에

깊이 묻혀있다.

- 장 그르니에, 섬 LES ILES